DIREITO ADMINISTRATIVO E SUSTENTABILIDADE
O NOVO CONTROLE JUDICIAL DA ADMINISTRAÇÃO PÚBLICA

RAFAEL MARTINS COSTA MOREIRA

Prefácio
Juarez Freitas

DIREITO ADMINISTRATIVO E SUSTENTABILIDADE

O NOVO CONTROLE JUDICIAL DA ADMINISTRAÇÃO PÚBLICA

Belo Horizonte

2017

© 2017 Editora Fórum Ltda.

É proibida a reprodução total ou parcial desta obra, por qualquer meio eletrônico, inclusive por processos xerográficos, sem autorização expressa do Editor.

Conselho Editorial

Adilson Abreu Dallari
Alécia Paolucci Nogueira Bicalho
Alexandre Coutinho Pagliarini
André Ramos Tavares
Carlos Ayres Britto
Carlos Mário da Silva Velloso
Cármen Lúcia Antunes Rocha
Cesar Augusto Guimarães Pereira
Clovis Beznos
Cristiana Fortini
Dinorá Adelaide Musetti Grotti
Diogo de Figueiredo Moreira Neto
Egon Bockmann Moreira
Emerson Gabardo
Fabrício Motta
Fernando Rossi
Flávio Henrique Unes Pereira

Floriano de Azevedo Marques Neto
Gustavo Justino de Oliveira
Inês Virgínia Prado Soares
Jorge Ulisses Jacoby Fernandes
Juarez Freitas
Luciano Ferraz
Lúcio Delfino
Marcia Carla Pereira Ribeiro
Márcio Cammarosano
Marcos Ehrhardt Jr.
Maria Sylvia Zanella Di Pietro
Ney José de Freitas
Oswaldo Othon de Pontes Saraiva Filho
Paulo Modesto
Romeu Felipe Bacellar Filho
Sérgio Guerra
Walber de Moura Agra

Luís Cláudio Rodrigues Ferreira
Presidente e Editor

Coordenação editorial: Leonardo Eustáquio Siqueira Araújo

Av. Afonso Pena, 2770 – 15º andar – Savassi – CEP 30130-012
Belo Horizonte – Minas Gerais – Tel.: (31) 2121.4900 / 2121.4949
www.editoraforum.com.br – editoraforum@editoraforum.com.br

M835d   Moreira, Rafael Martins Costa
        Direito Administrativo e sustentabilidade: o novo controle judicial da Administração Pública / Rafael Martins Costa Moreira.– Belo Horizonte : Fórum, 2017.

        224 p.
        ISBN: 978-85-450-0226-0

        1. Direito Ambiental. 2. Direito Constitucional. I. Título.

                                      CDD 341.347
                                      CDU 349.6

Informação bibliográfica deste livro, conforme a NBR 6023:2002 da Associação Brasileira de Normas Técnicas (ABNT):

MOREIRA, Rafael Martins Costa. *Direito Administrativo e sustentabilidade:* o novo controle judicial da Administração Pública. Belo Horizonte: Fórum, 2017. 224 p. ISBN 978-85-450-0226-0.

LISTA DE ABREVIATURAS E SIGLAS

ANAC	Agência Nacional de Aviação Civil
ANATEL	Agência Nacional de Telecomunicações
ANEEL	Agência Nacional de Energia Elétrica
ANP	Agência Nacional de Petróleo, Gás Natural e Biocombustíveis
ANS	Agência Nacional de Saúde Suplementar
ANTAQ	Agência Nacional de Transportes Aquaviários
ANTT	Agência Nacional de Transportes Terrestres
ANVISA	Agência Nacional de Vigilância Sanitária
APA	Administrative Procedure Act
CADE	Conselho Administrativo de Defesa Econômica
CDC	Código de Defesa do Consumidor
CF	Constituição Federal
CNJ	Conselho Nacional de Justiça
CONAMA	Conselho Nacional do Meio Ambiente
CONFEA	Conselho Federal de Engenharia e Agronomia
CPC	Código de Processo Civil
CVM	Comissão de Valores Mobiliários
EC	Emenda Constitucional
EIA	Estudo de impacto ambiental
EPA	Environmental Protection Agency
ICC	Interstate Commerce Comission
IDH	Índice de Desenvolvimento Humano
INMETRO	Instituto Nacional de Metrologia, Qualidade e Tecnologia
NCPC	Novo Código de Processo Civil
OCDE	Organização para a Cooperação e Desenvolvimento Econômico
ONU	Organização das Nações Unidas
PAC	Programa de Aceleração do Crescimento

PEC	Proposta de Emenda à Constituição
PIB	Produto Interno Bruto
RIMA	Relatório de Impacto Ambiental
Rio/92	Conferência das Nações Unidas sobre o Meio Ambiente e o Desenvolvimento, realizada no Rio de Janeiro, em junho de 1992
SISNAMA	Sistema Nacional do Meio Ambiente
STF	Supremo Tribunal Federal
STJ	Superior Tribunal de Justiça
TCU	Tribunal de Contas da União
TRF da 4ª R	Tribunal Regional Federal da 4ª Região
UNEP	United Nations Environment Programme

SUMÁRIO

PREFÁCIO
Juarez Freitas...9

1   INTRODUÇÃO 11

2   DIREITO ADMINISTRATIVO E SUSTENTABILIDADE.......17

2.1   Novas tendências do Direito Administrativo 17

2.2   Teoria da decisão administrativa..29

2.2.1   Teoria da decisão e a esfera administrativa.........................29

2.2.2   Procedimentalização da atividade administrativa..............32

2.2.3   Conceito de decisão administrativa 33

2.3   Discricionariedade administrativa 37

2.3.1   Discricionariedade e vinculação 37

2.3.2   A nova discricionariedade e a estrutura do ato administrativo.......39

2.4   Dever de motivação fática e jurídica 44

2.4.1   Motivo e motivação 44

2.4.2   Fundamentos para a exigência de motivação fática e jurídica........44

2.4.3   Requisitos da motivação válida 49

2.5   Dever de motivação intertemporal e sustentabilidade das decisões administrativas 52

2.5.1   O princípio constitucional da sustentabilidade multidimensional..52

2.5.2   Direito Administrativo e sustentabilidade..........................63

2.5.3   Dever de motivação intertemporal.......................................66

3 O CONTROLE JUDICIAL DE SUSTENTABILIDADE DAS DECISÕES ADMINISTRATIVAS 69

3.1 Controle da Administração Pública 69

3.2 Controle judicial da Administração Pública 70

3.2.1 Fundamentos do controle judicial 72

3.2.2 Extensão do controle judicial: possibilidade e limites 83

3.2.2.1 Evolução do controle judicial da Administração Pública 84

3.2.2.2 A importância do princípio da proporcionalidade para a análise da legitimidade das decisões administrativas 93

3.2.2.3 Interpretação baseada na finalidade e nas consequências 98

3.2.2.4 Controle judicial da motivação e o princípio da deferência: nota comparativa com o Direito norte-americano e proposta para o sistema jurídico brasileiro 102

3.2.2.5 Efetividade da tutela judicial em face da Administração Pública 123

4 CONTROLE JUDICIAL DE SUSTENTABILIDADE DAS LICITAÇÕES E CONTRATAÇÕES PÚBLICAS 133

5 CONTROLE JUDICIAL DE SUSTENTABILIDADE DA REGULAÇÃO 159

6 CONTROLE JUDICIAL DA PREVENÇÃO E PRECAUÇÃO DAS DECISÕES ADMINISTRATIVAS PARA PRESERVAR A SUSTENTABILIDADE 183

7 CONCLUSÃO 205

REFERÊNCIAS 213

PREFÁCIO

O livro de Rafael Martins Costa Moreira, intitulado *Direito Administrativo e sustentabilidade: o novo controle judicial da Administração Pública*, inaugura, em alto estilo, o selo de publicações "Altos Estudos", fecunda parceria da Editora Fórum com o Instituto Brasileiro de Altos Estudos de Direito Público.

O Autor, eminente magistrado federal e Mestre em Direito pela PUCRS, com brilhante dissertação que tive a honra de orientar, oferece à comunidade científica uma abordagem inovadora, congruente, vibrante e assentada em premissas teóricas sólidas.

Propõe a releitura do controle judicial das decisões administrativas, sob as lentes do princípio multidimensional da sustentabilidade. Para além de formalismo anacrônico, Rafael acolhe as lições refinadas do *new public service*. A partir daí, reelabora e ressignifica o Direito Administrativo, nas suas principais categorias, tais como a discricionariedade e a motivação intertemporal.

Discorre, com propriedade e limpidez, sobre as várias implicações do princípio da sustentabilidade para o controle judicial, notadamente a incorporação de análises de custos e benefícios, diretos e indiretos, não meramente econômicos.

Nessa perspectiva, preconiza o controle judicial atento a desvios cognitivos e disposto a cobrar, com rigor, decisões administrativas alinhadas com o *direito fundamental à boa administração pública*. *Alarga a sindicabilidade* dos procedimentos administrativos e salienta que, doravante, a aferição de juridicidade tem que englobar o escrutínio substancial da sustentabilidade, sem deferência acrítica.

Por derradeiro, o livro aborda temas concretos e palpitantes, designadamente o controle das licitações e contratações públicas e da regulação, sempre sob o prisma da concretização dos objetivos do desenvolvimento sustentável. Esquadrinha os princípios da prevenção e da precaução e arremata com a ideia cristalina de que o Poder Judiciário precisa efetuar sindicabilidade enriquecida, voltada precipuamente a assegurar os direitos de gerações presentes e futuras.

Desse modo, Rafael Martins Costa Moreira, com excelente argumentação técnica, contribui à renovação do Direito Administrativo brasileiro. Tal obra figura no rol de valiosas pesquisas administrativistas recentes. Robustece o teste de sustentabilidade, reconhecendo-o mandatório para o controle judicial. Eis o cerne do belo livro. De parabéns o Autor, a Editora Fórum e os leitores.

Juarez Freitas

Prof. Titular do Mestrado e Doutorado em Direito da PUCRS. Prof. Associado de Direito Administrativo da UFRGS. Pres. do Conselho Científico do Instituto Brasileiro de Altos Estudos de Direito Público.

INTRODUÇÃO

A presente obra tem por objeto o estudo das decisões públicas administrativas e o controle judicial sob a perspectiva da sustentabilidade. A atenção do trabalho repousa, inicialmente, na emergência de novas tendências do Direito Administrativo. A Administração Pública tem de conviver com o pluralismo e a complexidade do mundo contemporâneo, precisa estar focada nos interesses dos cidadãos e na motivação das escolhas públicas, mediante mecanismos de colaboração, para promover a sustentabilidade multidimensional, abrangente das vertentes social, econômica, ambiental, ética e jurídica. As crises socioeconômicas e ambientais da atualidade, as mudanças climáticas e os riscos decorrentes do desenvolvimento tecnológico e científico induzem, cada vez mais, a sociedade, os países e os organismos internacionais a considerarem a sustentabilidade na tomada de decisão. As distâncias geográficas estão diminuindo no mundo globalizado. As ações empreendidas em um local são sentidas em outros, ou mesmo em todo o planeta. Além disso, a compreensão de que determinadas condutas podem surtir impactos sistêmicos e externalidades negativas impõe maior preocupação com os direitos das presentes e futuras gerações e com o valor intrínseco do meio ambiente. As tragédias ecológicas recentes revelam que os resultados lesivos podem ser duradouros e ultrapassam as fronteiras domésticas. Enfim, o pensamento sustentável domina a sociedade moderna, em especial o Estado e os serviços públicos, concebidos que foram para atender às necessidades dos cidadãos.

Considerando que o Estado de Direito da nova governança e do novo serviço público é, necessariamente, o Estado sustentável, o escopo primordial deste trabalho é investigar se a sustentabilidade se encontra no campo da discricionariedade ou se compõe a juridicidade das decisões públicas. Em segundo lugar, pretende-se avaliar se o Poder

Judiciário detém competência para controlar a sustentabilidade dos atos (comissivos e omissivos), contratos e procedimentos administrativos. Em outras palavras, objetiva-se aferir se os juízes podem ser a "voz das futuras gerações" em um sistema político que nem sempre consegue ouvi-la.

Há diversas formas de se abordar e incentivar a sustentabilidade, como, por exemplo, a educação, o financiamento, os estudos científicos e as políticas públicas. O Direito e o Judiciário não podem ficar insensíveis a essa realidade. Como será exposto no decorrer desta obra, os juízes e os gestores públicos devem agir em convergência para que o Poder Público seja sustentável e considere os impactos sistêmicos de longo prazo, bem assim os custos e benefícios, diretos e indiretos, das decisões administrativas. Para tanto, o Judiciário cumpre papel crucial, seja mediante incentivo a soluções consensuais, seja por meio do controle para tutelar os direitos das presentes e futuras gerações.

Para atingir os objetivos traçados, são analisadas, no tópico 2.1, as novas tendências do Direito Administrativo na sociedade atual, caracterizadas pela reformulação do tamanho do Estado e escassez dos recursos públicos, demandas diversas e conflitantes, globalização, incremento da comunicação, rapidez das mudanças e surgimento de riscos derivados do progresso científico e tecnológico. Parte-se de inovadoras abordagens da Administração Pública, como a nova governança, o novo serviço público e concepções completas de governo, que aliam a coerência e o pluralismo na deliberação e execução dos serviços públicos, direcionam seu foco para os interesses dos cidadãos e proporcionam maior participação e motivação na tomada de decisão. Esses fenômenos, porém, encontram limites. O novo é inevitável, mas a novidade não pode afrontar os valores fundamentais do Estado Democrático e Socioambiental de Direito, os princípios constitucionais e os direitos fundamentais.

No tópico 2.2 é estudada a teoria da decisão administrativa, a iniciar, em 2.2.1, por uma rápida análise da teoria da decisão em geral, transposta para o Direito Administrativo. A procedimentalização vem exposta no tópico 2.2.2, já que a avaliação do desempenho da função pública não pode ficar restrita a cada ato isoladamente, mas deve ser analisada de forma global e dinâmica. A decisão deriva normalmente dos seus momentos preparatórios, sendo a decisão administrativa conceituada como a *escolha efetuada por um ou mais indivíduos no desempenho de função administrativa, com a finalidade de satisfazer o interesse público e promover os direitos fundamentais, reconhecidos pelo sistema jurídico e concretizados mediante interpretação tópico-sistemática das regras e princípios constitucionais.* Para se aferir o grau de liberdade do administrador e a extensão do controle judicial de sustentabilidade, nos tópicos 2.3, 2.3.1 e 2.3.2 são desenvolvidos estudos sobre a discricionariedade, seu contraste com a vinculação, sua evolução, localização na estrutura da decisão administrativa e as características da nova discricionariedade. O dever de motivação fática e jurídica das decisões públicas como regra é analisado no item 2.4. Primeiramente, no tópico 2.4.1, diferencia-se motivo de motivação. Em seguida, em 2.4.2, são arrolados fundamentos para que se exija a motivação do administrador. Os requisitos da motivação válida são a *explicitude,* a *clareza,* a *veracidade* ou *exatidão,* a *congruência* e a *suficiência,* com destaque para a indispensável apreciação dos custos e benefícios, diretos e indiretos (externalidades), das decisões administrativas. O agente público, com isso, tem de demonstrar que sua conduta é sustentável.

No item 2.5.1 o tema da sustentabilidade é aprofundado. O conceito evolui tanto em sua abrangência (pois passou de meramente ambiental para multidimensional) como em sua acepção (desde uma análise de *necessidades materiais* das gerações presentes e futuras, avançando para uma consideração do *padrão de vida* e, com Amartya Sen, das *liberdades e capacidades substantivas das pessoas*). A previsão em diversos instrumentos internacionais estimula os Estados a se preocuparem com as futuras gerações e com o valor intrínseco do meio ambiente, bem assim a internalizarem a sustentabilidade como princípio jurídico e diretriz vinculante, que enseja a eficácia direta e imediata do direito ao futuro e impõe a superação do viés da preferência excessiva pelo presente. A decisão administrativa, para ser legítima, tem de ser sustentável, como se conclui no ponto 2.5.2, caso contrário se expõe a invalidação. Para tanto, os agentes públicos devem incorporar uma análise de custos e benefícios, diretos e indiretos, não restrita, porém, a aspectos econômicos. Como referido no tópico 2.5.3, *é* na esfera da motivação fática e jurídica que a Administração Pública e os controladores terão a oportunidade de avaliar os reais motivos, as consequências, as alternativas que foram desprezadas e as prioridades que foram consideradas nas escolhas públicas, para, com isso, proporcionar decisões administrativas consorciadas com a sustentabilidade pluridimensional.

O tópico 3.2 avança para cuidar do controle judicial de sustentabilidade das decisões administrativas. Após traçar um panorama geral do controle da Administração Pública no item 3.1, o controle judicial *é* concebido, em 3.2, como o *controle heterônomo, independente, imparcial e derradeiro, exercido pelo Poder Judiciário quando formalmente provocado por uma das partes envolvidas em um conflito de interesses do qual participa a Administração Pública.* Os fundamentos para se estabelecer o controle jurisdicional são analisados no item 3.2.1 e podem ser assim resumidos: evita a concentração e a ausência de fiscalização do poder político; permite o resguardo dos direitos das minorias e daqueles que nem sempre podem contar com o processo político, como é o caso do direito das futuras gerações e da tutela do meio ambiente; proteção aos direitos fundamentais e às instituições democráticas, resguardando-os das disputas partidárias e de interesses eleitoreiros; assegura a constitucionalidade das relações administrativas; vigilância externa dos desvios cognitivos; e aproxima a gestão dos serviços públicos ao *direito fundamental à boa administração pública.* No tópico seguinte, 3.2.2, pretende-se definir as possibilidades e limites do controle judicial. Assim, inicia-se, em 3.2.2.1, a evolução do tema, cuja conclusão é pela sindicabilidade jurisdicional de *todas as espécies de comportamentos administrativos*, sejam eles atos vinculados ou discricionários, ações ou omissões, normativos, ordinatórios ou negociais, independentemente da classificação que lhes seja conferida ou do órgão de que emanam, tendo como parâmetro não apenas a lei, mas o sistema jurídico em sentido global. Isso, contudo, não significa o extremo oposto, ou seja, decisões jurisdicionais arbitrárias, puramente subjetivas, não universalizáveis, descontextualizadas ou *contra legem.* Em 3.2.2.2 é estudada a importância do princípio da proporcionalidade para a análise da legitimidade das decisões administrativas. Após realizar um sucinto relato sobre a evolução do princípio, suas abordagens e seus elementos, conclui-se que, ao apreciar a legitimidade de determinada conduta, cabe ao juiz proceder à adequada hierarquização, no caso concreto, dos custos e benefícios, diretos e indiretos, no curto e longo prazos, das escolhas públicas. Dito de outro modo, ao magistrado se atribui o dever de encontrar o equilíbrio entre os direitos das presentes e das futuras gerações. Para se desincumbir desse mister, no ponto 3.2.2.3 é enfatizado que a Constituição e as leis devem ser interpretadas de acordo com sua finalidade (*purpose-oriented approach* ou *purposive interpretation*), encontrada mediante construção judicial, bem assim consideradas as consequências das decisões.

O tópico 3.2.2.4 é dedicado ao controle judicial da motivação das decisões administrativas e ao princípio da deferência, fazendo-se breve nota comparativa com o Direito norte-americano e concluindo com uma proposta para o sistema brasileiro. Entende-se que o controle judicial proporcional e cooperativo, notadamente no campo da sustentabilidade, não prescinde de alguma deferência ao processo administrativo. Todavia, não pode significar tolerância à violação aos direitos e garantias fundamentais, e requer do intérprete uma solução contextualizada, harmônica com o sistema jurídico e a finalidade das normas aplicadas. A deferência judicial no regime constitucional brasileiro não pode ser "cega" e acrítica, como propôs o *Chevron test* norte-americano; ao invés, depende da força persuasiva da decisão administrativa, de informações sobre sua confiabilidade, da validade da motivação exposta, da competência do órgão ou ente sujeito a controle e da proporcionalidade das medidas examinadas. Desse modo, é viável conceber um controle judicial que concilie as vantagens da especialização e da *expertise* da Administração Pública, sobretudo das agências reguladoras, com o respeito à juridicidade e sustentabilidade do comportamento estatal. A efetividade da tutela judicial em face da Administração Pública, os mecanismos processuais e os limites do processo judicial para assegurar a sustentabilidade das relações administrativas são avaliados, também brevemente, no item 3.2.2.5.

Nos capítulos finais – 4, 5 e 6 – são respondidas as indagações centrais para se aferir a possibilidade e a extensão do controle judicial de sustentabilidade das decisões administrativas: *podem os juízes anular licitações que desatendam a critérios objetivos de sustentabilidade multidimensional?* Ou, ainda no campo das contratações públicas: *o Judiciário detém competência para aferir a viabilidade socioeconômica e ambiental de determinada obra pública? Como admitir o controle judicial da sustentabilidade da regulação sem que o magistrado se transforme em "juiz regulador"? Ao suprir, quando provocado, as omissões insustentáveis do Poder Público, o Judiciário estaria se substituindo aos demais poderes na formulação de políticas públicas? A adoção de medidas preventivas e precautórias pode ser exigida em juízo?*

Para se analisar o objeto proposto e atingir os objetivos delineados, *é* empregado o método analítico-descritivo. São estudadas e avaliadas as informações disponíveis na tentativa de explicar o contexto e determinar o estado atual, as opiniões e projeções do tema.

Portanto, tendo em conta que o Estado de Direito da nova governança e do novo serviço público é necessariamente o Estado sustentável, é que se busca demonstrar com este trabalho qual a extensão, as possibilidades e limites do controle jurisdicional das decisões administrativas.

DIREITO ADMINISTRATIVO E SUSTENTABILIDADE

2.1 Novas tendências do Direito Administrativo

O processo de tomada de decisões por agentes públicos é tarefa complexa e que, na atualidade, enfrenta grandes desafios e paradoxos de difícil solução. Por um lado, os gestores deparam-se com crescentes *déficits* públicos e a necessidade de redução dos gastos e aperfeiçoamento da responsabilidade fiscal. Por outro, têm de lidar com demandas sociais, econômicas e culturais crescentes e muitas vezes conflitantes. Ademais, os governos têm sido exigidos não apenas quanto ao emprego dos meios adequados para o desempenho das funções públicas, mas também quanto ao cumprimento das promessas constitucionais e ao alcance de resultados de impacto para os cidadãos. Nesse contexto, notadamente diante da escassez dos recursos públicos, é inevitável a ponderação dos custos e benefícios, diretos e indiretos, das medidas adotadas, e a ampliação do foco do administrador público para o longo prazo e a sustentabilidade. Tudo isso, porém, em ambiente hostil, permeado por pressões políticas e sociais para resolver crises presentes e problemas contingentes, mediante soluções imediatistas e de curto prazo, as quais nem sempre levam em conta os efeitos duradouros das decisões e os direitos das futuras gerações.

Conforme recente estudo do Programa das Nações Unidas para o Desenvolvimento (PNUD), a Administração Pública do século XXI experimenta mudanças dramáticas, tanto em países desenvolvidos como em desenvolvimento. A globalização e a pluralização da prestação dos serviços públicos são forças motrizes por trás dessas transformações. Os problemas políticos enfrentados pelos governos são cada vez mais complexos, difíceis e globais, em vez de simples, lineares e nacionais.

Ademais, os paradigmas convencionais pelos quais as reformas no setor público são formuladas e implementadas revelam-se estáticos e não contemplam o significado e as implicações dessas mudanças.[1] Para alcançar o padrão da nova governança ou novo serviço público, as reformas estatais precisam transcender a visões tradicionais, sem, porém, abandonar por completo todos os instrumentos da governança centralizada ou focada em métodos de mercado. A nova governança pública (*New Public Governance*) e o novo serviço público (*New Public Service*), embora ainda não tenham consolidado um sistema uniforme e reúnam características de diversas linhas de pensamento, contemplam semelhanças que permitem a identificação de um novo modelo diferente dos anteriores.[2]

Os obstáculos e conflitos que subjazem as políticas públicas na atualidade não comportam mais as soluções oferecidas pela abordagem da antiga Administração Pública (*Old Public Administration*), prevalecente no século XX, a qual pode ser sintetizada como um modelo burocrático, baseado na hierarquia e meritocracia, no controle centralizado, na separação entre a formulação de políticas públicas e sua implementação, na divisão rígida de funções, num sistema fechado e com pouco envolvimento dos cidadãos, bem assim no emprego da gestão "de cima para baixo" e métodos de "comando-e-controle".[3] Da mesma forma, a concepção que pretendeu superar a primeira, isto é, a Administração Pública gerencial (*New Public Management*), emergente em diversos países na década de 1980 com a finalidade de reduzir as despesas estatais e transpor ideias da iniciativa privada para o setor público,[4] também foi criticada, principalmente, pela falha em atender aos interesses dos cidadãos e carência de responsabilidade democrática, fragmentação e falta de coerência governamental pela criação de agências executivas e manutenção do controle "de cima para baixo", com pouca colaboração dos interessados.[5]

---

[1] ROBINSON, Mark. From Old Public Administration to the New Public Service: Implications for Public Sector Reform in Developing Countries. *UNITED NATIONS DEVELOPMENT PROGRAMME*, 2015. Disponível em: <http://www.undp.org/content/dam/undp/library/capacity-development/English/Singapore%20Centre/PS-Reform_Paper.pdf>. Acesso em: 12 jan. 2016.

[2] DENHARDT, Robert B.; DENHARDT, Janet Vinzant. The New Public Service: Serving Rather than Steering. *Public Administration Review*, v. 60, n. 6, p. 553, 2000; ROBINSON, Mark. From Old Public Administration to the New Public Service: Implications for Public Sector Reform in Developing Countries. *UNITED NATIONS DEVELOPMENT PROGRAMME*, 2015.

[3] ROBINSON, *op. cit.*

[4] DENHARDT, *op. cit.*, p. 550; ROBINSON, *op. cit.*

[5] *Ibid.*, p. 551-2; ROBINSON, *op. cit.*

DIREITO ADMINISTRATIVO E SUSTENTABILIDADE | 19

Esses questionamentos deram origem a novas teorias que pretenderam solucionar os problemas da falta de coerência e colaboração por meio de uma abordagem completa de governo (*"whole-of-government"* *approaches*).[6] Emergiram assim a nova governança pública (*New Public Governance*) e o novo serviço público (*New Public Service*), que apresentam as seguintes características essenciais: o foco da Administração Pública é direcionado aos cidadãos, à comunidade e à sociedade civil, os quais têm garantida a participação nas decisões administrativas; o Estado passa a ser tratado como mais um ator entre outros engajados na deliberação política e na execução dos serviços públicos, abandonando o exclusivismo ou a força predominante estatal; o papel principal dos servidores públicos reside em auxiliar os cidadãos a se articularem e atenderem seus interesses comuns, ao invés de exercer um controle ou orientação unilateral, bem como em proporcionar a intermediação, negociação e resolução de problemas em parceria com os interessados; a Administração Pública deve construir a noção de interesse público em conjunto com os cidadãos, mais que meros clientes, consumidores ou eleitores.[7]

Impende, demais disso, enfatizar a importância de uma dimensão inter-organizacional integrada. A perspectiva da pós-Administração Pública gerencial (*post-New Public Management*) surge para encampar um modelo compreensivo, que foca no governo como um todo (*"whole-of-government"* *approach*), na governança digital e na motivação para corrigir os problemas de coerência organizacional e responsividade associados ao paradigma anterior, colocando as necessidades e os interesses dos cidadãos no centro da gestão pública. Sendo assim, as reformas no setor público precisam ser sensíveis ao contexto e definidas em abordagens variadas ou híbridas, que possam se adaptar à complexidade e aos intrincados problemas enfrentados pela Administração Pública, enfatizar a importância da motivação e dos incentivos e privilegiar os interesses dos cidadãos, sem desprezar a manutenção de uma estrutura de serviço público eficiente e capacitada.[8]

---

[6] ROBINSON, *op. cit.*

[7] DENHARDT, Robert B.; DENHARDT, Janet Vinzant. The New Public Service: Serving Rather than Steering. *Public Administration Review*, v. 60, n. 6, p. 553-7, 2000; ROBINSON, Mark. From Old Public Administration to the New Public Service: Implications for Public Sector Reform in Developing Countries. *UNITED NATIONS DEVELOPMENT PROGRAMME*, 2015.

[8] *Ibid.*, p. 557; ROBINSON, *op. cit.*

Christensen e Lægreid afirmam que as organizações públicas estão se tornando altamente complexas e híbridas à medida que tentam atender, simultaneamente, a ideias, considerações, demandas, estruturas e fatores culturais numerosos e muitas vezes conflitantes. Concluem que, ao invés de serem superadas e substituídas pelas reformas impulsionadas pela teoria da "pós-Administração Pública gerencial", os elementos da "Administração Pública gerencial" estão sendo modificados e ajustados pelo acréscimo de diferentes medidas derivadas da concepção mais recente. Sugerem que sejam empreendidas formas híbridas de Administração Pública, que variam conforme diferentes sistemas político-administrativos.[9]

Por sua vez, Koppel assevera que as antigas formas do serviço público não refletem a realidade contemporânea. O mundo emergente da Administração Pública sem fronteiras requer uma significante reorientação. Cumpre, com isso, reconhecer novas tendências, como a existência de organizações que combinam características de entidades governamentais e não governamentais, o emprego de mecanismos de mercado na regulação e alocação de recursos escassos que devem ser favorecidos por políticas públicas e admitir a governança e a cooperação transnacional. Koppel concebe uma compreensão mais ampla de Administração Pública que inclui todas as formas de governança com o propósito de servir a interesses públicos, o que significa mover-se para além da equação "público" e "governo".[10]

Como será objeto de estudo mais aprofundado,[11] escolhas insustentáveis produzem prejuízos sistêmicos ao bem-estar dos cidadãos e menosprezam os direitos das futuras gerações. É dizer, a nova Administração Pública cidadã tem de ser, necessariamente, sustentável.

Em relação ao Direito Administrativo contemporâneo, oportuno referir lição de Schmidt-Assmann no sentido de que somente se aquele for concebido como uma ciência sistemática poderá dar resposta aos graves desafios que o panorama atual suscita: afrontar as oportunidades e perigos que traz consigo o progresso técnico e científico, induzir a novas formas de interação e de repartição de responsabilidades

---

[9] CHRISTENSEN, T.; LAEGREID, P. Complexity and Hybrid Public Administration – Theoretical and Empirical Challenges. *Public Organization Review*, v. 11, n. 4, p. 407-23, 2011.

[10] KOPPEL, Jonathan G.S. Administration without Borders. Public Administration Review. *Special Issue on the Future of Public Administration in 2020*, v. 70, S1, S46-S55, dez. 2010.

[11] Tópico 2.5.

entre o Estado e a sociedade que derivam da privatização e resolver os problemas que envolvem a redução de recursos financeiros.[12]

Ao depois, a complexidade da decisão administrativa é mais intensa na atual "sociedade de risco", como salienta Ulrich Beck, decorrente da industrialização e modernização crescentes, com consequências drásticas e ameaçadoras para a vida humana[13] e socialização das destruições e ameaças à natureza.[14] Exige-se de todos os atores sociais ágil adaptação a esse ambiente dinâmico e volátil, que se altera a cada dia e supera paradigmas e dogmas em reduzido espaço de tempo, muitas vezes de modo imprevisível e irresistível, e no qual a flexibilidade e a sensibilidade se colocam como qualidades indispensáveis para a sobrevivência das pessoas, das empresas e dos poderes públicos.[15]

Os governos precisam aprender a conviver com uma sociedade mais exigente e informada,[16] com a inescapável austeridade fiscal, mudanças demográficas[17] e inversão da pirâmide etária,[18] com a globalização e a evolução tecnológica e da comunicação, em uma era de incerteza global.[19] Estes fenômenos atingem de forma direta o Estado e, notadamente, o Direito Administrativo.

---

[12] SCHMIDT-ASSMANN, Eberhard. *La Teoría General del Derecho Administrativo como Sistema:* objetivo y fundamentos de la construcción sistemática. Madrid: Marcial Pons, 2003. p. 3.

[13] BECK, Ulrich. *La Sociedad del Riesgo:* hacia una nueva modernidad. Barcelona: Paidós, 1998. p. 57.

[14] *Ibid.*, p. 89.

[15] MOREIRA, Rafael Martins Costa. A especialização da prestação jurisdicional. *Revista de Doutrina da 4ª Região*, Porto Alegre, n. 60, jun. 2014. Disponível em: <http://revistadoutrina.trf4.jus.br/artigos/edicao060/Rafael_Moreira.html>. Acesso em: 22 abr. 2015.

[16] Diogo de Figueiredo Moreira Neto destaca que a "Era das Comunicações, produzindo a elevação dos índices de informação e de educação da sociedade, veio despertar-lhe a consciência sobre seus interesses, sobre seu poder e sobre a natureza de sua relação com o Estado, levando-a a reclamar maior participação nas atividades por ele desenvolvidas" (In: *Mutações do Direito Administrativo.* 3. ed. Rio de Janeiro: Renovar, 2007. p. 12).

[17] "Desequilíbrios observados na população mundial têm consequências importantes, sobretudo para serviços públicos voltados à população jovem e aos mais velhos" (PRICEWATERSOUSECOOPERS. *O Futuro do Governo:* novo paradigma na gestão pública, Brasil, p. 10, jun. 2014. Disponível em: <http://www.pwc.com.br/pt_BR/br/publicacoes/setores-atividade/assets/servico-governo-setor-publico/futuro_do_governo_13.pdf>. Acesso em: 05 abr. 2015).

[18] Segundo dados do IBGE, o Brasil está envelhecendo. Até 2050, a população acima dos 60 anos vai ampliar consideravelmente, o que produzirá impactos não desprezíveis nos sistemas público e privado de saúde e previdência (Disponível em: <http://www.ibge.gov.br/home/estatistica/populacao/projecao_da_populacao/2008/piramide/piramide.shtm>. Acesso em: 23 jan. 2016).

[19] Conforme recente relatório da PriceWaterhouseCoopers, intitulado "O futuro do governo": "Governos e organizações do setor público no mundo precisam se ajustar à nova realidade do 'fazer mais com menos' (ou 'fazer menos por menos') e trabalhar para garantir os

No entanto, essa adaptação às exigências e mudanças da sociedade contemporânea não poderá fazer tábula rasa dos princípios constitucionais e direitos fundamentais. Não é possível evitar o novo, mas a novidade não pode abalar os alicerces que sustentam o Estado democrático e socioambiental[20] de Direito. As normas constitucionais vinculam todos os ramos do Direito, notadamente o Direito Administrativo, hoje afastado de sua concepção autoritária de outrora, que nasce com o Estado de Direito e serve à disciplina da atividade administrativa pública para tutela e promoção dos direitos fundamentais.[21] É lícito acentuar, como faz Juarez Freitas, a existência de "atividades ou proibições administrativas que se impõem, independentemente de previsão legal, por força direta da Constituição".[22] A propósito, Enterría e Fernández ressaltam que a

> superioridade normativa da Constituição não é um postulado abstrato (...) mas que penetra todas e cada uma das demais normas, e especificamente as administrativas, modelo da atividade ordinária e mais extensa do Estado, que expressam, por isto, um 'Direito Constitucional concretizado' (Werner); todas as instituições de Direito Administrativo estão marcadas pela norma básica do poder e da liberdade que se contém da Constituição.[23]

---

resultados que a sociedade precisa e quer. Além disso, os ocupantes do poder precisam decidir se querem consumir a herança recebida de antecessores ou criar um novo legado para gerações futuras" (PRICEWATERSOUSECOOPERS, *op. cit.*, p. 3). Segundo o mesmo relatório, o governo do futuro "terá de exibir quatro características – todas imprescindíveis e interdependentes – para realmente produzir resultados de impacto: terá de ser ágil, inovador, conectado e transparente" (*Ibid.*, p. 17).

[20] A respeito do Estado Socioambiental de Direito, Fensterseifer e Sarlet esclarecem: "No tocante ao modelo contemporâneo de Estado de Direito, é possível aderir à ideia da superação do modelo do Estado Social (que, por sua vez, já havia superado o Estado Liberal) – pelo menos na forma assumida após a Segunda Guerra – por um modelo de *Estado Socioambiental*, também designado por alguns de Pós-Social, que, em verdade, não abandona as conquistas dos demais modelos de Estado de Direito em termos de salvaguarda da dignidade humana, mas apenas agrega a elas uma *dimensão ecológica*, comprometendo-se com a estabilização e prevenção do quadro de riscos e degradação ecológica" (FENSTERSEIFER, Tiago, SARLET, Ingo Wolfgang. *Direito Constitucional Ambiental*: Constituição, Direitos Fundamentais e Proteção do Ambiente. 2. ed. São Paulo: Revista dos Tribunais, 2012. p. 44).

[21] Por isso é preciso constitucionalizar o Direito Administrativo e, na dicção de Marçal Justen Filho, "impregnar a atividade administrativa com o espírito da Constituição, de modo a propiciar a realização efetiva dos direitos fundamentais e valores ali consagrados" (JUSTEN FILHO, Marçal. *Curso de Direito Administrativo*. 10. ed. São Paulo: Revista dos Tribunais, 2014. p. 104-5).

[22] FREITAS, Juarez. *O Controle dos Atos Administrativos e os Princípios Fundamentais*. 5. ed. São Paulo: Malheiros, 2013. p. 34-5.

[23] GARCÍA DE ENTERRÍA, Eduardo; FERNÁNDEZ, Tomás-Ramón. *Curso de Direito Administrativo*. Trad. Arnaldo Setti. São Paulo: Revista dos Tribunais, 1990. p. 48.

Nessa linha, as antigas medidas repressivas e de "comando-e-controle", embora ainda imprescindíveis em muitas situações para impedir e punir infrações à lei, paulatinamente cedem espaço para fórmulas consensuais de desempenho das funções públicas,[24] seja para definir previamente a atuação administrativa,[25] seja para resolver conflitos extrajudicialmente ou mesmo em juízo.[26]

Contudo, pertinente consignar as ponderações de Adriana da Costa Ricardo Schier, no sentido de que os mecanismos participativos surgidos com a Administração gerencial não podem desconsiderar instrumentos burocráticos de controle do Estado, "em face da extensa massa de excluídos que fazem parte da realidade do país (excluídos em todos os sentidos, que, mais preocupados com a fome e o desemprego, estão totalmente alijados da condição de 'participantes')".[27]

A agilidade e flexibilidade do Estado contemporâneo, bem assim a imprescindibilidade de uma gestão fiscal sustentável e equilibrada, determinam ao Poder Público a eleição justificada das prioridades. Os recursos públicos – materiais, financeiros e humanos – são escassos, de modo a inviabilizar o atendimento de toda e qualquer demanda da sociedade. No entanto, existem prioridades constitucionais impostergáveis,[28] como, *e.g.*, para atividades preventivas em ações e serviços de saúde (CF, art. 198, inc. II), ou distribuição de recursos públicos para educação básica obrigatória (CF, arts. 208, inc. I, 211, §5º, e 212, §3º).

---

[24] Juarez Freitas observa que "tende o relativamente jovem Direito Administrativo a transitar da preponderância monológica rumo a padrões dialógicos, abertos e voltados à afirmação da dignidade includente da pessoa humana e do valor intrínseco da natureza", de modo a "praticar modelos decisórios menos unilaterais, consideradas simplistas as soluções voltadas a doses enormes e, não raro, infrutíferas de repressão" (FREITAS, *op. cit.*, p. 28-9).

[25] Juarez Freitas refere como acordos preliminares à edição de atos administrativos os antecedentes à emissão de licenças, permissões ou autorizações, bem como os acordos de leniência em infrações à ordem econômica (Lei nº 12.529/11, arts. 86 e 87) (*op. cit.*, p. 30).

[26] Sobre as conciliações realizadas pelo Poder Público em juízo, não se pode deixar de mencionar o art. 10, par. único da Lei nº 10.259/01, que autoriza os representantes judiciais da União, autarquias, fundações e empresas públicas federais a conciliar, transigir ou desistir, nos processos da competência dos Juizados Especiais Federais. Na prática, porém, os entes públicos federais em geral têm entabulado acordos judiciais em diversas questões, notadamente em matéria previdenciária, execuções fiscais e responsabilidade civil. Mais recentemente, a Lei nº 13.140/2015 previu a possibilidade de autocomposição dos conflitos em que for parte pessoa jurídica de direito público, através da criação de "câmaras de prevenção e resolução administrativa de conflitos", mediação (arts. 32 a 34) e "transação por adesão" em controvérsias judicializadas (arts. 35 a 40).

[27] SCHIER, Adriana da Costa Ricardo. *A Participação Popular na Administração Pública*: o direito de reclamação. Rio de Janeiro: Renovar, 2002. p. 252-3.

[28] FREITAS, Juarez. *Direito Fundamental à Boa Administração pública*. 3. ed. São Paulo: Malheiros, 2014. p. 30.

Em relação às demais questões, caberá ao administrador público perseguir o interesse da coletividade e promover os direitos fundamentais, não apenas atuar em benefício da própria máquina estatal. Não poderá escapar da hierarquização dos direitos e interesses plurais e conflitantes e da ponderação dos custos e benefícios, diretos e indiretos, das suas opções.

Nesse contexto exsurge a importância de se conferir à sociedade maior responsabilidade pelo seu próprio destino e reconduzir o papel do Estado a regulador e prestador de serviços essenciais, mediante correção das falhas de mercado e promoção dos direitos fundamentais.[29] Pode-se buscar, no dizer de Adriana da Costa Ricardo Schier, "a criação de um novo paradigma: o paradigma da cidadania responsável, no qual o cidadão é responsável pela edificação de sua história, marcada pela vida de sua comunidade".[30] Por isso, o cidadão, e não simples administrado, tende a ser mais *"proativo e protagonista*, menos passivo e súdito, nas relações administrativas",[31] o que possibilita maior participação da sociedade na definição da forma e do conteúdo das

---

[29] Deve ser reconhecido, na esteira de Diogo de Figueiredo Moreira Neto, o princípio da subsidiariedade nas relações administrativas, de modo que somente "aquelas demandas que por sua própria natureza, em razão da complexidade e da necessidade de uma ação *concentrada* e *imperativa*, inclusive com a centralização coacta de recursos, não puderem ser atendidas pela própria comunidade deverão ser cometidas às *organizações públicas*, que atuarão, portanto, subsidiariamente à sociedade" (In: *Mutações do Direito Administrativo*. 3. ed. Rio de Janeiro: Renovar, 2007. p. 20). Idêntica posição é sustentada por Juarez Freitas, ao referir que o Direito Administrativo "tende a ser menos o Direito do Estado precipuamente executor direto dos serviços públicos ou universais e a se converter, em certa medida, no Direito do Estado Regulador, sem prejuízo da tarefa prestacional concentrada em assegurar o núcleo essencial dos serviços públicos" (In: *O controle dos Atos Administrativos e os Princípios Fundamentais*. 5. ed. São Paulo: Malheiros, 2013. p. 32). Esta concepção de Estado regulador, mais do que prestador, poderá evitar o que John Rawls menciona como um problema do capitalismo de bem-estar social e da política de redistribuição de renda em que, "dada a falta de justiça de fundo e as desigualdades de renda e riqueza, pode-se desenvolver uma subclasse desestimulada e deprimida em que muitos de seus membros são cronicamente dependentes da assistência social. Essa subclasse se sente excluída e não participa da cultura política pública" (In: *Justiça como Eqüidade*: uma reformulação. Org. Erin Kelly. Trad. Cláudia Berliner. São Paulo: Martins Fontes, 2003. p. 197-8).

[30] SCHIER, Adriana da Costa Ricardo *A Participação Popular na Administração Pública*: o direito de reclamação. Rio de Janeiro: Renovar, 2002. p. 168. A jurista ainda sublinha que "a tarefa de reconstrução de uma dogmática jurídica vinculada aos valores democráticos foi facilitada pelo advento da Constituição de 1988, que imprimiu nova fisionomia para o Direito Brasileiro, em autêntica manifestação do Poder Constituinte" (*op. cit.*, p. 7). A autora trata, especialmente, do direito de reclamação como direito fundamental, assegurado aos administrados para controlar irregularidades referentes à atuação administrativa vinculada à prestação de serviços públicos (*op. cit.*, p. 253).

[31] FREITAS, Juarez. *Direito Fundamental à Boa Administração pública*. 3. ed. São Paulo: Malheiros, 2014. p. 35.

decisões administrativas, em reforço a uma democracia substancial, não apenas formal. Na lição de Moreira Neto, "a democracia não pode mais ser considerada apenas como um processo formal de escolha de quem nos deve governar, mas, também, de uma escolha de como queremos ser governados".[32] Ou ainda, consoante ensinamento de Pierre Rosanvallon, os cidadãos, em uma "democracia de exercício", deixam de ser "soberanos de um dia" para participar de forma mais constante no controle dos governantes.[33]

A ampliação da intervenção do Estado na economia e na sociedade, verificada principalmente no último século, a evolução tecnológica, a expansão da especialização e a necessidade de se conferir agilidade e flexibilidade ao Poder Público para solucionar os problemas concretos que lhe são diariamente demandados avultam a importância das competências discricionárias dos agentes públicos. O exercício das funções estatais restaria inviabilizado ou severamente engessado se não fosse atribuída ao servidor público alguma liberdade, seja na eleição das hipóteses de atuação, seja na escolha das consequências.

A par disso, porém, diante da superioridade normativa da Constituição, dos princípios e direitos fundamentais, verifica-se uma redução do espaço de discricionariedade, para reconhecer em todo o comportamento estatal a vinculação ao sistema jurídico. A discricionariedade passa a ser encarada mais como um feixe de competências do que como um poder que desconhece limites e controles, a ser exercido em função do interesse público. Fonseca Pires ressalta que o "poder existe enquanto *competência normativa*, enquanto feixe de atribuições que é prescrito a alguém para, na medida suficiente, servir como instrumento eficiente à realização do interesse público delineado pela ordem jurídica".[34]

Para Juarez Freitas, no contemporâneo Direito Administrativo

> tende a minguar a crença no mito da discricionariedade administrativa solta (substituída, a pouco e pouco, pela noção de *discricionariedade vinculada, motivada* e justificável racionalmente), sem sucumbir aos

---

[32] MOREIRA NETO, Diogo de Figueiredo. *Mutações do Direito Administrativo*. 3. ed. Rio de Janeiro: Renovar, 2007. p. 343-5; SARTORI, Giovanni. *A Teoria da Democracia Revisitada*. V. 1. O debate contemporâneo. Trad.: Dinah de Abreu Azevedo. São Paulo: Ática, 1994. p. 56.

[33] ROSANVALLON, Pierre. *El buen gobierno*. Trad. Horacio Pons. Buenos Aires: Manantial, 2015. p. 348.

[34] PIRES, Luis Manuel Fonseca. *Controle Judicial da Discricionariedade Administrativa*: dos conceitos jurídicos indeterminados às políticas públicas. Rio de Janeiro: Elsevier, 2009. p. 138.

particularismos contrários à universalização, de sorte que toda discricionariedade (no plano dos mandamentos – *Tatbestand* – ou na eleição das consequências) está, por força da Constituição, direta e imediatamente vinculada aos princípios, objetivos e direitos fundamentais: daí se extrai a inaceitabilidade de discricionariedade pura ou inteiramente imune a controle.[35]

Ao depois, encontram-se ultrapassadas as ideias legalistas do liberalismo clássico, que afloraram na Revolução Francesa e inspiraram uma ordem jurídica preocupada sobremodo com a segurança e a liberdade dos cidadãos, erigida como uma proteção contra a intervenção do Estado na esfera individual. Este paradigma estava em sintonia com o positivismo jurídico dos séculos XVIII e XIX, o qual assumiu a relevante função de sistematizar um ordenamento jurídico que, antes da Revolução, era fragmentado e imprevisível,[36] e a Escola da Exegese,[37] que considerava o Direito como um sistema completo, fechado, restrito às leis emanadas do Estado, desvestido de lacunas,[38] sendo que a solução dos conflitos em concreto era encontrada mediante mera subsunção e silogismo.

Após contribuição decisiva da teoria dos princípios, do "ataque geral ao positivismo" de Ronald Dworkin[39] e da teoria dos direitos fundamentais de Robert Alexy,[40] o Direito brasileiro contemporâneo

---

[35] FREITAS, Juarez. *O Controle dos Atos Administrativos e os Princípios Fundamentais*. 5. ed. São Paulo: Malheiros, 2013. p. 31.

[36] "No período anterior à Revolução Francesa, o Direito era dividido ou fragmentado em sistemas particulares, quer do ponto de vista das classes, que do ponto de vista material e territorial. Havia um Direito para o clero, como outro havia para a nobreza, e outro ainda para o povo, ao mesmo tempo que cada região possuía seu sistema particular de regras, seus usos e costumes, muitas vezes conflitantes, regendo-se determinadas relações pelo Direito Canônico e outras pelo Direito Estatal" (REALE, Miguel. *Filosofia do Direito*. 20. ed. São Paulo: Saraiva, 2002. p. 400).

[37] Como expõe Miguel Reale, a tese fundamental da Escola da Exegese é a de que "o Direito por excelência é o revelado pelas leis, que são normas gerais escritas emanadas pelo Estado, constitutivas de direito e instauradoras de faculdades e obrigações, sendo o Direito um sistema de conceitos bem articulados e coerentes, não apresentando senão lacunas-aparentes" (*Ibid.*, p. 403).

[38] "Não se admitia que o Direito Positivo tivesse lacunas, porquanto bastaria um trabalho de interpretação, conduzido segundo regras determinadas, para obter-se a resposta conveniente a todas as lides e demandas. Não existia, segundo pensavam, qualquer fato social para o qual se não encontrasse solução passível e previsível na totalidade da ordem jurídica positiva" (*Ibid.*, p. 402).

[39] DWORKIN, Ronald. *Taking Rights Seriously*. Cambridge: Harvard University Press, 1977. p. 22, 24-7.

[40] ALEXY, Robert. *Teoría de los derechos fundamentales*. Trad.: Ernesto Garzón Valdés. Madrid: Centro de Estudios Constitucionales, 1993.

convive com a noção de normas jurídicas em sentido amplo, das quais são espécies de princípios e regras, restando consolidada, não apenas nas lições doutrinárias, mas também nas decisões e na prática judiciária, a ideia de que o Direito não se restringe às leis. Antes, impõe-se compreender o sistema jurídico de modo a estimular "a vinculação do intérprete menos ao texto legislado fugaz e episódico, mais aos princípios e objetivos fundamentais do ordenamento".[41]

Assim, o princípio da legalidade, que teve origem na concepção de exercício do poder estatal sempre justificado numa lei prévia,[42] evoluiu para se estabelecer a necessidade de observância de uma legalidade temperada, que determina o acatamento da Administração Pública não apenas à lei, mas ao Direito,[43] já que a legalidade é um princípio entre outros de igual hierarquia, e o Direito Administrativo é uma totalidade aberta, maior que o conjunto de regras legais.[44]

O Direito Administrativo também deve ultrapassar a noção limitada de defesa frente a interferências do Estado no domínio privado, para abarcar medidas de colaboração de particulares para consecução de seus fins coletivos. Com efeito, o alargamento, o pluralismo e a complexidade das funções estatais e, simultaneamente, a emergência de crises nas finanças públicas demarcam a imperativa participação da sociedade em saudável cooperação[45] com os entes públicos para proporcionar o desempenho das funções públicas de molde a atingir os objetivos constitucionais. Para tanto, revela-se crucial outorgar maior prestígio à segurança jurídica e mitigar a precariedade nas relações administrativas, a fim de se viabilizar investimentos de amortização de longo prazo.[46]

---

[41] FREITAS, Juarez. *A Interpretação Sistemática do Direito*. 5. ed. São Paulo: Malheiros, 2010. p. 66.

[42] GARCÍA DE ENTERRÍA, Eduardo; FERNÁNDEZ, Tomás-Ramón. *Curso de Direito Administrativo*. Trad. Arnaldo Setti. São Paulo: Revista dos Tribunais, 1990. p. 368.

[43] FREITAS, Juarez. *O Controle dos Atos Administrativos e os Princípios Fundamentais*. 5. ed. São Paulo: Malheiros, 2013. p. 59-70; *ibid.*, p. 409.

[44] Juarez Freitas, ao tratar do princípio da legalidade temperada, sustenta que o "controle subordina-se às regras legais e, acima disso, ao Direito. No que tange ao princípio da legalidade e, mais que isso, do acatamento da Administração ao Direito, é de assinalar que se evoluiu do legalismo primitivo e hipertrofiado para a posição – por assim dizer – balanceada e substancialista (superado, ao menos em teoria, o automatismo imoderado no cumprimento das regras)" (FREITAS, Juarez. *A Interpretação Sistemática do Direito*. 5. ed. São Paulo: Malheiros, 2010. p. 59-60).

[45] SCHMIDT-ASSMANN, Eberhard. *La Teoría General del Derecho Administrativo como Sistema*: objetivo y fundamentos de la construcción sistemática. Madrid: Marcial Pons, 2003. p. 24-5.

[46] FREITAS, Juarez. *A Interpretação Sistemática do Direito*. 5. ed. São Paulo: Malheiros, 2010. p. 35.

Os indivíduos estão mais informados de seus direitos e dos deveres dos agentes públicos. Como demonstram os recentes protestos e manifestações no Brasil e no mundo,[47] a sociedade não mais se encontra no estado letárgico e passivo de outrora, acomodada que estava em um ambiente propício para o descompromisso com as consequências das atividades públicas, o desprezo por mandamentos éticos e a irresponsabilidade em relação ao futuro. Com isso, os cidadãos não mais se contentam em exigir dos entes públicos apenas a adoção dos meios adequados, mas igualmente o alcance de resultados de impacto em suas vidas. Assim, impõe-se a exigência de economicidade, eficiência e eficácia[48] às decisões administrativas, de modo a permitir um controle dos resultados e das metas previamente traçadas, bem como o escrutínio dos custos e benefícios, diretos e indiretos, do comportamento dos agentes estatais. Por outras palavras, é cogente que o Estado contemporâneo seja sustentável.

Afigura-se essencial, desse modo, alcançar algo mais que a mera declaração de direitos. A busca por resultados concretos e efetivos, é dizer, uma atuação do Estado apta a realizar os objetivos previamente traçados, compõe um novo horizonte em busca do desenvolvimento socioeconômico. O Poder Público tem a obrigação de racionalizar suas atividades, de planejar e executar as políticas econômicas determinadas pela Constituição, o que, aliás, é indispensável para alcançar as finalidades públicas. Não por outro motivo que a Constituição Federal, no art. 174, determina que o Estado, como agente normativo e regulador,

---

[47] Pierre Rosanvallon salienta que os partidos políticos têm se convertido em estruturas auxiliares dos órgãos do governo e não estão em condições de desempenhar um papel positivo na formalização democrática da relação governantes-governados. Nesse contexto, segundo o historiador francês, surgem novas formas políticas distantes dessas organizações, como partidos que tratam de conservar um caráter vigorosamente participativo, a exemplo do "Podemos" na Espanha. Também movimentos de protesto, como os Indignados, verificados em diversos países no começo da década de 2010, ou o "Occupy Wall Street", que em 2011 se definiu como um "movimento de resistência sem chefe", cuja aspiração é expressar as vozes de 99% de uma população que já não tolera a cobiça e a corrupção do 1% restante, assim como espetaculares mobilizações em massas em diferentes capitais do planeta, que têm derrubado governos infames (ROSANVALLON, Pierre. *El buen gobierno*. Trad. Horacio Pons. Buenos Aires: Manantial, 2015. p. 31-32).

[48] Na visão de Juarez Freitas, o princípio da eficiência (art. 37 da CF) determina que a Administração Pública cumpra bem as suas tarefas, empregando, em tempo razoável, os meios apropriados e pertinentes; o princípio da economicidade (art. 70 da CF) determina a otimização da intervenção pública, no sentido de fazer o mais com o menor custo (direto e indireto), vedado qualquer desperdício; o princípio da eficácia (CF, art. 74) determina a obtenção de resultados harmônicos com os objetivos, prioridades e metas constitucionais (In: *O Controle dos Atos Administrativos e os Princípios Fundamentais*. 5. ed. São Paulo: Malheiros, 2013. p. 110-11).

exercerá funções de incentivo e planejamento da economia, sendo este, embora indicativo para o setor privado, *determinante* para o setor público.

Da pena de Moreira Neto extrai-se a seguinte passagem:

> Ora, se é dever constitucional do Estado atingir resultados que concorram efetivamente para o atendimento daqueles objetivos governamentais, torna-se igualmente certo, com vistas à satisfação desse dever no quadro do neoconstitucionalismo, que aos governos não é dado se omitirem, nem tergiversarem, nem falharem no desempenho das atividades de planejamento e de execução de políticas públicas referidas a tais objetivos.[49]

Por fim, compõe o mosaico dos pilares do novo Direito Administrativo a imposição de motivação explícita, clara, verdadeira, congruente e suficiente das decisões públicas, requisito fundamental para permitir a sintonia entre o comportamento estatal e o sistema jurídico, assunto que será adiante aprofundado.[50]

Com estas e outras diretrizes do novo Direito Público pretende-se sintonizar a conduta estatal às alterações e vicissitudes da sociedade contemporânea, fornecendo instrumental para submeter as decisões administrativas a um teste de realidade, sem se afastar, porém, dos comandos constitucionais, dos princípios e dos direitos fundamentais. Uma vez admitidas as limitações, riscos, incertezas e vieses a que estão sujeitos os indivíduos que tomam as decisões em nome do Poder Público, pode-se adotar providências para mitigar a influência desses fatores e aproximar o Estado de hoje ao Estado que pensa o amanhã, ou seja, o Estado que pratica a sustentabilidade social, econômica e ambiental.

2.2 Teoria da decisão administrativa

2.2.1 Teoria da decisão e a esfera administrativa

No estudo da atividade administrativa se verifica que a Administração Pública pratica uma miríade de atos, formaliza contratos e conduz procedimentos administrativos, sem uma boa teoria da

---

[49] MOREIRA NETO, Diogo de Figueiredo. *Mutações do Direito Administrativo*. 3. ed. Rio de Janeiro: Renovar, 2007. p. 168.

[50] Tópico 2.4.

decisão pública. Sempre, antes da exteriorização da manifestação estatal, existem agentes públicos que optam pela prática de um ato, ou vários atos sequenciais de um procedimento, ou pela celebração de um contrato, por motivos muitas vezes não explicados adequadamente. Nesse processo de tomada de decisão, portanto, é mister considerar, como faz Cristiano Carvalho, duas premissas fundamentais: a) que o processo de decisão pressupõe um indivíduo que escolhe e, por isso, reage a incentivos; e b) que escolhas acarretam consequências.[51]

A teoria da decisão pode ser entendida como o "campo de estudo, baseado na racionalidade, que visa obter os melhores resultados por meio de um processo organizado e metódico".[52] Para os utilitaristas, o homem é tratado como um ser racional e orienta suas condutas de forma a adequar os meios aos resultados.[53] Portanto, a partir da *teoria da escolha racional*, o sujeito seria tratado como agente econômico e representado pelo *homo economicus* "autocentrado, egoísta, otimizador de sua utilidade e capaz de fazer as melhores escolhas possíveis, a partir das informações de que dispõe".[54]

Percebeu-se, no entanto, sobretudo após os estudos da psicologia comportamental,[55] que essa descrição racionalista, utilitarista e quase matemática da pessoa que toma decisões nos mais diversos campos raramente corresponde à realidade, uma vez que as preferências reveladas não necessariamente configuram o fator determinante de suas condutas, e os indivíduos podem ser influenciados por outras circunstâncias, diversas da maximização do seu bem-estar, ou ainda podem estar sujeitos a desvios cognitivos.[56] Ademais, as condutas humanas não

---

[51] CARVALHO, Cristiano. *Teoria da Decisão Tributária*. São Paulo: Saraiva, 2013. p. 27.

[52] *Ibid.*, p. 95.

[53] *Ibid.*, p. 54-6.

[54] FERREIRA, Vera Rita de Mello. *Psicologia Econômica*: estudo do comportamento econômico e da tomada de decisão. Rio de Janeiro: Elsevier, 2008. p. 37-9; SANDEL, Michael J. *Justiça*: o que é fazer a coisa certa. Trad. Heloísa Matias e Maria Alice Máximo. 10. ed. Rio de Janeiro: Civilização Brasileira, 2013. p. 43-72; *Ibid.*, p. 56-7.

[55] Como expõe Vera Rita de Mello Ferreira, a "Psicologia Econômica pretende estudar o comportamento econômico dos indivíduos (denominados, frequentemente, *consumidores ou tomadores de decisão*, do inglês 'decision makers'), grupos, governos, populações, no sentido de compreender como a economia influencia o indivíduo e, por sua vez, como o indivíduo influencia a economia, tendo como variáveis pensamentos, sentimentos, crenças, atitudes e expectativas. Portanto, ao contrário dos economistas, que desprezam as *anomalias*, os psicólogos econômicos fazem delas seu objeto de estudo privilegiado" (*op. cit.*, p. 39).

[56] Na lição lapidar de Juarez Freitas: "Não há como desconsiderar tais predisposições automáticas ou vieses (*biases*). Todo cérebro humano ostenta desvios cognitivos que, não raro, afetam negativamente a qualidade da interpretação. Tal contingência só causa estranheza

são praticadas em um mundo ideal, mas sim em um contexto de riscos e incertezas, uma vez que raramente se conhecem todas as variáveis envolvidas em um processo de tomada de decisão.[57]

As mesmas considerações podem ser transpostas para a decisão administrativa. Ao efetuar uma escolha, o agente público procura maximizar determinada finalidade, que, contudo, não tem de representar sua vontade individual, mas sim uma vontade funcional,[58] objetiva e coincidente com o sistema jurídico. É o interesse público que deve animar a atuação do administrador, que não se confunde com interesse do Estado, do aparato administrativo, do agente público, da sociedade, da totalidade ou da maioria dos sujeitos privados.[59] O núcleo do Direito Administrativo reside na promoção dos direitos fundamentais indisponíveis,[60] de modo que o interesse público representa a vontade geral legítima (o 'bem de todos', no dizer do art. 3º da CF),[61] resultado da paulatina evolução na produção e aplicação do Direito.[62] Na perspectiva de Denhardt e Denhardt, impõe-se aos administradores contribuir para construir uma noção coletiva de interesse público. O objetivo não é encontrar soluções imediatas conduzidas por escolhas individuais, mas criar interesses comuns e responsabilidades compartilhadas.[63]

Do servidor público, assim, requer-se atuação apoiada no interesse público ou na promoção dos direitos fundamentais no caso

---

àqueles que se fiam em suposições formalistas ou acreditam nas mecânicas subsunções normativas. Ocorre que, no mundo real, não existe quem esteja inteiramente imune a automatismos mentais, cujo mapeamento revela-se, portanto, de extrema utilidade" (In: Hermenêutica Jurídica e a Ciência do Cérebro: como lidar com os automatismos mentais. *Revista da Ajuris*, ano XL, n. 130, p. 224, jun. 2013).

[57] CARVALHO, *op. cit.*, p. 95.

[58] PIRES, Luis Manuel Fonseca. *Controle Judicial da Discricionariedade Administrativa*: dos conceitos jurídicos indeterminados às políticas públicas. Rio de Janeiro: Elsevier, 2009. p. 208-11.

[59] JUSTEN FILHO, Marçal. *Curso de Direito Administrativo*. 10. ed. São Paulo: Revista dos Tribunais, 2014. p. 155-8.

[60] *Ibid.*, p. 159.

[61] FREITAS, Juarez. *O Controle dos Atos Administrativos e os Princípios Fundamentais*. 5. ed. São Paulo: Malheiros, 2013. p. 43.

[62] JUSTEN FILHO, *op. cit.*, p. 163.

[63] "The public interest is the aim, not the by-product. Public administrators must contribute to building a collective, shared notion of the public interest. The goal is not to find quick solutions driven by individual choices. Rather, it is the creation of shared interests and shared responsibility" (DENHARDT, Robert B.; DENHARDT, Janet Vinzant. The New Public Service: Serving Rather than Steering. *Public Administration Review*, v. 60, n. 6, p. 554, 2000).

concreto, à luz de uma interpretação tópico-sistemática, resultado da adequada hierarquização entre as regras e os princípios constitucionais, que não se atém exclusivamente a métodos dedutivos e positivistas, tampouco, por outro lado, aceita soluções arbitrárias e subjetivistas.[64]

A decisão administrativa tem de se alinhar à lei, aos princípios e aos direitos fundamentais, sobretudo ao direito fundamental à sustentabilidade. Noutro dizer, o agente público tem de incorporar o princípio da sustentabilidade multidimensional na tomada de decisão, o que implica levar em consideração os direitos das gerações presentes e futuras, inclusive o valor intrínseco das formas de vida não humanas.[65]

2.2.2 Procedimentalização da atividade administrativa

A avaliação do desempenho da função administrativa não pode ficar restrita a cada ato isoladamente. Não que o estudo do ato administrativo seja irrelevante ou ultrapassado, mas é salutar que seja analisado de forma global e dinâmica, em razão da imposição constitucional de procedimentalização da atividade administrativa. Vale dizer, como preleciona Justen Filho, salvo em situações excepcionais,

> todo ato administrativo deve ser produzido no bojo de um procedimento. O conteúdo e a validade dos atos administrativos dependem da observância ao procedimento devido. Isso não significa o desaparecimento do instituto do ato administrativo e a sua substituição por procedimentos administrativos. Mas não é cabível examinar o ato administrativo sem considerar o procedimento a ele referido.[66]

Em virtude da garantia constitucional do devido processo administrativo (CF, art. 5º, incs. LIV e LV) e do Estado Democrático

---

[64] Juarez Freitas assevera que a *"interpretação constitucional é processo tópico-sistemático*, de maneira que resulta impositivo, no exame dos casos, alcançar uma solução de equilíbrio entre o formal e o substancial, evitadas as soluções unilaterais e respeitada a Constituição em sua abertura dialógica e em seu caráter não-linear. Com efeito, a tarefa primeira do intérprete consiste em refinar o catálogo de princípios, regras e valores, aprimorando-os constantemente para fazê-lo, no quadro evolutivo, cumprir a função sistematizadora intrínseca ao processo" (In: *A Interpretação Sistemática do Direito*. 5. ed. São Paulo: Malheiros, 2010. p. 224).

[65] Klaus Bosselmann, ao defender uma perspectiva ecológica de justiça, refere que as "diferentes abordagens à justiça ecológica têm como objetivo integrar o mundo não humano na tomada de decisões ambientais" (In: *Princípio da Sustentabilidade*: transformando direito e governança. Trad. Phillip Gil França. São Paulo: Revista dos Tribunais, 2015. p. 120).

[66] JUSTEN FILHO, Marçal. *Curso de Direito Administrativo*. 10. ed. São Paulo: Revista dos Tribunais, 2014. p. 340.

e Social de Direito, é inafastável às decisões administrativas, como resultado de uma série de atos ordenados e sistematizados, propiciar a "participação de todos os interessados, a ampla investigação da realidade dos fatos, a exposição dos motivos determinantes para as escolhas adotadas e a submissão à revisão de entendimentos".[67] Consoante destaca Adriana da Costa Ricardo Schier, o direito de participação no âmbito administrativo, como meio de democratização do Poder Público, "determina uma maior contribuição dos cidadãos na tomada das decisões referentes ao Estado", pelo que se pode falar em "processualização das decisões administrativas e da formação de sua 'vontade'".[68]

A obediência ao procedimento legal, em síntese, emerge como garantia democrática de participação dos interessados no exercício das funções estatais e de controle da juridicidade das condutas dos agentes públicos, favorece soluções consensuais e o pluralismo e incentiva a transparência e a lisura das atividades administrativas.

A processualização do Direito Administrativo permite que se possa "cobrar um processo decisório, desde o início, vinculado a princípios e direitos fundamentais das gerações atuais e futuras, no cumprimento diligente e expedito dos deveres constitucionais". Revela-se essencial "oferecer boas razões de fato e de direito (vale dizer, razões ética e logicamente sustentáveis), em todo o processo decisório, no bojo do qual cada ato administrativo é um elo apenas".[69]

2.2.3 Conceito de decisão administrativa

As decisões administrativas se materializam em atos, procedimentos e contratos administrativos, os quais são espécies do gênero "fatos jurídicos", o que denota, como acentua José dos Santos Carvalho Filho, que "em ambos são idênticos os elementos estruturais".[70]

Conforme noção tradicional, fato jurídico em sentido amplo é aquele sobre o qual incide a regra jurídica.[71] Em sentido estrito, o fato

---

[67] Ibid., p. 221.
[68] SCHIER, Adriana da Costa Ricardo. A participação popular na Administração Pública: o direito de reclamação. Rio de Janeiro: Renovar, 2002, p. 74.
[69] FREITAS, Juarez. Sustentabilidade: direito ao futuro. 3. ed. Belo Horizonte: Fórum, 2016. p. 216-217.
[70] CARVALHO FILHO, José dos Santos. Manual de Direito Administrativo. 27. ed. São Paulo: Atlas, 2014. p. 99.
[71] MELLO, Marcos Bernardes de. Teoria do Fato Jurídico: plano da existência. 7. ed. São Paulo: Saraiva, 1995.

jurídico tem como suporte apenas eventos da natureza, independentes de ato humano.[72] E o ato jurídico tem como cerne uma "exteriorização consciente de vontade, dirigida a obter um resultado juridicamente protegido ou não proibido e possível".[73]

A Administração Pública, igualmente, pode praticar fatos e atos jurídicos. Aqueles, decorrentes de eventos materiais, da natureza ou de comportamentos humanos alheios à vontade de quem os pratica; estes, atos humanos voluntários, destinados a determinados fins.[74] Especificamente quanto aos atos administrativos na sua acepção estrita, que aqui nos interessa, consiste na "manifestação de vontade funcional apta a gerar efeitos jurídicos, produzida no exercício de função administrativa".[75] Também se distingue o ato do procedimento ou processo[76] administrativo, reputado como "uma sucessão itinerária e encadeada de atos administrativos que tendem, todos, a um resultado final e conclusivo",[77] bem como do contrato administrativo, considerado o "acordo de vontades destinado a criar, modificar ou extinguir direitos e obrigações, tal como facultado legislativamente e em que pelo menos uma das partes atua no exercício da função administrativa".[78]

O que importa destacar para este estudo, apesar das controvérsias que grassam na doutrina acerca dos aludidos conceitos, é que em todos os casos nos quais existe uma vontade humana a impulsionar o agir ou não agir estatal – seja um ato, procedimento ou contrato administrativo – tem-se um agente público a deliberar sobre uma escolha anterior ou concomitante,[79] que sopesa os custos e benefícios,

---

[72] *Ibid.*, p. 107.

[73] *Ibid.*, p. 117.

[74] LIMA, Ruy Cirne. *Princípios de Direito Administrativo*. 7. ed. Rev. Paulo Alberto Pasqualini. São Paulo: Malheiros, 2007. p. 216-7.

[75] JUSTEN FILHO, Marçal. *Curso de Direito Administrativo*. 10. ed. São Paulo: Revista dos Tribunais, 2014. p. 383.

[76] Há quem diferencie procedimento do processo administrativo. Marçal Justen Filho considera procedimento uma "sucessão predeterminada de atos jurídicos", e processo uma "relação jurídica destinada a compor um litígio mediante a observância necessária de um procedimento" (In: *Curso de Direito Administrativo*. 10. ed. São Paulo: Revista dos Tribunais, 2014, p. 357).

[77] BANDEIRA DE MELLO, Celso Antônio. *Curso de Direito Administrativo*. 29. ed. São Paulo: Malheiros, 2013. p. 495.

[78] JUSTEN FILHO, *op. cit.*, p. 468.

[79] A escolha do agente público normalmente é anterior à prática do ato em sentido amplo, mas poderá ser concomitante a ele quando, por exemplo, no exercício do poder de polícia, autua em flagrante uma infração administrativa. Não será jamais posterior, pois, nada obstante a possibilidade de motivação diferida, como em casos de urgência, os motivos já existiam ao tempo da prática do ato.

diretos e indiretos, de cada opção, para então materializar-se na prática de uma ação ou em uma abstenção. Em outras palavras, o exame da decisão estatal não pode ficar alheio a esta realidade, ao invés, tem de incorporá-la e não olvidar que, antes de tudo, existe um indivíduo, com suas pré-compreensões, imperfeições, desejos e finalidades, a fazer escolhas em nome do Estado.

Nesse passo, é possível considerar a *decisão administrativa* como a *escolha efetuada por um ou mais indivíduos no desempenho da função administrativa, com a finalidade de satisfazer o interesse público e promover os direitos fundamentais, reconhecidos pelo sistema jurídico e concretizados mediante interpretação tópico-sistemática das regras e princípios constitucionais.*

Os componentes desse conceito podem ser assim desdobrados e explicados:

a) *escolha efetuada por um ou mais indivíduos no desempenho da função administrativa*: o conceito ora delineado cinge-se à decisão adotada por um agente público em função administrativa, em contraste com as funções judiciais e legislativas. Não que estas também não sejam afetadas pelas mesmas questões que envolvem o processo de tomada de decisão; contudo, não compõem o foco desta obra. Pairam divergências na doutrina a respeito das distintas concepções da função administrativa, que aqui não poderão ser aprofundadas. Para a vertente subjetiva ou orgânica, coincidiria com toda ou a maior parte da atividade que realiza o Poder Executivo, seus órgãos ou agentes. Contudo, a fim de diferenciar da legislação e jurisdição, convém considerar a concepção material ou objetiva, concebida, nas palavras de Cassagne, "como aquella actividad que en forma inmediata, permanente, concreta, práctica y normalmente espontánea, desarrollan los órganos estatales para alcanzar el bien común, conforme regímenes jurídicos de derecho público".[80] Até porque, como se sabe, os Poderes Legislativo e Judiciário também exercem atividades administrativas, embora não sejam estas suas funções precípuas.

b) *finalidade de satisfazer o interesse público*: interesse público, como afirmam Enterría e Fernández, é "alheio ao próprio e egoísta do titular", e "não é o interesse do aparelho administrativo, senão o interesse da comunidade da qual a Administração é (...) uma mera organização serviçal".[81]

---

[80] CASSAGNE, Juan Carlos. *Derecho Administrativo I*. 6. ed. Buenos Aires: Abeledo-Perrot, 1998. p. 82.

[81] GARCÍA DE ENTERRÍA, Eduardo; FERNÁNDEZ, Tomás-Ramón. *Curso de Direito Administrativo*. Trad. Arnaldo Setti. São Paulo: Revista dos Tribunais, 1990. p. 381.

c) *promover os direitos fundamentais*: a vinculação dos poderes públicos às normas definidoras de direitos fundamentais molda o próprio conceito de função administrativa, a qual, na acepção de Justen Filho, é concebida como o

> conjunto de poderes jurídicos destinados a promover a satisfação de interesses essenciais, relacionados com a promoção de direitos fundamentais, cujo desempenho exige uma organização estável e permanente, exercitados sob o regime jurídico infralegal e que se exteriorizam em decisões destituídas de natureza jurisdicional.[82]

d) reconhecidos pelo sistema jurídico e concretizados mediante interpretação tópico-sistemática das regras e princípios constitucionais: conforme restou ressaltado anteriormente, a concretização do ordenamento jurídico não se limita à aplicação automática das regras; antes, exige uma interpretação sistemática do sistema jurídico, a qual, nas palavras de Juarez Freitas,

> deve ser concebida como uma operação que consiste em atribuir, topicamente, a melhor significação, dentre várias possíveis, aos princípios, às normas estritas (ou regras) e aos valores jurídicos, hierarquizando-os num todo aberto, fixando-lhes o alcance e superando as antinomias em sentido amplo, tendo em vista bem solucionar os casos sob apreciação.[83]

Enfim, a decisão administrativa não provém de um ente abstrato e isolado do mundo real. Tal como sucede na teoria da decisão em geral, o comportamento do agente público é igualmente influenciado por outros fatores que podem afastá-lo do modelo ideal das teorias utilitaristas e racionais, como a existência de preferências não reveladas e desejos apartados do interesse público, armadilhas psicológicas, riscos, incertezas e informações distorcidas ou incompletas sobre a situação concreta. O Direito Administrativo, ao reconhecer essas limitações que envolvem uma decisão humana, precisa acolher novas diretrizes, mormente a necessidade de motivação fática e jurídica das escolhas públicas, para viabilizar maior aproximação do agir estatal com o interesse público constitucionalizado e o sistema jurídico e, com isso,

---

[82] JUSTEN FILHO, Marçal. *Curso de Direito Administrativo*. 10. ed. São Paulo: Revista dos Tribunais, 2014. p. 122.

[83] FREITAS, Juarez. *A Interpretação Sistemática do Direito*. 5. ed. São Paulo: Malheiros, 2010. p. 276.

2.3 Discricionariedade administrativa

2.3.1 Discricionariedade e vinculação

Consoante teoria convencional, o "ato vinculado" é reservado àquelas hipóteses em que "a lei não deixou opções" e "estabelece que, diante de determinados requisitos, a Administração deve agir de tal ou qual forma".[84] A vinculação é, de modo geral, identificada pela "impossibilidade de mais de um comportamento possível por parte da Administração. A ação administrativa acha-se delimitada pela lei. Quando esta prevê apenas uma atuação possível ao agente, temos o ato vinculado".[85] Já o "ato discricionário" remete aos casos em que o "regramento não atinge todos os aspectos da atuação administrativa; a lei deixa certa margem de liberdade de decisão diante do caso concreto, de tal modo que a autoridade poderá optar por uma dentre várias soluções possíveis". Assim, a "adoção de uma ou outra solução é feita segundo critérios de oportunidade, conveniência, justiça, equidade, próprios da autoridade, porque não definidos pelo legislador".[86]

Todavia, em que pese esses conceitos ainda exibam inegável relevância, demandam ajustes e adaptações ao moderno Direito Administrativo, como a substituição das noções de *poder* e *ato* vinculado ou discricionário pela de *competência*, a superação da concepção de vinculação e discrição absolutas e a obrigação de expor os motivos da decisão de forma explícita, clara, veraz, congruente e suficiente. Até porque a prática, seja nos meandros da atividade administrativa, seja no calor das discussões judiciais, revela uma dificuldade não desprezível na aplicação da lei e dos princípios aos casos concretos, especialmente, como será analisado nos tópicos finais, quando envolver questões de sustentabilidade.

A atividade empreendida no âmbito da competência vinculada, exatamente porque condicionada em sua quase integralidade aos

---

[84] DI PIETRO, Maria Sylvia Zanella. *Direito Administrativo*. 27. ed. São Paulo: Atlas, 2013. p. 221.

[85] OLIVEIRA, Régis Fernandes de. *Ato Administrativo*. 6. ed. São Paulo: Revista dos Tribunais, 2014. p. 87.

[86] DI PIETRO, Maria Sylvia Zanella. *Direito Administrativo*. 27. ed. São Paulo: Atlas, 2013. p. 221.

termos legais, gera menos controvérsias no que tange ao controle judicial. Isso não significa que não existam desafios a serem superados, notadamente porque ultrapassado o dogma do positivismo puro, da aplicação da lei como mera subsunção automática e da identificação do sistema jurídico unicamente com os textos legais. Desse modo, mesmo quando se cuidar de competência regrada, subsiste alguma liberdade, a exigir que o ato seja coerente com a lei e a totalidade dos princípios, acompanhado de rigorosa motivação.[87] Por isso, como referiu Juarez Freitas, em nosso sistema "não se admitem atos puramente discricionários (de extração subjetivista alheia à juridicidade), nem os atos completamente vinculados (de mera obediência irreflexiva)".[88] O que existe é a predominância de elementos regrados ou discricionários, sem que se admita a extrema vinculação ou a liberdade absoluta.

O estudo do controle judicial das decisões administrativas relaciona-se, em maior parte, com os limites da liberdade administrativa. Assiste razão a Enterría e Fernández, ao ressaltarem que um dos "grandes temas do Direito Administrativo contemporâneo é 'juridificar' este último reduto da antiga arbitrariedade, sem prejuízo, naturalmente, de respeitar o que o mesmo implica de legítima liberdade de decisão".[89] Em verdade, ainda não se logrou demarcar com precisão as fronteiras que separam a discricionariedade legítima da arbitrariedade. Possivelmente não se conseguirá, ao menos com precisão matemática e infalível, porque estes conceitos não incidem apenas no plano abstrato

---

[87] "O ato administrativo vinculado ainda é concebido como aquele em que o agente, no âmbito da Administração *lato sensu*, deixa de ter qualquer liberdade, isto é, resta jungido a cumprir os comandos legais. (...) Está certa tal visão? Sim e não. Padece de sobrevalorização do princípio da legalidade estrita, ao insistir que o administrador teria o dever de agir automaticamente em sua observância. Ocorre que tal condicionamento merece ser visto com cautela: até nos atos vinculados, subsiste a liberdade ineliminável. Certo, verificam-se atividades administrativas fortemente vinculadas – como sucede, por exemplo, na cobrança de tributos (CTN, art. 3º) –, todavia a vinculação resta condicionada não só à legalidade, que afugenta os juízos de conveniência (a não ser os subjacentes à disposição normativa), mas à totalidade dos princípios regentes das relações de administração, tais como a moralidade (CF, art. 37) e a sustentabilidade (CF, arts. 225 e 170, VI). Com efeito, a legalidade não pode ser excludente ou inflacionada, a ponto de permitir evasão de ônus argumentativos. Exatamente por isso, os 'atos vinculados' (não apenas os discricionários) precisam ser rigorosamente motivados. Com efeito, incontestável que o administrador público jamais realiza, ainda que simule fazê-lo, subsunção automática da lei, cuja inconstitucionalidade pode até ter sido declarada sem modulação de efeitos" (FREITAS, Juarez. *O Controle dos Atos Administrativos e os Princípios Fundamentais*. 5. ed. São Paulo: Malheiros, 2013. p. 333).

[88] FREITAS, *op. cit.*, p. 330.

[89] GARCÍA DE ENTERRÍA, Eduardo; FERNÁNDEZ, Tomás-Ramón. *Curso de Direito Administrativo*. Trad. Arnaldo Setti. São Paulo: Revista dos Tribunais, 1990. p. 381

da razão, tampouco no mundo fenomênico da natureza, mas envolvem a realidade humana, por definição dinâmica e volátil. No campo do Direito restaram frustradas todas as tentativas de reduzir o papel do intérprete a mero estatístico, formalista e repetidor de enunciados normativos. O que não significa, porém, a dispensa de métodos racionais para aferir a legitimidade da atuação administrativa, para que permaneça vinculada às peculiaridades do caso concreto.[90]

E quanto maior amplitude decisória conferida pela lei, mais agudas serão as dúvidas e controvérsias sobre a linha que separa o espaço de discrição do administrador e o campo em que incide o controle. Por conseguinte, é de fundamental importância uma breve digressão sobre o conceito de discricionariedade, para fixar o que ela significa e qual seu alcance no hodierno Direito Administrativo.

2.3.2 A nova discricionariedade e a estrutura do ato administrativo

A discricionariedade é indispensável para qualquer atividade de administração, sobretudo no atual contexto de incertezas e mudanças constantes, que reclamam do gestor redobrada atenção e adaptação à realidade para que possa agir de acordo com as finalidades a que está jungido. Disso não escapa o administrador público. A busca do interesse público e a promoção dos direitos fundamentais restariam seriamente prejudicadas se o agente estatal atuasse como mero autômato, sem possibilidade de optar entre as diversas alternativas reveladas no exercício diuturno da função pública. Nas apropriadas palavras de Enterría e Fernández, a "existência de potestades discricionais é uma exigência indeclinável do governo humano; este não pode ser reduzido a uma pura 'nomocracia' objetiva e neutral, a um simples jogo automático de normas".[91]

A atribuição de competência discricionária ao administrador público, assim, justifica-se seja pela impossibilidade de previsão

---

[90] Michele Taruffo, ao estudar a credibilidade e aceitabilidade das inferências probatórias, sugere que: "la variabilidad y la complejidad de sus posibles combinaciones en cada caso concreto son tan elevadas que excluyen la posibilidad de realizar una tipología simple y aceptable. (...) esta valoración puede realizar-se siguiendo un procedimiento racional, pero permanece intrínsecamente vinculada a la peculiaridad del caso concreto, a las características de cada elemento de prueba y a los criterios utilizados para interpretarlos" (In: *La prueba de los hechos*. 2. ed. Madrid: Trotta, 2005. p. 263).

[91] GARCÍA DE ENTERRÍA, Eduardo; FERNÁNDEZ, Tomás-Ramón. *Curso de Direito Administrativo*. Trad. Arnaldo Setti. São Paulo: Revista dos Tribunais, 1990. p. 391.

legislativa de todas as situações que comportariam uma ação estatal, seja pela indispensabilidade de se conceder alguma liberdade ao agente público para permitir o próprio desempenho das funções administrativas no caso concreto, seja, ainda, pelo respeito à separação de poderes, a atribuir-se ao Legislativo a edição de leis gerais e abstratas e ao Executivo (e órgãos administrativos dos demais poderes) a execução concreta das determinações constitucionais e legais.[92]

Discricionariedade administrativa, porém, não se confunde com liberdade absoluta nem com arbítrio. Ainda assim, foi por muito tempo relacionada com uma ideia de "poder", dentro do qual o controle judicial não incidiria, ou resultaria seriamente mitigado. Segundo observa Fonseca Pires,

> mesmo com o propósito de romper com o Estado de Polícia, as noções de discricionariedade que poderiam ser percebidas ao longo das primeiras propostas de Estado de Direito, primeiro o Liberal, e depois o Social, gravitaram em torno da ideia de um poder que, em alguma medida, quiçá com maior extensão junto ao modelo liberal, mas ainda presente no modelo social, estava à margem do controle judicial.[93]

Enterría e Fernández referem que a construção inicial do princípio da legalidade da Administração coincidia com uma *vinculação negativa*, isto é, os agentes públicos poderiam atuar livremente dentro dos limites da lei, razão pela qual a discricionariedade seria "expressão de uma liberdade absoluta de determinação", e operaria "no espaço livre de lei". Estariam então excluídos do controle judicial todos os atos administrativos "ditados no exercício de uma potestade discricional".[94]

A discricionariedade era então enfatizada como um "poder" ou "ato discricionário", que, no interior da moldura legal, era livremente desempenhado pela Administração Pública, a imunizar de qualquer vinculação e controle os comportamentos engendrados no exercício do "poder discricionário". Em razão dessa liberdade absoluta de atuação no campo dos elementos não vinculados, a discricionariedade também significava que o agente público fazia a escolha de acordo com sua vontade subjetiva e incontrastável. Desde que não se afastasse das

---

[92] A respeito dos fundamentos políticos e jurídicos da discricionariedade, vide: PIRES, Luis Manuel Fonseca. *Controle Judicial da Discricionariedade Administrativa*: dos conceitos jurídicos indeterminados às políticas públicas. Rio de Janeiro: Elsevier, 2009. p. 156-7.

[93] PIRES, *op. cit.*, p. 134.

[94] GARCÍA DE ENTERRÍA, *op.cit.*, p. 371-4.

DIREITO ADMINISTRATIVO E SUSTENTABILIDADE | 41

fronteiras permitidas pela lei, a decisão administrativa era válida, independentemente de qualquer juízo de valor sobre a intenção do agente público. Nesse sentido, assevera Fonseca Pires, a doutrina e a jurisprudência dominantes reputam que "a competência discricionária existe, dentre outras situações, quando há algum espaço ao *subjetivismo*, à *vontade* da Administração Pública na *interpretação jurídica*".[95]

Esta concepção, contudo, carece de reformulação para se aproximar ao novo Direito Administrativo. O princípio da legalidade, que antes significava uma vinculação negativa, evoluiu para a doutrina da vinculação positiva, pela qual, na visão de Enterría e Fernández, "o Direito condiciona e determina, de maneira positiva, a ação administrativa, a qual não é válida se não responde a uma previsão normativa". Em outras palavras, consoante fórmula hoje bastante difundida, "o que não é permitido há de entender-se proibido", diversamente do que ocorre em relação aos particulares, em que "há de entender-se permitido tudo o que não é proibido".[96] Sendo assim, a Administração Pública deverá atuar exatamente como manda a lei e somente poderá fazer o que a lei permite. A competência discricionária, pois, apenas existe quando a lei assim o determinar.

Ademais, a vontade que anima o administrador nas escolhas públicas não se confunde com seu desejo pessoal e privado; antes, é imperativo coincidir com a finalidade pública e as prioridades estabelecidas pela Constituição Federal e pelo sistema jurídico. Diversamente do que se verifica no campo do Direito Privado, no Direito Público a vontade particular do agente é irrelevante. O que se busca é o atendimento da finalidade legal, uma vontade objetivada ou funcional, que é diversa da volição privada. A vontade pode até ser importante para a apuração de eventual nulidade do ato, mas o vício daquela não implica, necessariamente, a invalidade da decisão administrativa.[97]

A discricionariedade, enfim, é concebida como a atribuição, pela lei, de competência ao agente público para que este, no caso concreto, escolha entre duas ou mais opções igualmente legítimas. Na intelecção de Enterría e Fernández, a "discricionariedade é essencialmente uma liberdade de eleição entre alternativas igualmente justas, ou, se se

---

[95] PIRES, Luis Manuel Fonseca. *Controle Judicial da Discricionariedade Administrativa*: dos conceitos jurídicos indeterminados às políticas públicas. Rio de Janeiro: Elsevier, 2009. p. 7.

[96] GARCÍA DE ENTERRÍA, Eduardo; FERNÁNDEZ, Tomás-Ramón. *Curso de Direito Administrativo*. Trad. Arnaldo Setti. São Paulo: Revista dos Tribunais, 1990. p. 376.

[97] PIRES, Luis Manuel Fonseca. *Controle Judicial da Discricionariedade Administrativa*: dos conceitos jurídicos indeterminados às políticas públicas. Rio de Janeiro: Elsevier, 2009. p. 208-11.

preferir, entre indiferentes jurídicos".[98] Isso não significa, contudo, que essa liberdade seja ilimitada: sobre a opção do administrador ainda recaem os parâmetros instituídos pelos princípios constitucionais e pelos direitos fundamentais.

A estrutura do ato administrativo e, igualmente, da decisão administrativa foi avaliada a partir de diversos pontos de vista pela doutrina, cujas divergências, porém, como salienta Justen Filho, "refletem apenas modos de pensar ideias similares".[99] De qualquer sorte, consoante esclareceu Carvalho Filho, para fins didáticos, e em consonância com o art. 2º da Lei nº 4.717/65 (Lei da Ação Popular), mostra-se conveniente empregar os elementos ali previstos,[100] sem desprezar a importância das demais perspectivas apresentadas pela doutrina:[101] competência (ou sujeito), finalidade, forma, motivo e objeto (ou conteúdo).

No que tange à localização da discricionariedade na estrutura do ato administrativo, costuma-se afirmar que a finalidade, a forma e a competência são requisitos vinculados, ao passo que o motivo e o objeto ou conteúdo seriam discricionários,[102] orientação sufragada, *e.g.,*

---

[98] GARCÍA DE ENTERRÍA, Eduardo; FERNÁNDEZ, Tomás-Ramón. *Curso de Direito Administrativo.* Trad. Arnaldo Setti. São Paulo: Revista dos Tribunais, 1990. p. 394.

[99] JUSTEN FILHO, Marçal. *Curso de Direito Administrativo.* 10. ed. São Paulo: Revista dos Tribunais, 2014. p. 398.

[100] CARVALHO FILHO, José dos Santos. *Manual de Direito Administrativo.* 27. ed. São Paulo: Atlas, 2014. p. 106.

[101] Hely Lopes Meirelles entende que o ato administrativo é composto de cinco requisitos: competência, finalidade, forma, motivo e objeto (In: *Direito Administrativo Brasileiro.* 36. ed. São Paulo: Malheiros, 2010. p. 398). Idêntica é a orientação de José dos Santos Carvalho Filho (In: *Manual de Direito Administrativo.* 27. ed. São Paulo: Atlas, 2014. p. 106). Maria Sylvia Zanella Di Pietro também utiliza a mesma classificação, substituindo, apenas, a competência por sujeito (In: *Direito Administrativo.* 27. ed. São Paulo: Atlas, 2013. p. 211-2). Marçal Justen Filho, por sua vez, adota concepção semelhante, alterando apenas o objeto por conteúdo, e utilizando a expressão *aspectos* ao invés de elementos (In: *Curso de Direito Administrativo.* 10. ed. São Paulo: Revista dos Tribunais, 2014. p. 399-400). Celso Antônio Bandeira de Mello já se vale de uma classificação mais complexa, ao separar os elementos dos pressupostos do ato. Para o administrativista, os elementos são: o conteúdo e a forma. E os pressupostos podem ser: de existência, assim considerados o objeto e a função administrativa; e de validade, compostos pelo sujeito, motivo, requisitos procedimentais, finalidade, causa e formalização (In: *Curso de Direito Administrativo.* 29. ed. São Paulo: Malheiros, 2013. p. 396-7). Régis Fernandes de Oliveira, secundando crítica feita por Celso Antônio Bandeira de Mello, entende "não ser possível tratar-se o assunto tal como fez e vem fazendo a doutrina. Não existem, efetivamente, elementos do ato administrativo, se o quisermos decompô-lo, em sua essência. Se entendermos elementos como parte de um todo, apenas se poderá falar em conteúdo e forma". Em seguida, considera como "condições de validade do ato administrativo" o sujeito, conteúdo, finalidade, formalidade e motivo (In: *Ato Administrativo.* 6. ed. São Paulo: Revista dos Tribunais, 2014, p. 73, 76-84).

[102] É o que conclui Juarez Freitas (In: *O Controle dos Atos Administrativos e os Princípios Fundamentais.* 5. ed. São Paulo: Malheiros, 2013).

por Seabra Fagundes e Hely Lopes Meirelles.[103] A doutrina, todavia, dissente a respeito. Para Di Pietro, o sujeito é sempre vinculado, e a discricionariedade comumente se localiza no motivo e no conteúdo do ato. A finalidade será vinculada quando entendida em sentido estrito, ou seja, em se tratando do resultado específico que decorre da lei; será, porém, discricionária quando compreendida em sentido amplo, se a lei utilizar noções vagas e imprecisas como ordem pública, moral, segurança ou bem-estar. Também a forma seria normalmente vinculada, salvo quando a lei permitir mais de uma para a prática do ato.[104] Celso Antônio Bandeira de Mello, a seu turno, sustenta que a discricionariedade pode decorrer: a) da hipótese da norma, isto é, do motivo; b) do comando da norma, o que ensejaria liberdade quanto ao conteúdo e à forma do ato; e c) da finalidade da norma, pelo emprego de conceitos plurissignificativos.[105] Deste pensamento não destoa Régis Fernandes de Oliveira, ao defender que a discricionariedade pode se localizar na hipótese normativa, no mandamento, preceito ou efeito, e na finalidade do ato.[106]

Seja como for, está superada a ideia de discricionariedade ou vinculação pura, porquanto os princípios constitucionais e os direitos fundamentais irradiam sua eficácia e aplicabilidade a todos os ramos do Direito, mormente do Direito Administrativo, arquitetado justamente para estabelecer um equilíbrio entre os poderes do Estado e a liberdade dos indivíduos. Por conseguinte, a escolha pública, mesmo que desempenhada no âmbito da mais ampla competência discricionária, ainda pode ser contrastada com esses outros vetores do ordenamento jurídico.

Por isso, embora a hipótese normativa (motivo), os efeitos (objeto ou conteúdo) e, dependendo da posição acolhida, a finalidade do ato possam ser discricionários, a motivação é obrigatória, como regra, e vincula o agente público aos motivos expostos. Através da exposição clara, explícita, veraz, congruente e suficiente dos motivos fáticos

---

[103] FAGUNDES, Miguel Seabra. *O Controle dos Atos Administrativos pelo Poder Judiciário*. At. Gustavo Binembojm. 7. ed. Rio de Janeiro: Forense, 2006. p. 93; MEIRELLES, Hely Lopes. *Direito Administrativo Brasileiro*. 36. ed. São Paulo: Malheiros, 2010. p. 174.

[104] DI PIETRO, Maria Sylvia Zanella. *Direito Administrativo*. 27. ed. São Paulo: Atlas, 2013. p. 223-5.

[105] BANDEIRA DE MELLO, Celso Antônio. *Discricionariedade e Controle Judicial*. 2. ed. São Paulo: Malheiros, 2010. p. 18-9.

[106] OLIVEIRA, Régis Fernandes de. *Ato Administrativo*. 6. ed. São Paulo: Revista dos Tribunais, 2014, p. 97-9.

e jurídicos e de sua conexão com o objeto do ato é que se alcança a limitação da liberdade do administrador e expõe-se a eleição das alternativas ao controle, sobretudo judicial.

2.4 Dever de motivação fática e jurídica

2.4.1 Motivo e motivação

Neste tópico será tratada a obrigatoriedade da exposição dos fundamentos de fato e de direito em todas as decisões administrativas que repercutirem na esfera dos direitos individuais e coletivos, salvo, na advertência de Juarez Freitas, os atos de mero expediente, os autodecifráveis por sua singeleza e as exceções constitucionalmente previstas.[107]

Inicialmente, convém diferenciar a *motivação* do *motivo* do ato administrativo. Na lição de Celso Antônio Bandeira de Mello, aquela representa a "exteriorização das razões que justificam o ato".[108] Já o motivo consiste na causa, isto é, nos fatos e no direito que o agente reputou como suficientes à prática do ato administrativo.[109] Os motivos "podem até ter existido e, em despeito disto, a Administração haver-se omitido em decliná-los, quando da expedição do ato".[110]

2.4.2 Fundamentos para a exigência de motivação fática e jurídica

Neste ponto serão expostas topicamente as principais razões para se exigir a motivação, como regra, das decisões administrativas:

a) a fundamentação vivifica uma atuação intersubjetiva e dialógica da Administração Pública e possibilita, com isso, o incremento

---

[107] FREITAS, Juarez. *O Controle dos Atos Administrativos e os Princípios Fundamentais*. 5. ed. São Paulo: Malheiros, 2013. p. 90.

[108] *Ibid.*, p. 98-9.

[109] Régis Fernandes de Oliveira, porém, compreende que apenas os pressupostos de fato são considerados motivos, os quais não estão no campo do direito (In: *Ato Administrativo*. 6. ed. São Paulo: Revista dos Tribunais, 2014. p. 82). Já Marçal Justen Filho entende como motivo do ato administrativo não os fatos propriamente ditos, mas a "representação mental que o agente realiza a propósito deles, relacionando-a com o direito e atingindo uma conclusão. Essa representação mental conjuga os fatos e o direito aplicável e resulta em uma 'causa jurídica'" (In: *Curso de Direito Administrativo*. 10. ed. São Paulo: Revista dos Tribunais, 2014. p. 404-5).

[110] BANDEIRA DE MELLO, Celso Antônio. *Discricionariedade e Controle Judicial*. 2. ed. São Paulo: Malheiros, 2010. p. 98-9.

da participação dos cidadãos na definição da forma e conteúdo das decisões administrativas.[111] O agente público, porque age em nome da coletividade, tem de buscar a adesão dos administrados através da retórica e da persuasão.[112] Em um regime democrático, as condutas administrativas não devem se impor em razão de dogmas ou verdades absolutas, ao invés, sua legitimidade está condicionada à aceitação dos envolvidos. Na lição de Hans-Georg Gadamer,

> a autoridade das pessoas não tem seu fundamento último num ato de submissão e de abdicação da razão, mas num ato de reconhecimento e conhecimento: reconhece-se que o outro está acima de nós em juízo e visão e que, por consequência, seu juízo precede, ou tem primazia em relação ao nosso próprio juízo.[113]

b) ao exteriorizar os motivos que ensejaram determinada prática ou omissão administrativa, o Poder Público confere transparência às suas atitudes.[114] As decisões estatais despidas de fundamentação adequada reforçam o segredo[115] que lamentavelmente ainda impera em muitas relações administrativas e contribui para ocultar as verdadeiras razões de determinadas condutas governamentais. A opacidade tradicional da Administração Pública oportuniza o cometimento

---

[111] A respeito, Juarez Freitas sublinha que "o sistema administrativista é aberto e dialético – uma rede hierarquizada pelo intérprete, o que enseja a participação, com liberdade responsável, da consciência do mediador na circularidade hermenêutica" (In: *A Interpretação Sistemática do Direito*. 5. ed. São Paulo: Malheiros, 2010. p. 254).

[112] PIRES, Luis Manuel Fonseca. *Controle Judicial da Discricionariedade Administrativa*: dos conceitos jurídicos indeterminados às políticas públicas. Rio de Janeiro: Elsevier, 2009. p. 50-2.

[113] GADAMER, Hans-Georg. *Verdade e Método I*: traços fundamentais de uma hermenêutica filosófica. Trad. Flávio Paulo Meurer. Rev. Enio Paulo Giachini. 13. ed. Petrópolis: Vozes, 2013. p. 371.

[114] A recente Lei do Acesso à Informação (Lei nº 12.527/2011), conquanto ainda careça de interpretação adequada em determinados pontos, representa mais um importante passo em direção ao princípio da publicidade e da máxima transparência. O princípio da transparência, na afirmação de Diogo de Figueiredo Moreira Neto, "é instrumental para a realização dos princípios da participação e da *impessoalidade*, na medida em que permite a efetiva aplicação dos dois tipos de controles da Administração Pública: *estatais*, efetuados por si própria e pelos demais poderes, e sociais, pelos cidadãos e pelas entidades da sociedade civil" (In: *Mutações do Direito Administrativo*. 3. ed. Rio de Janeiro: Renovar, 2007. p. 25).

[115] Jean Rivero registra que a elaboração da decisão administrativa era tradicionalmente dominada pelo princípio do segredo. "O interessado não estava em situação de conhecer as diversas fases de procedimento que tinha determinado o sentido do acto". Essa concepção, "inaceitável numa administração que queira ser democrática", foi paulatinamente sendo superada (In: *Direito Administrativo*. Coimbra: Almedina, 1981. p. 112-3).

de ilícitos e o tratamento discriminatório, possibilita perseguições e favorecimentos indevidos, facilita o arbítrio e dificulta a fiscalização dos atos administrativos em geral. A exteriorização dos motivos das decisões administrativas, dessa feita, é indispensável para que os cidadãos possam visualizar a gestão dos serviços, bens e recursos públicos.

c) a motivação das decisões administrativas é essencial para viabilizar o controle da Administração Pública. Com efeito, a prática de um ato administrativo desacompanhado de fundamentação suficiente oculta os elementos fáticos e jurídicos que embasaram a escolha do agente público e impede que o controlador escrutine a coerência entre os fatos e o exercício da competência administrativa, bem como a adequação da opção do administrador ao sistema jurídico.

A propósito, alerta Celso Antônio Bandeira de Mello que, se desconhecidos os fundamentos da decisão administrativa, sua impugnação restaria impossibilitada e o ato administrativo "apresentar-se-ia como definitivo, com força de verdade legal, tão irreversível quanto uma decisão judicial transitada em julgado. Ganharia os atributos que só assistem aos pronunciamentos judiciários finais".[116] Por isso, a ausência ou insuficiência da motivação conduz à nulidade do ato praticado,[117] já que, como afirma Fonseca Pires, "não existe discricionariedade junto à motivação".[118] Entretanto, em algumas situações, como aquelas caracterizadas pela urgência, é válida a motivação posterior, se o motivo existiu e for demonstrável sua antecedência em relação ao ato.[119]

d) a exigência de motivação também emerge como garantia de proteção aos direitos fundamentais, sobretudo ao direito fundamental à boa administração pública, concebido, na visão de Juarez Freitas, como o

---

[116] BANDEIRA DE MELLO, Celso Antônio. *Discricionariedade e Controle Judicial*. 2. ed. São Paulo: Malheiros, 2010. p. 99.

[117] A respeito, decidiu o TRF da 4ª R. que: "Fere a exigência constante no artigo 93, X, da CF/88 e nos artigos 2º, parágrafo único, VII, e 50, §1º, ambos da Lei nº 9.784/99, decisão administrativa que não expõe motivação suficiente para embasar sua conclusões" (TRF4, APELREEX 5006973-93.2013.404.7108, Primeira Turma, Relatora Maria de Fátima Freitas Labarrère, juntado aos autos em 23.05.2014). Em outra formulação, a mesma Corte assentou que: "O procedimento administrativo relacionado aos autos de infração noticiado nos autos padecem de nulidade em razão da ausência de fundamentação da resposta à defesa prévia" (TRF4, AC 5016903-76.2010.404.7000, Terceira Turma, Relator p/ Acórdão Fernando Quadros da Silva, juntado aos autos em 02.05.2014).

[118] PIRES, Luis Manuel Fonseca. *Controle Judicial da Discricionariedade Administrativa*: dos conceitos jurídicos indeterminados às políticas públicas. Rio de Janeiro: Elsevier, 2009. p. 200.

[119] BANDEIRA DE MELLO, Celso Antônio. *Discricionariedade e Controle Judicial*. 2. ed. São Paulo: Malheiros, 2010. p. 105.

direito fundamental à administração pública eficiente e eficaz, proporcional cumpridora de deus deveres, com transparência, sustentabilidade, motivação proporcional, imparcialidade e respeito à moralidade, à participação social e à plena responsabilidade por suas condutas omissivas e comissivas.[120]

A aplicação imediata e eficácia direta dos direitos fundamentais, tal como estabelece o art. 5º, §1º da Constituição Federal, também vincula o Poder Público,[121] de modo que a obrigação de exteriorizar as razões que determinaram a prática ou não de certo comportamento conduz ao maior respeito a esses direitos e garantias, sob pena de invalidação da decisão administrativa. O administrador que violar as regras e princípios constitucionais, demais disso, poderá ser responsabilizado pela conduta ilegítima,[122] de modo que a necessidade de motivação funciona como instrumento reforçado de tutela dos direitos fundamentais.

e) o dever de motivação também contribui para evitar o subjetivismo decisório, o patrimonialismo e condutas impulsivas.

A discricionariedade administrativa, em que pese conferir ao administrador certa margem de liberdade para escolher entre alternativas igualmente legítimas,[123] não lhe concede liberdade absoluta para agir conforme sua vontade individual ou suas preferências pessoais.

---

[120] FREITAS, Juarez. *Direito Fundamental à Boa Administração pública.* 3. ed. São Paulo: Malheiros, 2014. p. 21.

[121] Ingo Wolfgang Sarlet salienta que "é possível falar de uma dupla significação da eficácia vinculante dos direitos fundamentais. Assim, se de acordo com um critério formal e institucional os detentores do poder estatal formalmente se encontram obrigados pelos direitos fundamentais, também num sentido material e funcional todas as funções exercidas pelos órgãos estatais o são. Por este motivo é que se aponta para a necessidade de todos os Poderes públicos respeitarem o âmbito de proteção dos direitos fundamentais, renunciando, em regra, a ingerência, a não ser que presente justificativa que as autorize. Do efeito vinculante inerente ao art. 5º, §1º, da CF decorre, num sentido negativo, que os direitos fundamentais não se encontram na esfera de disponibilidade dos Poderes públicos, ressaltando-se, contudo, que, numa acepção positiva, os órgãos estatais se encontram na obrigação de tudo fazer no sentido de realizar os direitos fundamentais" (In: *A Eficácia dos Direitos Fundamentais:* uma teoria geral dos direitos fundamentais na perspectiva constitucional. 12. ed. Porto Alegre: Livraria do Advogado, 2015. p. 384).

[122] De observar que a violação aos princípios da Administração Pública pode constituir ato de improbidade, independentemente de enriquecimento ilícito ou prejuízo ao erário, na forma do art. 11 da Lei nº 8.429/92, o que expõe o agente público às graves penalidades do art. 12, inc. III, sem prejuízo das sanções penais, civis e administrativas.

[123] "A discricionariedade pressupõe, ao menos no plano estático da norma jurídica, uma *pluralidade* de decisões legítimas, portanto, com a *escolha* de determinada opção para certo caso não se impede que, em futuro próximo, escolha-se outra solução, e em outra circunstância escolha-se uma terceira opção" (PIRES, Luis Manuel Fonseca. *Controle Judicial da Discricionariedade Administrativa*: dos conceitos jurídicos indeterminados às políticas públicas. Rio de Janeiro: Elsevier, 2009. p. 146).

Tem de ser exercida, portanto, dentro da moldura estabelecida pela Constituição e dos princípios que dela se extraem, está vinculada à lei e ao Direito e não se confunde com o desempenho arbitrário das prerrogativas estatais. Nas palavras sempre apropriadas de Cassagne: "Discrecionalidad y razonabilidad son así como dos caras de una moneda que circula hasta tanto el juez compruebe que algunas de esas facetas nos es válida o legítima (*v.g.*, si la decisión fuere arbitraria)".[124]

Outra situação que tende a ser evitada ou, ao menos, mitigada com a obrigatoriedade de fundamentação reside na corriqueira confusão entre o público e o privado que muitos governantes e servidores insistem em fazer. Em que pese já nos encontrarmos em uma etapa democrática e constitucional da Administração Pública, ainda não abandonamos por completo a fase do absolutismo ou da administração regaliana, em que prevaleciam os interesses do rei, "pois as atividades e comportamentos do Estado-administrador continuam aferrados a conceitos e princípios do patrimonialismo e do assistencialismo *personalizantes* e *ineficientes*, herdados da Colônia e pouco tocados no Império".[125]

Enfim, muitas decisões estão baseadas em crenças relativas à probabilidade de eventos incertos, e

> as pessoas se apoiam em um número limitado de princípios heurísticos que reduzem as tarefas complexas de avaliar probabilidades e predizer valores a operações mais simples de juízo. De um modo geral, essas heurísticas são bastante úteis, mas às vezes levam a erros graves e sistemáticos.[126]

Nosso sistema primitivo, assim, substitui questões difíceis por fáceis e produz cognições enviesadas que deságuam em julgamentos distorcidos. A exposição adequada e clara das razões que levaram o agente a fazer certas escolhas, por conseguinte, auxilia na contenção de condutas impulsivas e contaminadas por desvios cognitivos.

O obrigatoriedade de motivação está positivada no art. 50 da Lei do Processo Administrativo Federal (Lei nº 9.784/99),[127] segundo o qual

---

[124] CASSAGNE, Juan Carlos. *El Principio de Legalidad y el Control Judicial de la Discrecionalidad Administrativa*. Buenos Aires: Marcial Pons Argentina, 2009. p. 191.

[125] MOREIRA NETO, Diogo de Figueiredo. *Mutações do Direito Administrativo*. 3. ed. Rio de Janeiro: Renovar, 2007. p. 17.

[126] KAHNEMAN, Daniel. *Rápido e Devagar*: duas formas de pensar. Trad. Cássio de Arantes Leite. Rio de Janeiro: Objetiva, 2012. p. 524.

[127] Art. 50. Os atos administrativos deverão ser motivados, com indicação dos fatos e dos fundamentos jurídicos, quando: I - neguem, limitem ou afetem direitos ou interesses; II -

é impositiva a fundamentação dos atos administrativos, com indicação dos fatos e dos fundamentos jurídicos, nos casos que especifica. Essa lista, porém, é considerada exemplificativa, pois, diante de uma interpretação sistemática, a regra é a motivação como pressuposto de validade das decisões públicas.[128]

Em razão disso, é adequado afirmar que o art. 93, incs. IX e X da Constituição Federal, tem incidência no plano administrativo. O foco nos interesses dos cidadãos inerente à escola da nova governança pública e do novo serviço público[129] exige dos tomadores de decisões administrativas motivação intersubjetiva e consistente, a propiciar uma relação mais dialógica, menos autocrática e monolítica, entre o Estado e os cidadãos.[130]

2.4.3 Requisitos da motivação válida

A validade da motivação das decisões administrativas exige a presença dos seguintes requisitos básicos:

a) *explicitude* das razões que conduziram o servidor à prática de determinado ato ou à inação. Em outras palavras, a Administração não pode se valer de motivos ocultos ou implícitos para embasar seu comportamento;

b) *clareza* na exposição dos fundamentos, para viabilizar sua compreensão pelos destinatários;[131]

c) *veracidade* ou *exatidão*, a demandar que sejam verdadeiros os fatos e o direito mencionados na decisão. Aliás, todo procedimento administrativo está sujeito ao "princípio da verdade material",[132] que

---

imponham ou agravem deveres, encargos ou sanções; III - decidam processos administrativos de concurso ou seleção pública; IV - dispensem ou declarem a inexigibilidade de processo licitatório; V - decidam recursos administrativos; VI - decorram de reexame de ofício; VII - deixem de aplicar jurisprudência firmada sobre a questão ou discrepem de pareceres, laudos, propostas e relatórios oficiais; VIII - importem anulação, revogação, suspensão ou convalidação de ato administrativo.

[128] FREITAS, Juarez. *O Controle dos Atos Administrativos e os Princípios Fundamentais*. 5. ed. São Paulo: Malheiros, 2013. p. 390.

[129] Conforme tratado no tópico 2.1.

[130] FREITAS, *op. cit.*, p. 90.

[131] A necessidade de *clareza* na motivação da decisão administrativa, por exemplo, inspira a elaboração do relatório de impacto ambiental (RIMA), que sintetiza de forma didática as conclusões técnicas do estudo de impacto ambiental (EIA), como será analisado no capítulo 4.

[132] Na lição de Celso Antônio Bandeira de Mello, "se a Administração tem por finalidade alcançar verdadeiramente o interesse público fixado na lei, é óbvio que só poderá fazê-lo

impõe à Administração Pública a busca do real substrato fático que legitima sua atuação, não podendo contentar-se com a superficialidade de declarações e documentos, ou com a verdade formal;

d) *congruência*, a indicar a relação de causalidade ou conexão entre os motivos e a conclusão no sentido da prática de ato comissivo ou omissivo. Fonseca Pires considera que a congruência "significa que dos motivos e normas mencionados pela Administração como as premissas adotadas deve decorrer logicamente a conclusão, pois se houver contradição entre premissas e conclusão a motivação é viciada".[133] O doutrinador também sustenta a imprescindível comprovação de conexão da decisão com o caso concreto,[134] motivo pelo qual é viciada a motivação lacônica, que se limita a reproduzir expressões abstratas ou textos legais, ou que podem servir para qualquer situação. Isso, contudo, não invalida a fundamentação *per relationem* ou *aliunde*, consubstanciada no acolhimento de outras decisões ou pareceres, admitida expressamente no §1º do art. 50 da Lei nº 9784/99;[135]

e) *suficiência*, porque o administrador tem de demonstrar que considerou todos os elementos fáticos e jurídicos capazes, por si sós, de influenciar na sua decisão. Isso inclui os custos e benefícios da escolha, as alternativas que foram prestigiadas e as que foram desprezadas, bem como as externalidades, positivas e negativas, que podem resultar da sua atuação.

Joseph Stiglitz ressalta que as externalidades surgem sempre quando determinada ação produz efeitos em outra pessoa ou empresa pelo qual esta não paga ou não é compensada. Traz como consequências a produção excessiva de bens que geram externalidades negativas e oferta insuficiente de bens que geram externalidades positivas. O economista norte-americano exemplifica com a contaminação do ar e da água, a qual não é eficientemente controlada por ação do poluidor porque este não tem incentivo para investir na redução da contaminação. Em outros casos, as ações de uma pessoa ou empresa produzem benefícios não

---

buscando a verdade material, ao invés de satisfazer-se com a verdade formal, já que esta, por definição, prescinde do ajuste substancial com aquilo que efetivamente é, razão por que seria insuficiente para proporcionar o encontro com o interesse público substantivo" (In: *Curso de Direito Administrativo*. 29. ed. São Paulo: Malheiros, 2013. p. 517).

[133] PIRES, Luis Manuel Fonseca. *Controle Judicial da Discricionariedade Administrativa*: dos conceitos jurídicos indeterminados às políticas públicas. Rio de Janeiro: Elsevier, 2009. p. 207.

[134] *Ibid.*, p. 207.

[135] Art. 50, §1º da Lei nº 9.784/99: A motivação deve ser explícita, clara e congruente, podendo consistir em declaração de concordância com fundamentos de anteriores pareceres, informações, decisões ou propostas, que, neste caso, serão parte integrante do ato.

compensados que se denominam externalidades positivas.[136] Cumpre ao Estado, pois, combater as externalidades negativas, ou seja, "os efeitos colaterais nefastos produzidos por empreendimentos *lato sensu*, sem que os custos tenham sido internamente assimilados pelo empreendedor (público ou privado)".[137]

De passagem, útil referir, a título de cotejo, que o novo Código de Processo Civil (Lei nº 13.105/2015), no art. 489, §1º,[138] prevê, de modo detalhado, hipóteses nas quais não se reputa atendido o dever de fundamentação das decisões judiciais, aplicável supletiva e subsidiariamente aos processos administrativos, consoante estatui o art. 15 do mesmo diploma legal.[139] Como este autor teve a oportunidade de escrever, em companhia de Juarez Freitas:

> As orientações referidas nesse dispositivo podem ser, escoimados excessos literais, aproximadas às exigidas para decisões administrativas. De fato, *mutatis mutandis*, também não se pode considerar motivada a decisão administrativa que se cingir a referir texto normativo, sem evidenciar o nexo do dispositivo com os pressupostos concretos da decisão tomada. Tampouco restará motivada a decisão administrativa se a justificativa for tautológica e evasiva ou utilizar expressões vagas e conceitos indeterminados, deixando de explicitar os propósitos da intervenção comissiva ou omissiva. Pode, ainda, ser invalidada se não realizar o devido contraste entre a opção adotada e a que seria resultante de enquadramentos distintos, oportunidade para arrolar os benefícios

---

[136] STIGLITZ, Joseph. *La Economía del Sector Público*. Trad. Maria Esther Rabasco e Luis Toharia 3. ed. Barcelona: Antoni Bosch, 2000. p. 248-50. Igualmente, Paul Krugman e Robin Wells explicam, sinteticamente, que as externalidades – positivas ou negativas – são os impactos externos e não compensados que uma pessoa ou empresa gera em outros (In: *Economics*. 3. ed. New York: Worth Publishers, 2013. p. 456.

[137] FREITAS, Juarez. *Direito Fundamental à Boa Administração pública*. 3. ed. São Paulo: Malheiros, 2104. p. 160.

[138] Art. 489, §1º. Não se considera fundamentada qualquer decisão judicial, seja ela interlocutória, sentença ou acórdão, que: I - se limitar à indicação, à reprodução ou à paráfrase de ato normativo, sem explicar sua relação com a causa ou a questão decidida; II - empregar conceitos jurídicos indeterminados, sem explicar o motivo concreto de sua incidência no caso; III - invocar motivos que se prestariam a justificar qualquer outra decisão; IV - não enfrentar todos os argumentos deduzidos no processo capazes de, em tese, infirmar a conclusão adotada pelo julgador; V - se limitar a invocar precedente ou enunciado de súmula, sem identificar seus fundamentos determinantes nem demonstrar que o caso sob julgamento se ajusta àqueles fundamentos; VI - deixar de seguir enunciado de súmula, jurisprudência ou precedente invocado pela parte, sem demonstrar a existência de distinção no caso em julgamento ou a superação do entendimento.

[139] Art. 15. Na ausência de normas que regulem processos eleitorais, trabalhistas ou administrativos, as disposições deste Código lhes serão aplicadas supletiva e subsidiariamente.

superiores da opção feita. Será, finalmente, invalidável se romper com precedentes isonômicos, sem justificativa antidiscriminatória da abertura de exceção.[140]

A motivação regular, para além dos redutos da velha escola da Administração Pública, obriga a autoridade administrativa a apontar todas as circunstâncias concretas do caso, as provas que revelam sua existência e demonstrar sua sintonia com as regras e os princípios administrativos que conduziram a determinada escolha do agente público. Portanto, é impositivo abarcar também a exposição da estimativa detalhada dos custos e benefícios, diretos e indiretos, ou seja, o administrador público tem de comprovar que sua decisão é sustentável, como será analisado de forma mais abrangente.

2.5 Dever de motivação intertemporal e sustentabilidade das decisões administrativas

2.5.1 O princípio constitucional da sustentabilidade multidimensional

O princípio da sustentabilidade como *novo valor* só começou a firmar-se, consoante apontou José Eli da Veiga, "meio século depois da adoção, pela Organização das Nações Unidas, da Declaração Universal dos Direitos Humanos em 1948".[141] Embora tenha suas raízes na própria história da humanidade,[142] a expressão experimentou significativa evolução nas últimas décadas, desde sua previsão nas primeiras declarações internacionais, tanto em sua abrangência (pois passou de meramente ambiental para multidimensional) como em sua acepção

---

[140] FREITAS, Juarez; MOREIRA, Rafael Martins Costa. Decisões administrativas: conceito e controle judicial da motivação suficiente. *Interesse Público – IP*, Belo Horizonte, ano 17, n. 91, p. -, maio/jun. 2015.

[141] VEIGA, José Eli da. *Sustentabilidade:* a legitimação de um novo valor. 2. ed. São Paulo: SENAC, 2010. p. 13.

[142] Segundo Klaus Bosselmann, a ideia e até mesmo o termo sustentabilidade já era entendido e praticado muito antes do debate de 1980. "Estaria errado presumir que essa construção surgiu em seguida ao relatório Bruntland e só poderia ser interpretada nesse sentido. Além disso, a sustentabilidade continuou a evoluir como ideia fundamental, e através do raciocínio ético e científico (...). A ideia de sustentabilidade tem suas raízes na história do ser humano. O Príncipe de Gales relaciona a ideia à essência da humanidade: 'no fundo de nosso espírito humano existe uma habilidade inata para viver de forma sustentável com a natureza'" (In: *Princípio da Sustentabilidade:* transformando direito e governança. Trad. Phillip Gil França. São Paulo: Revista dos Tribunais, 2015. p. 22, 29-34).

(desde uma análise de *necessidades materiais* das gerações presentes e futuras, avançando para a consideração do *padrão de vida* e, com Amartya Sen, das *liberdades e capacidades substantivas das pessoas*).

A Declaração de Estocolmo de 1972[143] trouxe uma noção de sustentabilidade ambiental, ao estabelecer a importância de se proteger a "vida digna e de bem-estar" e se resguardar os recursos naturais para as gerações presentes e futuras.[144] Naquele mesmo ano, o Clube de Roma publicou *"Os limites do crescimento"*, no qual viu o crescimento econômico em rota de conflito com a sustentabilidade ecológica,[145] e o Programa das Nações Unidas para o Meio Ambiente (*United Nations Environment Programme* – UNEP) foi criado em Nairóbi, no Quênia.[146]

No ano de 1987, o Relatório Bruntland, formulado no âmbito da Comissão Mundial sobre Meio Ambiente e Desenvolvimento das Nações Unidas, mediante documento intitulado *Nosso Futuro Comum*, representou um grande passo na definição do desenvolvimento sustentável, ao concebê-lo como aquele que atende às gerações presentes sem comprometer a possibilidade de as futuras atenderem às suas próprias necessidades.[147] Posteriormente, o Princípio 4 da Declaração do Rio de 1992 estatuiu: "A fim de alcançar o desenvolvimento sustentável, a proteção do ambiente deverá constituir-se como parte integrante do processo de desenvolvimento e não poderá ser considerada de forma isolada". A Carta da Terra,[148] proposta durante a Rio/92, mas apenas ratificada no ano 2000,[149] apresentou uma visão sistêmica sobre a paz,

---

[143] Declaração da Conferência da ONU sobre meio ambiente de 16.06.1972.

[144] Princípio 2: "Os recursos naturais da terra incluídos o ar, a água, a terra, a flora e a fauna e especialmente amostras representativas dos ecossistemas naturais devem ser preservados em benefício das gerações presentes e futuras, mediante uma cuidadosa planificação ou ordenamento".

[145] BAHRENS III, William W. et al. *The Limits to Growth*. New York: Universe Books, 1972. Disponível em: <http://collections.dartmouth.edu/published-derivatives/meadows/pdf/meadows_ltg-001.pdf>. Acesso em: 04 nov. 2015.

[146] PNUMA – Programa das Nações Unidas para o Meio Ambiente. *Instituto Brasil PNUMA*: Comitê Brasileiro do Programa das Nações Unidas para o Meio Ambiente. Disponível em: <http://www.brasilpnuma.org.br/pnuma/>. Acesso em: 04 nov. 2015.

[147] FREITAS, Juarez. *Sustentabilidade:* direito ao futuro. 3. ed. Belo Horizonte: Fórum, 2016. p. 49; FENSTERSEIFER, Tiago; SARLET, Ingo Wolfgang. *Princípios do Direito Ambiental*. São Paulo: Saraiva, 2014. p. 90; SEN, Amartya. *A Ideia de Justiça*. Trad. Denise Bottmann e Ricardo Doninelli Mendes. São Paulo: Companhia das Letras, 2012. p. 282-6.

[148] BRASIL. Ministério do Meio Ambiente. *A Carta da Terra*. Disponível em: <http://www.mma.gov.br/estruturas/agenda21/_arquivos/carta_terra.pdf>. Acesso em: 05 nov. 2015.

[149] Sobre a história da Carta da Terra, vide informação do Ministério do Meio Ambiente. BRASIL. Ministério do Meio Ambiente. *Carta da Terra*. Disponível em: <http://www.mma.gov.br/estruturas/agenda21/_arquivos/CartaDaTerraHistoria2105.pdf>. Acesso em: 05 nov. 2015.

segurança social e justiça ecológica, direitos humanos e democracia. "Nenhuma delas pode ser alcançada sozinha, e todas precisam ser desenvolvidas de modo a refletir a ideia de desenvolvimento sustentável da Carta".[150] Esses documentos internacionais realçaram a preocupação de longo prazo e a solidariedade intergeracional como componentes inseparáveis do desenvolvimento socioeconômico das nações, bem como a compreensão de que "o valor meio ambiente não pode ser dissociado das vidas das pessoas".[151]

A descrição de Bruntland, em que pese sua importância, foi criticada como sendo excessivamente antropocêntrica.[152] Carece, pois, de aperfeiçoamento, uma vez que a sustentabilidade não se resume ao suprimento das necessidades materiais,[153] mas também inclui valores imateriais, como a liberdade, segurança, educação, justiça ou o meio ambiente saudável.[154]

Este conceito foi posteriormente estendido por Robert Solow, que introduziu a ideia de sustentabilidade como a exigência de que se mantenha para as futuras gerações o mesmo ou melhor *padrão de vida* que desfrutamos na atualidade.[155] Amartya Sen, contudo, ainda considera insuficiente esta concepção, porquanto "a importância da vida humana não reside apenas em nosso padrão de vida e satisfação das necessidades, mas também na liberdade que desfrutamos". O economista indiano reformula as propostas de Bruntland e Solow para incluir no conceito de sustentabilidade "a preservação e, quando possível, a expansão das liberdades e capacidades substantivas das pessoas de hoje 'sem comprometer a capacidade das gerações futuras' de ter liberdade semelhante ou maior".[156] *É* importante ressaltar que a preocupação com o futuro encampa o princípio da justiça inter-geracional, ao reconhecer que todas as gerações humanas – do passado,

---

[150] BOSSELMANN, Klaus. *Princípio da Sustentabilidade*: transformando direito e governança. Trad. Phillip Gil França. São Paulo: Revista dos Tribunais, 2015. p. 142.

[151] SEN, *op. cit.*, p. 283.

[152] BOSSELMANN, *op. cit.*, p. 50.

[153] Sobre o conceito de desenvolvimento sustentável do Relatório Bruntland, focado nas necessidades das gerações presentes e futuras, Juarez Freitas refere: "Trata-se de progresso histórico, digno de nota. Entretanto, indispensável aperfeiçoar esse conceito, com o fito de deixar nítido que as necessidades atendidas não podem ser aquelas artificiais, fabricadas ou hiperinflacionadas pelo consumismo em cascata" (FREITAS, *op. cit.*, p. 49).

[154] BOSSELMANN, *op. cit.*, p. 52-3.

[155] SEN, Amartya. *A Ideia de Justiça*. Trad. Denise Bottmann e Ricardo Doninelli Mendes. São Paulo: Companhia das Letras, 2012. p. 284-5.

[156] *Ibid.*, p. 286.

presente e futuro – possuem igual posição normativa em relação ao sistema natural, e as gerações presentes têm o dever de proteger o ambiente para os ainda não nascidos.[157]

A Carta da Terra reflete o modelo de três pilares[158] de sustentabilidade ambiental, social e econômica, também expresso na Declaração do Rio de 1992 e na Declaração de Joanesburgo de 2002. A Conferência das Nações Unidas sobre Desenvolvimento Sustentável de 2012 ("Rio+20") sufragou essa concepção mais abrangente, com amplo debate acerca da integração entre economia, sociedade e meio ambiente. No documento final (*"The future we want"*)[159] foram reafirmados os princípios da Rio/92 e renovado o compromisso em favor de um futuro sustentável do ponto de vista econômico, social e ambiental para nosso planeta e para as gerações presentes e futuras.[160] Após a formulação dos "Objetivos do Desenvolvimento do Milênio", no âmbito da Conferência de 2012 ("Rio+20"), foram aprovados, em 2015, os "Objetivos do Desenvolvimento Sustentável", por meio do documento "Transformando Nosso Mundo: A Agenda 2030 para o Desenvolvimento Sustentável". Esses objetivos procuram obter avanços nas metas anteriores não alcançadas, são integrados e indivisíveis e "mesclam, de forma equilibrada, as três dimensões do desenvolvimento sustentável: a econômica, a social e a ambiental".[161] Por conseguinte, para Fensterseifer e Sarlet, além de uma concepção integrada do regime jurídico dos direitos fundamentais, "de modo a contemplar uma tutela ampla e qualificada da dignidade da pessoa humana, (...) a própria noção de sustentabilidade deve ser tomada a partir dos eixos econômico, social e ambiental".[162]

---

[157] WEISS, Edith Brown. O Direito da Biodiversidade no interesse das gerações presentes e futuras. *Revista CEJ*, Brasília, v. 3, n. 8, maio/ago. 1999. Disponível em: <http://www.jf.jus.br/ojs2/index.php/revcej/article/view/194/356>. Acesso em: 05 nov. 2015.

[158] BOSSELMANN, Klaus. *Princípio da Sustentabilidade*: transformando direito e governança. Trad. Phillip Gil França. São Paulo: Revista dos Tribunais, 2015. p. 222.

[159] Reconhecido por 188 estados-membros presentes à reunião e formalizado na Resolução nº 66/288 da Assembleia Geral da ONU.

[160] UNITED NATIONS. *United Nations Conference of Sustainable Development*: the future we want. Rio de Janeiro, 2012. Disponível em: <http://www.uncsd2012.org/thefuturewewant.html>. Acesso em: 25 abr. 2015.

[161] PNUD – Programa das Nações Unidas para o Desenvolvimento. Transformando Nosso Mundo: A Agenda 2030 para o Desenvolvimento Sustentável, 2015. Disponível em: <http://www.pnud.org.br/Docs/TransformandoNossoMundo.pdf>. Acesso em: 31 jan. 2016.

[162] FENSTERSEIFER, Tiago; SARLET, Ingo Wolfgang. *Direito Constitucional Ambiental*: Constituição, Direitos Fundamentais e Proteção do Ambiente. 2. ed. São Paulo: Revista dos Tribunais, 2012. p. 97-8.

Convém salientar que, conquanto a legislação internacional ambiental, de modo geral, tenha natureza normativa de *soft law*,[163] sem o caráter obrigatório dos tratados, ou, como relata Bosselmann, em face da ausência de uma "lei internacional para o desenvolvimento sustentável",[164] é inegável sua influência na construção das legislações nacionais, na identificação de princípios jurídicos e nas decisões dos juízes.[165]

Cabe referir que o Acordo de Paris sobre mudança do clima de 2015, formalizado no âmbito da 21ª Conferência das Partes da Convenção-Quadro das Nações Unidas sobre Mudança do Clima (COP21), ao reconhecer que as mudanças climáticas representam uma ameaça urgente e potencialmente irreversível à humanidade e ao planeta, prevê diversos mecanismos para limitar o aumento da temperatura global a 1,5°C acima da era pré-industrial. Dentre eles, contempla a prestação de informações e a comunicação a cada cinco anos da contribuição de cada país para a redução do aquecimento. Apesar da ausência de metas definidas externamente – as metas são estabelecidas voluntariamente pelos próprios membros – o acordo representa um avanço importante no Direito Ambiental Internacional, pois os Estados passam a se vincular aos planos apresentados. O ato internacional também traz instrumentos de cooperação como financiamento dos países desenvolvidos para os países em desenvolvimento e transferência de tecnologia, conforme o princípio das responsabilidades comuns, porém diferenciadas. Ademais, as partes reconhecem a importância de abordagens integradas, holísticas e equilibradas, não mercadológicas, disponíveis para auxiliar na implementação de suas contribuições nacionalmente determinadas, no contexto do desenvolvimento sustentável e da erradicação da pobreza.[166]

---

[163] A respeito, Valerio de Oliveira Mazzuoli conceitua normas de *soft law* como "aquelas regras cujo valor normativo é menos constringente que o das normas jurídicas tradicionais, seja porque os instrumentos que as abrigam não detêm o *status* de 'normas jurídicas', seja porque os seus dispositivos, ainda que insertos no quadro de instrumentos vinculantes, não criam obrigações de direito positivo aos Estados, ou não criam senão obrigações pouco constringentes. Portanto, um dos maiores problemas desse tipo de norma se encontra na falta de elementos que garantam o seu *enforcement*" (In: *Curso de Direito Internacional Público*. 6. ed. São Paulo: Revista dos Tribunais, 2011. p. 165).

[164] BOSSELMANN, Klaus. *Princípio da Sustentabilidade*: transformando direito e governança. Trad. Phillip Gil França. São Paulo: Revista dos Tribunais, 2015. p. 83.

[165] FENSTERSEIFER, Tiago; SARLET, Ingo Wolfgang. Fontes do Direito Ambiental: uma leitura contemporânea à luz do marco constitucional de 1988 e da "teoria do diálogo das fontes". *Revista de Direito Ambiental*, v. 78, p. 215-43, abr./jun. 2015.

[166] UNITED NATIONS. FCCC – Framework Convention Climate Change. *Conference of the Paris*. Paris, 30 nov. 2015 a 11 dez. 2015. Disponível em: <http://unfccc.int/resource/docs/2015/

Bosselmann defende uma "essência ecológica" do conceito de sustentabilidade e considera como equívoco a percepção dos fatores ambiental, econômico e social como sendo igualmente importantes para o desenvolvimento sustentável. Seria relevante um referencial para essas questões, uma vez que, "se o desenvolvimento sustentável for utilizado apenas para a integração e para o balanceamento de interesses conflitantes, nada seria alcançado".[167] O autor diferencia, com isso, abordagem ecológica ou versão forte da sustentabilidade da abordagem ambiental ou versão fraca: aquela, crítica do crescimento e favorecedora da sustentabilidade ecológica; esta pressupõe a validade do crescimento e coloca em paridade de importância a sustentabilidade ambiental, a justiça social e a prosperidade econômica.[168]

Concorda-se, porém, com Juarez Freitas, ao formular uma definição de sustentabilidade que agasalha a "multidimensionalidade do bem-estar",[169] a qual não pode ficar restrita ao suprimento das necessidades materiais.[170] A abordagem sistêmica e inclusiva do bem-estar humano produz uma releitura ampliativa e integrada[171] da sustentabilidade, para reconhecer sua natureza pluridimensional, que acolhe os aspectos social, *ético*, jurídico-político, econômico e ambiental, todos entrelaçados que "se constituem mutuamente, numa dialética da sustentabilidade".[172] O próprio Bosselmann inclui aspectos sociais e

---

cop21/eng/l09r01.pdf>. Acesso em: 28 dez. 2015. O Acordo de Paris foi ratificado pelo Brasil em 12.09.2016. No período de 7 a 18 de novembro de 2016, foi realizada em Marrocos a 22ª Conferência das Partes da Convenção-Quadro das Nações Unidas sobre Mudança do Clima (COP22), na qual se reconheceu que nosso clima está aquecendo a uma taxa alarmante e sem precedentes, sendo nosso dever responder com urgência. Foram reafirmados os princípios do Acordo de Paris, com suas metas ambiciosas, sua natureza inclusiva e sua reflexão baseada na equidade e responsabilidades comuns, mas diferenciadas (UNITED NATIONS. UN Climate Change Conference. Marrakech COP22. *Marrakech Action Proclamation for our climate and sustainable development*, nov. 2016. Disponível em: <http://cop22.ma/wp-content/uploads/2016/11/marrakech_action_proclamation.pdf>. Acesso em: 02 jan. 2017).

[167] BOSSELMANN, Klaus. *Princípio da Sustentabilidade*: transformando direito e governança. Trad. Phillip Gil França. São Paulo: Revista dos Tribunais, 2015. p. 42-4.

[168] *Ibid.*, p. 47.

[169] FREITAS, Juarez. *Sustentabilidade*: direito ao futuro. 3. ed. Belo Horizonte: Fórum, 2016. p. 51.

[170] *Ibid.*, p. 51-57.

[171] A Declaração de Nova Delhi sobre os Princípios do Direito Internacional relacionados com o desenvolvimento sustentável aprovou, dentre outros, o princípio da integração e inter-relacionamento, em especial em relação aos direitos humanos e aos objetivos sociais, econômicos e ambientais (BOSSELMANN, *op. cit.*, p. 61; 87-8).

[172] FREITAS, Juarez. *Sustentabilidade*: direito ao futuro. 3. ed. Belo Horizonte: Fórum, 2016. p. 59-77.

econômicos no desenvolvimento sustentável, desde que não se desviem do seu núcleo ecológico.[173]

Essa nova perspectiva enseja a superação do PIB como indicador econômico de relevo, porque baseado exclusivamente no crescimento material, desprezando a depreciação dos recursos naturais e humanos.[174] Ferramentas alternativas, assim, passam a ser formuladas, como o Índice de Desenvolvimento Humano (IDH), que, apesar de sua simplicidade, já representou um progresso significativo.[175] Outrossim, de notar a formulação de indicador ainda mais avançado, trabalhado por Amartya Sen, decorrente de relatório da Comissão "Stiglitz-Sen-Fitoussi",[176] em que a sustentabilidade é incluída como um dos fatores a serem computados na avaliação do desenvolvimento econômico.[177]

O desenvolvimento sustentável também pode ser extraído da Constituição Federal, a qual, nos arts. 1º, 3º, 5º a 7º, 170, 174, 175 e 225, destaca a dignidade humana como valor fundamental de toda ordem constitucional e institui uma sociedade baseada não apenas no capitalismo liberal ou no crescimento quantitativo da economia, como igualmente na justiça social e ambiental, de modo a permitir um desenvolvimento socioeconômico e ambiental qualitativo, impregnado de valores humanos que superam o utilitarismo materialista e a concepção de bem-estar como mera acumulação de capital.[178] Nesse

---

[173] BOSSELMANN, Klaus. *Princípio da Sustentabilidade*: transformando direito e governança. Trad. Phillip Gil França. São Paulo: Revista dos Tribunais, 2015. p. 77-8.

[174] "As mazelas do PIB têm sido severamente criticadas, principalmente por ele só abranger atividades mercantis e ignorar a depreciação de recursos naturais e humanos. O que justamente provocou o atual processo de busca por alterações e extensões, com o objetivo de transformá-lo em indicador de prosperidade sustentável, mediante correções de cálculo frequentemente chamadas de 'PIB verde'" (VEIGA, José Eli da. *Sustentabilidade*: a legitimação de um novo valor. 2. ed. São Paulo: SENAC, 2010. p. 19).

[175] "Afortunadamente, surgem alternativos indicadores mais confiáveis que o PIB, ao passo que outros são redesenhados. Certo: *a seu tempo, o Índice de Desenvolvimento Humano (que mede renda, longevidade e educação) representou um considerável progresso*, apesar de simples e limitado em sua métrica sintética" (FREITAS, *op. cit.*, p. 44-45).

[176] STIGLITZ, Joseph E.; SEN, Amartya; FITOUSSI, Jean-Paul. Report by the Commission on the Measurement of Economic Performance and Social Progress. *Comission on the Measurement of Economic Performance and Social Progress*, Paris, Sept. 14th 2009. Disponível em: <http://www.insee.fr/fr/publications-et-services/dossiers_web/stiglitz/doccommission/RAPPORT_anglais.pdf>. Acesso em: 17 set. 2015.

[177] FREITAS, *op. cit.*, p. 45.

[178] O STF, a propósito, decidiu que o "princípio do desenvolvimento sustentável, além de impregnado de caráter eminentemente constitucional, encontra suporte legitimador em compromissos internacionais assumidos pelo Estado brasileiro e representa fator de obtenção do justo equilíbrio entre as exigências da economia e as da ecologia, subordinada, no entanto, a invocação desse postulado, quando ocorrente situação de conflito entre valores constitucionais relevantes, a uma condição inafastável, cuja observância não

passo, diante da interdependência com os direitos humanos e com outros direitos fundamentais – direito à vida e à saúde, *v.g.* –, o direito à sustentabilidade precisa ser complementado por obrigações, com uma abordagem que enfatiza as responsabilidades humanas.[179] "Sempre que ocorre um dano ambiental, o gozo dos direitos humanos é colocado potencialmente em perigo".[180]

O caráter normativo da sustentabilidade também é extraído da legislação infraconstitucional, como, por exemplo: no art. 4º, incs. I e IV da Lei nº 6.938/81 (Lei da Política Nacional do Meio Ambiente), art. 2º, inc. II da Lei nº 9.433/97 (Lei da Política Nacional de Recursos Hídricos), art. 6º da Lei nº 11.428/2006 (Lei da Mata Atlântica), art. 3º da Lei nº 12.187/2009 (Lei da Política Nacional sobre Mudança do Clima), art. 6º, incs. III, IV e V da Lei nº 12.305/2010 (Lei da Política Nacional de Resíduos Sólidos), art. 1º, parágrafo único da Lei nº 12.651/2012 (Novo Código Florestal), art. 3º da Lei nº 8.666/93 (Lei de Licitações, com a redação dada pela Lei nº 12.349/2010) e art. 1º, §1º, inc. II e art. 4º, inc. III da Lei nº 12.462/2011 (Lei do Regime Diferenciado de Contratações Públicas).

De conseguinte, é lícito afirmar, como faz Juarez Freitas, que a "sustentabilidade não é princípio abstrato, elusivo ou de observância protelável: vincula plenamente e se mostra inconciliável com o reiterado descumprimento da função socioambiental de bens e serviços", bem assim que não pode ser tratada como "princípio literário, remoto ou de concretização adiável, invocado só por razões de marketing ou de pânico".[181] Conquanto a sustentabilidade seja incompatível com soluções exclusivamente de curto prazo, deve ser tratada "com o mesmo imediatismo que enxergamos a justiça", porque, como alerta Bosselmann, "as distâncias estão desaparecendo. O mundo se tornou um lugar pequeno e o futuro já chegou".[182]

---

comprometa nem esvazie o conteúdo essencial de um dos mais significativos direitos fundamentais: o direito à preservação do meio ambiente, que traduz bem de uso comum da generalidade das pessoas, a ser resguardado em favor das presentes e futuras gerações" (Pleno, ADI 3540 MC, Rel. Min. Celso de Mello, j. 01.09.2005, DJ 03.02.2006).

[179] BOSSELMANN, Klaus. *Princípio da Sustentabilidade*: transformando direito e governança. Trad. Phillip Gil França. São Paulo: Revista dos Tribunais, 2015. p. 143-5.

[180] BOSSELMANN, Klaus. *Princípio da Sustentabilidade*: transformando direito e governança. Trad. Phillip Gil França. São Paulo: Revista dos Tribunais, 2015. p. 147-8.

[181] FREITAS, Juarez. *Sustentabilidade*: direito ao futuro. 3. ed. Belo Horizonte: Fórum, 2016. p. 41.

[182] Prossegue o professor de Auckland, aludindo que a "mudança climática é um exemplo disso. Durante muito tempo, os impactos das mudanças climáticas apareciam como

Em razão disso, o princípio da sustentabilidade é diretriz vinculante, que enseja eficácia direta e imediata do direito ao futuro,[183] e pode ser conceituado como

> princípio constitucional que determina, com eficácia direta e imediata, a responsabilidade do Estado e da sociedade pela concretização solidária do desenvolvimento material e imaterial, socialmente inclusivo, durável e equânime, ambientalmente limpo, inovador, ético e eficiente, no intuito de assegurar, preferencialmente de modo preventivo e precavido, no presente e no futuro, o direito ao bem-estar.[184]

Para Bosselmann, a "sustentabilidade pode ser definida como o princípio fundamental da lei e da governança. Ela atingiu um grau de maturidade que permite a análise de seu significado e *status* legal".[185] Por isso, quando "aceita como princípio jurídico, a sustentabilidade confirma todo o sistema legal, não apenas as leis ambientais ou a esfera doméstica".[186]

Independentemente do conceito que se adote, o fato é que tal princípio remete sempre ao futuro. Oportuna, pois, a afirmação de José Eli da Veiga, de que "esse termo 'sustentabilidade', cada vez mais badalado, pode ser definido de mil maneiras, mas qualquer delas evoca alguma preocupação com as condições de vida das próximas gerações".[187]

Segundo Bosselmann, a sustentabilidade pode se assemelhar à ideia de justiça: sabemos intuitivamente o que é injusto e insustentável, mas não se consegue precisar esses termos. Logo, "qualquer discurso sobre a sustentabilidade é essencialmente um discurso ético".[188] Vale

---

[183] FREITAS, *op. cit.*, p. 123.

possibilidades distantes. Não é mais o caso. Agora, a mudança climática está presente nas manchetes do cotidiano" (BOSSELMANN, *op. cit.*, p. 26).

[184] FREITAS, Juarez. *Sustentabilidade*: direito ao futuro. 3. ed. Belo Horizonte: Fórum, 2016. p. 43.

[185] A tese central do autor é que a "sustentabilidade tem características históricas, conceituais e éticas de um princípio jurídico. Como os ideais e justiça e direitos humanos, a sustentabilidade pode ser vista como um ideal para a civilização tanto no nível nacional como internacional" (BOSSELMANN, Klaus. Princípio da Sustentabilidade: transformando direito e governança. Trad. Phillip Gil França. São Paulo: Revista dos Tribunais, 2015. p. 19-20).

[186] *Ibid.*, p. 20.

[187] VEIGA, José Eli da. *Sustentabilidade:* a legitimação de um novo valor. 2. ed. São Paulo: SENAC, 2010. p. 89.

[188] BOSSELMANN, *op. cit.*, p. 25.

dizer, há "escolhas éticas que devem ser feitas, por exemplo, tratar o ambiente natural como base e limitação para o desenvolvimento humano, ou o desenvolvimento humano como base e limitação para o ambiente natural".[189] Nesse teor de ideias, a dignidade da pessoa humana passa a incorporar uma dimensão ecológica, que "abrange a ideia em torno de um *bem-estar ambiental* (assim como de um *bem-estar social*) indispensável a uma vida digna, saudável e segura".[190]

Além disso, urge superar o reducionismo antropocêntrico e albergar a inter-relação "de toda a vida para além das fronteiras entre humanos e não humanos. A preocupação com todas as formas de vida, não apenas a vida humana, portanto, é o melhor guia para o futuro".[191] Ou seja, "não é o ambiente, mas as interações entre as várias formas de vida – incluindo os seres humanos – que devem nos preocupar".[192] A "Carta Mundial para a Natureza", aceita pela Assembleia Geral da ONU em 1983, expressa uma postura ética de forma mais clara, ao descrever a humanidade como parte da natureza e afirmar que "toda forma de vida é única, garantindo o seu respeito, independentemente de sua utilidade para o homem".[193] Igualmente, a Carta da Terra reconhece que "todos os seres são interligados e cada forma de vida tem valor, independentemente de sua utilidade para os seres humanos".[194]

Essa abordagem ética de "justiça ecológica"[195] da sustentabilidade, não apenas liberal, reformula a concepção antropocêntrica e individualista de dignidade, de modo que "sempre haverá como sustentar a dignidade da própria vida de um modo geral",[196] ampliada para outros seres vivos[197] e bens ambientais não necessariamente

---

[189] *Ibid.*, p. 48.

[190] FENSTERSEIFER, Tiago; SARLET, Ingo Wolfgang. *Direito Constitucional Ambiental*: Constituição, Direitos Fundamentais e Proteção do Ambiente. 2. ed. São Paulo: Revista dos Tribunais, 2012. p. 40.

[191] BOSSELMANN, Klaus. *Princípio da Sustentabilidade*: transformando direito e governança. Trad. Phillip Gil França. São Paulo: Revista dos Tribunais, 2015. p. 54.

[192] *Ibid.*, p. 124.

[193] *Ibid.*, p. 49.

[194] BRASIL. Ministério do Meio Ambiente. *A Carta da Terra*. Disponível em: <http://www.mma.gov.br/estruturas/agenda21/_arquivos/carta_terra.pdf>. Acesso em: 05 nov. 2015.

[195] BOSSELMANN, *op. cit.*, p. 131.

[196] SARLET, Ingo Wolfgang. *Dignidade da Pessoa Humana e Direitos Fundamentais na Constituição Federal de 1988*. 9. ed. Porto Alegre: Livraria do Advogado, 2011. p. 43.

[197] "Tal entendimento nos conduz também a repensar o conceito kantiano de dignidade, no intuito de adaptá-la aos enfrentamentos existenciais contemporâneos, bem como a fim de aproximá-lo das novas configurações morais e culturais impulsionadas pelos valores ecológicos. Nesse contexto, procura-se refletir sobre a reformulação do conceito

relacionados ao bem-estar das populações humanas.[198] Na esteira da Convenção sobre Diversidade Biológica,[199] à natureza se agrega um valor intrínseco, como um fim em si mesmo, não podendo mais ser reputada como simples meio ou instrumento para satisfazer os desejos humanos. Tal concepção, aliás, foi acolhida em diversas decisões do STF, que declarou a ilegitimidade da crueldade contra animais e declarou inconstitucionais práticas como a "rinha do galo",[200] a "farra do boi"[201] e a "vaquejada".[202]

---

kantiano (antropocêntrico e individualista) de dignidade, ampliando-o para contemplar o reconhecimento da dignidade para além da vida humana, ou seja, para incidir também em face de animais não humanos, bem como de todas as formas de vida de um modo geral, à luz de uma *matriz filosófica biocêntrica (ou ecocêntrica)*, capaz de reconhecer a *teia da vida* que permeia as relações entre ser humano e Natureza" (FENSTERSEIFER, Tiago; SARLET, Ingo Wolfgang. *Direito Constitucional Ambiental*: Constituição, Direitos Fundamentais e Proteção do Ambiente. 2. ed. São Paulo: Revista dos Tribunais, 2012. p. 43-4).

[198] A título ilustrativo, a determinação constitucional e legal de definição de espaços territoriais e seus componentes a serem especialmente protegidos (CF, art. 225, §1º, inc. III) consubstancia no reconhecimento de uma dignidade própria do meio ambiente, em razão de seus valores intrínsecos, não necessariamente em favor da dignidade da pessoa humana. Com efeito, as áreas de preservação permanente, *v.g.*, não foram criadas somente para assegurar o "bem-estar das populações humanas", assim também para preservar, por exemplo, a paisagem, a estabilidade geológica, a biodiversidade e o fluxo gênico da fauna e da flora (Lei nº 12.651/12, art. 3º, inc. II). Logo, nem sempre a tutela tributada a essas áreas está relacionada a algum valor exclusivamente humano, ao menos no que diz com a vida, saúde e bem-estar da população.

[199] A Convenção sobre Diversidade Biológica, assinada durante a Conferência das Nações Unidas sobre Meio Ambiente e Desenvolvimento, realizada na cidade do Rio de Janeiro, em 1992, reconhece, no preâmbulo, o "valor intrínseco da diversidade biológica e dos valores ecológico, genético, social, econômico, científico, educacional, cultural, recreativo e estético da diversidade biológica e de seus componentes" (BRASIL. Ministério do Meio Ambiente. *Convenção sobre Diversidade Biológica – CDB*. Brasília, 2000. Disponível em: <http://www.mma.gov.br/estruturas/sbf_chm_rbbio/_arquivos/cdbport_72.pdf>. Acesso em: 05 nov. 2015). "Para além da Convenção da Biodiversidade, muitos tratados ambientais têm reconhecido o valor intrínseco da biosfera. Exemplos incluem o Protocolo de 1991 sobre Proteção Ambiental, que altera o Tratado da Antártida de 1959, a Carta Mundial para a Natureza de 1982, e uma série de tratados relacionados com a preservação de ecossistemas e espécies ameaçadas de extinção" (BOSSELMANN, Klaus. *Princípio da Sustentabilidade*: transformando direito e governança. Trad. Phillip Gil França. São Paulo: Revista dos Tribunais, 2015. p. 141).

[200] STF, Pleno, ADI 1856, Rel. Min. Celso de Mello, j. 26/05/2011; ADI 3776/RN, Pleno, Rel. Min. Cezar Peluso, j. 14.06.2007; ADI 2514/SC, Pleno, Rel. Min. Eros Grau, j. 29.06.2005.

[201] STF, 2ª T., RE 153531, Rel. p/ Ac. Min. Marco Aurélio, j. 03.06.1997.

[202] STF, Pleno, ADI 4983/CE, rel. Min. Marco Aurélio, j. 02.06.2016, informativo 828. Relevante mencionar que, em reação a este julgado do STF, foi criada a Lei nº 13.364/2016, que eleva "o Rodeio, a Vaquejada, bem como as respectivas expressões artístico-culturais, à condição de manifestação cultural nacional e de patrimônio cultural imaterial", a qual, possivelmente, ensejará nova ação constitucional e manifestação da Suprema Corte. Além disso, a pressão daqueles que se sentiram prejudicados com a decisão do STF determinaram a aprovação, ainda no âmbito da Comissão de Constituição e Justiça do Senado, do relatório da PEC 50 de 2016, com o objetivo de permitir a realização da "vaquejada".

A sustentabilidade, porque exige preocupação com o longo prazo, para ser incorporada na cultura das pessoas, empresas e governos, tem de superar o "viés dos vieses": a preferência excessiva pelo presente (*present-biased preferences*),[203] intimamente relacionado com o imediatismo, a ditadura do hiperconsumismo e da produtividade a qualquer custo.

2.5.2 Direito Administrativo e sustentabilidade

No âmbito das relações administrativas no Brasil, frequentemente, o desejável planejamento e a promoção dos direitos fundamentais são suplantados pela busca de vantagens políticas de curto prazo, com consequente abandono ou menoscabo dos princípios basilares da Administração Pública. São corriqueiras as situações em que agentes públicos, consumidos por uma "ansiedade política" em atingir resultados imediatos, embriagados pelo poder, empenhados em favorecer particulares em prejuízo da coletividade ou, ainda, vitimados por desvios cognitivos, tomam decisões que, embora aparentemente benéficas no curto prazo, revelam-se insustentáveis e altamente lesivas aos interesses da sociedade e das gerações presentes e futuras.[204]

Os tomadores de decisões administrativas precisam se desvencilhar do viés do curto prazo e substituir medidas eleitoreiras e imediatistas por comportamentos afinados com a sustentabilidade. A fim

---

[203] A respeito do viés do presente, Juarez Freitas esclarece: "existe tendência de buscar recompensas imediatas, sem perguntar sobre os efeitos a longo prazo, causando prejuízos de toda ordem (inclusive à saúde pública, por falhas nas escolhas intertemporais. O remédio, nesse ponto, consiste em pretender, em sentido forte, o desenvolvimento sustentável, aprendendo a adiar gratificações, em nome de benefícios duradouros" (In: FREITAS, Juarez. Hermenêutica Jurídica e a Ciência do Cérebro: como lidar com os automatismos mentais. *Revista da Ajuris*, ano XL, n. 130, p. 236, jun. 2013).

[204] Essa realidade já foi constatada pelo Tribunal de Contas da União, ao registrar irregularidade decorrente de "pressa em realizar a licitação sem os recursos suficientes para execução da obra" (Plenário, Acórdão 2169, Rel. Min. Ana Arraes, j. 15.08.2012). A pressa, a apresentação de projeto básico deficiente e o superfaturamento foram abordados também no Acórdão TC 021.605/2010-6, Rel. Min. Marcos Bemquerer Costa, j. 01.04.2015. Em outra decisão, verificou que, "por pressa, comete-se equívocos, que acabam por conduzir ao resultado que se queria evitar – a demora na execução de obras" (TCU, acórdão n. 1827/2006, Plenário, Rel. Min. Augusto Nardes, j. 04.10.2006). Outrossim, demonstrando a falta de planejamento de diversos gestores públicos, a Corte de Contas registrou um problema com o qual se depara diversas vezes e que "não tem merecido a devida atenção dos responsáveis pelas obras públicas: elaboração de um projeto básico de qualidade e preciso o suficiente para o adequado desenvolvimento técnico e financeiro do empreendimento" (TCU, acórdão n. 1983/2008, Plenário, Rel. Min. Marcos Vinicios Vilaça, j. 10.09.2008).

de se atingir o desenvolvimento socioeconômico consistente e inclusivo, impõe-se ao agente público prestigiar soluções duradouras, de longo prazo e harmônicas com a economicidade, eficiência e eficácia, que superem os períodos dos mandatos eletivos e a busca obstinada pelo resultado superficial, propagandístico e demagógico.

A cogência constitucional e legal de observância do desenvolvimento sustentável alcança principalmente o Poder Público, que tem a obrigação de zelar pela sustentabilidade de suas decisões, descabendo invocar a discricionariedade ou a reserva do possível para adiá-las,[205] sobretudo em virtude da constitucionalização das relações administrativas. Com isso, é possível falar em mudança de paradigma do Direito Administrativo, para superar-se a insaciabilidade patrimonialista, em favor da sustentabilidade, que "se pauta pela racionalidade dialógica, pluralista e prospectiva", a exigir fundamentação e estabilidade no processo decisório.[206] Christina Voigt, igualmente, sublinha que o Estado de Direito é primordial para alcançar o desenvolvimento sustentável global, o qual pode ser promovido por diversas formas – educação, decisões políticas, ética, estudos, etc. –, inclusive por meio do Direito.[207] Na condição de princípio constitucional, a sustentabilidade orienta a interpretação do sistema jurídico, das leis e das decisões administrativas.

Como preleciona Bosselmann, o Estado detém autoridade central para governar o povo e determinado território, de modo que, sem ele, os princípios fundamentais não podem ser garantidos.[208] Dessa forma, os Estados são considerados curadores do meio ambiente no âmbito de sua competência territorial, o que envolve, internamente, "uma obrigação fundamental de proteger o meio ambiente para seu próprio bem".[209] Complementa o professor alemão que "o ambiente não pertence nem aos Estados, nem à humanidade, mas apenas a si mesmo devido ao seu valor intrínseco".[210] Externamente, os países se

---

[205] FREITAS, Juarez. *Sustentabilidade*: direito ao futuro. 3. ed. Belo Horizonte: Fórum, 2016. p. 127.

[206] *Ibid.*, p. 198.

[207] VOIGT, Christina. *Sustainable Development as a Principle of International Law*: resolving conflicts between climate measures and WTO law. Leiden: Martinus Nijhoff Publishers, 2009. p. 183.

[208] BOSSELMANN, Klaus. *Princípio da Sustentabilidade*: transformando direito e governança. Trad. Phillip Gil França. São Paulo: Revista dos Tribunais, 2015. p. 183.

[209] BOSSELMANN, Klaus. *Princípio da Sustentabilidade*: transformando direito e governança. Trad. Phillip Gil França. São Paulo: Revista dos Tribunais, 2015. p. 216.

[210] *Ibid.*, p. 211.

DIREITO ADMINISTRATIVO E SUSTENTABILIDADE | 65

comprometem com responsabilidades comuns, porém diferenciadas[211] para o desenvolvimento sustentável. O Estado, pois, exerce papel fundamental na governança para a sustentabilidade.[212] Nessa vertente, o Acordo de Paris de 2015 prevê que a cooperação dos países inclui o reforço da participação dos setores público e privado na determinação das contribuições nacionalmente determinadas para redução da emissão de gás carbônico.[213]

É indispensável que o agente público incorpore metas de longo prazo e análise dos custos e benefícios (*cost-benefit analysis*), diretos e indiretos, na tomada de decisão administrativa, o que, na visão de Cass Sunstein, representa uma ferramenta pragmática que enfatiza a importância da ciência e da economia e elimina encargos irrelevantes.[214] Com isso, se os custos excederem os benefícios, a regulação é inaceitável.[215] Todavia, essa análise deve ser humanizada (*humanize cost-benefit analysis*), para assegurar o foco nas consequências humanas, uma vez que ganhos monetários não são suficientes.[216]

---

[211] O princípio das responsabilidades comuns, porém diferenciadas no Direito Ambiental Internacional, já constava no Princípio 7 da Declaração do Rio de 1992: "Os Estados irão cooperar, em espírito de parceria global, para a conservação, proteção e restauração da saúde e da integridade do ecossistema terrestre. Considerando as diversas contribuições para a degradação do meio ambiente global, os Estados têm responsabilidades comuns, porém diferenciadas. Os países desenvolvidos reconhecem a responsabilidade que lhes cabe na busca internacional do desenvolvimento sustentável, tendo em vista as pressões exercidas por suas sociedades sobre o meio ambiente global e as tecnologias e recursos financeiros que controlam". Também foi previsto no art. 3, item 1 da Convenção Quadro das Nações Unidas sobre Mudança do Clima de 1992 (ONU – Organização das Nações Unidas. *Convenção Sobre Mudança do Clima*, 1992. Disponível em: <http://www.onu.org. br/rio20/img/2012/01/convencao_clima.pdf>. Acesso em: 14 nov. 2015), e no art. 3º da Lei da Política Nacional Sobre Mudança do Clima (Lei nº 12.187/09). Recentemente, o Acordo de Paris sobre mudança do clima, de 2015, reforçou esse princípio, conforme referido anteriormente (tópico 2.5.1).

[212] Segundo Bosselmann, o "Estado é a principal instituição da governança ambiental". Porém, a governança para a sustentabilidade também inclui outras instituições, como organizações internacionais, organizações não governamentais e a sociedade civil (*op. cit.*, p. 219).

[213] UNITED NATIONS. FCCC – Framework Convention Climate Change. *Conference of the Paris*. Paris, 30 nov. 2015 a 11 dez. 2015.

[214] "Seeing cost-benefit analysis as a pragmatic tool, we have emphasized the importance of science and economics, of eliminating unjustified burdens, and of ensuring that benefits justify the costs" (SUNSTEIN, Cass R. Humanizing Cost-benefit analysis. Remarks prepared for American University's Washington College of Law. *Administrative Law Review Conference*, Washington, Feb. 17th, p. 23, 2010. Disponível em: <https://www.whitehouse. gov/sites/default/files/omb/assets/inforeg/cost_benefit_analysis_02172010.pdf>. Acesso em: 18 set. 2015).

[215] SUNSTEIN, Cass R. *The Cost-benefit State*: the future of regulatory protection. Illinois: ABA Section of Administrative Law and Regulatory Practice, 2002. p. 14-5.

[216] "These various examples suggest the need to humanize cost-benefit analysis in two ways – first, by ensuring that we focus on human consequences in the most disciplined

A ação ou omissão que despreze a sustentabilidade multidimensional e os impactos duradouros da conduta estatal poderá ser anulada por desvio de finalidade,[217] bem assim por violação aos preceitos constitucionais aludidos e, dependendo do caso, por afronta às regras legais mencionadas.

2.5.3 Dever de motivação intertemporal

Como foi alinhavado,[218] a decisão administrativa pressupõe um indivíduo que escolhe e avalia as consequências de sua atividade. É imperativo, então, exteriorizar de forma abrangente os impactos diretos e indiretos das opções públicas. Disso avulta a importância de motivação intertemporal, sob o prisma da sustentabilidade, sempre que a decisão afetar os direitos das gerações atuais e futuras,[219] "com a adoção de *checklist* para as grandes decisões administrativas, em conformidade com as metas transparentemente estabelecidas, acima dos mandatos".[220]

É na esfera da motivação fática e jurídica que a Administração Pública e os controladores terão a oportunidade de avaliar os reais motivos, as consequências, as alternativas que foram desprezadas e as prioridades que foram consideradas nas escolhas públicas, para, com isso, proporcionar decisões administrativas sintonizadas com a sustentabilidade pluridimensional. A motivação intertemporal é inseparável das novas concepções de serviço público centradas no cidadão e que acolhem a pluralidade e a complexidade do Estado contemporâneo, a ampliação da participação na formulação e execução de políticas públicas e uma abordagem mais completa de

---

way, and second by understanding that monetary equivalents cannot tell us everything we need to know" (*Idem.* Humanizing Cost-benefit analysis. Remarks prepared for American University's Washington College of Law. *Administrative Law Review Conference,* Washington, Feb. 17th, p. 18-9, 2010).

[217] Citando, mais uma vez, Juarez Freitas, convém ressaltar que "a ressignificação sistemática do Direito Administrativo, a partir da troca de pré-compreensões, faz com que a 'finalidade cogente' (da qual falava Ruy Cirne Lima) tenha, nos dias em curso, de incorporar necessariamente a sustentabilidade como vetor nevrálgico. Logo, é *obrigatório, nas relações administrativas, aquele desenvolvimento apto a produzir o bem-estar duradouro, individual e coletivamente. Fora disso,* há desvio de finalidade" (FREITAS, Juarez. *Sustentabilidade:* direito ao futuro. 3. ed. Belo Horizonte: Fórum, 2016. p. 210).

[218] Tópico 2.2.1.

[219] FREITAS, *op. cit.,* p. 212-213.

[220] *Ibid.,* p. 210.

governança ("*whole-of-government*" *approach*).[221] De fato, a administração insustentável destoa do bem-estar dos cidadãos e, por isso, afasta-se das abordagens contemporâneas da nova governança e do novo serviço público.

A exteriorização de todas as razões que condicionam a tomada de decisão também propicia transparência para o agir estatal e consequente engajamento da sociedade na avaliação dos atos administrativos. Os agentes públicos, assim, são favorecidos pelos conhecimentos de que dispõem os diversos interessados na questão a ser regulada e, com isso, podem aprimorar a elaboração de regras que reduzem os custos, impulsionam os benefícios e permitem soluções criativas.[222] Em outras palavras, a motivação intertemporal, que enseja ao público conhecer não apenas as causas, mas também as consequências e externalidades das condutas administrativas, abre caminho para uma salutar "destruição criativa" na Administração Pública. Acemoglu e Robinson afirmam, com propriedade, que o crescimento econômico sustentável requer inovação, necessariamente consorciada com a "destruição criativa", ao substituir o "velho pelo novo" no plano econômico e desestabilizar relações de poder plasmadas no plano político.[223]

É evidente que não se pretende que a validade de toda e qualquer conduta administrativa dependa de longas considerações demonstrando que o ato praticado é sustentável. Isso, por si só, seria inexequível e insustentável, considerando a plêiade de atribuições dos agentes públicos. O desempenho das atividades públicas, por certo, desenvolve-se, na imensa maioria das vezes, mediante atos simples, expeditos, cuja sustentabilidade *é* inerente ao próprio exercício regular da função

---

[221] Tópico 2.1.

[222] "Stressing the importance of transparency, we have sought to engage the public in evaluating regulation, benefiting from dispersed knowledge and thus improving rules by reducing burdens, increasing benefits, and often moving in creative directions" (SUNSTEIN, Cass R. Humanizing Cost-benefit analysis. Remarks prepared for American University's Washington College of Law. *Administrative Law Review Conference*. Washington, Feb. 17th, 2010, p. 23. Disponível em: <https://www.whitehouse.gov/sites/default/files/omb/assets/inforeg/cost_benefit_analysis_02172010.pdf>. Acesso em: 18 set. 2015).

[223] "(...) first, sustained growth requires innovation, and innovation cannot be decoupled from creative destruction, which replaces the old with the new in the economic realm and also destabilizes established power relations in politics. Because elites dominating extractive institutions fear creative destruction, they will resist it, and any growth that germinates under extractive institutions will be ultimately short lived" (ACEMOGLU, Daron; ROBINSON, James A. *Why Nations Fail:* the origins of power, prosperity, and poverty. New York: Crown Business, 2012. p. 430).

pública.[224] Essas questões, no entanto, têm de compor a motivação das decisões de maior abrangência e impacto social, econômico e ambiental e que afetam de forma mais intensa o equilíbrio entre as capacidades das gerações presentes e futuras, sobretudo em situações de competência discricionária.

O controle judicial de sustentabilidade das decisões administrativas é particularmente polêmico e intenso em casos como as licitações e contratações públicas, regulação e medidas de prevenção e precaução, os quais sujeitar-se-ão a reflexões ao final, sob o ângulo de exigibilidade em juízo de sua harmonia com o princípio da sustentabilidade.[225] *Podem os juízes anular licitações que desatendam a critérios objetivos de sustentabilidade multidimensional?* Ou, ainda no campo das contratações públicas: *o Judiciário detém competência para aferir a viabilidade socioeconômica e ambiental de determinada obra pública? Como admitir o controle judicial da sustentabilidade da regulação sem que o magistrado se transforme em "juiz regulador"? Ao suprir, quando provocado, as omissões insustentáveis do Poder Público, o Judiciário estaria se substituindo aos demais poderes na formulação de políticas públicas? A adoção de medidas preventivas e precautórias pode ser exigida em juízo?* São essas e outras questões, suscitadas pela incorporação da sustentabilidade como critério vinculante para as decisões administrativas, que doravante se pretende responder.

---

[224] Para ilustrar, não há como esperar que um fiscal de trânsito exponha os impactos de longo prazo quando da autuação de uma infração; nem que sejam relatados custos e benefícios, diretos e indiretos, da nomeação e posse de um servidor aprovado em concurso público; tampouco que a autoridade policial demonstre a sustentabilidade do ato de autorização para porte de arma. Eventual questionamento à sustentabilidade desses atos deságua, necessariamente, na discussão sobre a sustentabilidade da legislação que os ampara.

[225] Capítulos 4 a 6.

O CONTROLE JUDICIAL DE SUSTENTABILIDADE DAS DECISÕES ADMINISTRATIVAS

3.1 Controle da Administração Pública

A autonomia e a independência da Administração Pública devem estar conjugadas com um sistema de controles eficientes, os quais buscam proporcionar a limitação do poder e garantir a racionalidade das decisões estatais. Assim, o controle erige-se, para utilizar expressão de Schmidt-Assmann, como antagonista das amplas faculdades de atuação do Executivo.[226]

O controle das decisões administrativas pode ser sintetizado como o conjunto de medidas pelas quais um poder, órgão ou autoridade exerce atividades de fiscalização, revisão e correção de atos, contratos e procedimentos administrativos emanados de quaisquer dos três poderes.[227]

O renovado Direito Administrativo impõe uma ampla sindicabilidade das decisões públicas e podem ser mencionadas quatro grandes espécies de controle: a) controle interno de cada Poder (CF, art. 74); b) controle externo pelo Poder Legislativo (CF, art. 49, inc. X), exercido com o auxílio independente do Tribunal de Contas (CF, art. 71); c) controle social, realizado pela sociedade em geral,

---

[226] SCHMIDT-ASSMANN, Eberhard. *La Teoría General del Derecho Administrativo como Sistema*: objetivo y fundamentos de la construcción sistemática. Madrid: Marcial Pons, 2003. p. 225.

[227] Para Celso Antônio Bandeira de Mello, no "Estado de Direito, a Administração Pública assujeita-se a múltiplos controles, no afã de impedir-se que desgarre de seus objetivos, que desatenda as balizas legais e ofenda mecanismos para mantê-la dentro das trilhas a que está assujeitada" (In: *Curso de Direito Administrativo*. 29. ed. São Paulo: Malheiros, 2013. p. 951).

mediante, por exemplo, audiências públicas, fiscalização orçamentária, controle da qualidade dos serviços públicos e possibilidade de noticiar irregularidades ao Tribunal de Contas e ao Ministério Público; d) controle judicial, definitivo, realizado pelo Poder Judiciário, desde que provocado e diante de um conflito de interesses.[228]

Essas formas de controle da Administração Pública, segundo observou Juarez Freitas, não "são fins em si, nem devem ter a ilusão de controlar tudo isoladamente: devem agir sistematicamente, contendo impulsos destrutivos e favorecendo medidas de cooperação e planejamento, indispensáveis para a garantia integral do direito à boa administração".[229]

3.2 Controle judicial da Administração Pública

O controle judicial[230] da Administração Pública apresenta as seguintes características principais:

a) é um controle *heterônomo* e independente em relação à autoridade que emitiu a decisão administrativa;

b) é *derradeiro*, uma vez que apenas os provimentos judiciais estão acobertados pela coisa julgada, considerada garantia fundamental pelo art. 5º, inc. XXXVI da Constituição Federal. Em nosso modelo, o Judiciário decide por último em matéria de controle da Administração,[231]

---

[228] FREITAS, Juarez. *O Controle dos Atos Administrativos e os Princípios Fundamentais*. 5. ed. São Paulo: Malheiros, 2013. p. 98-103. A doutrina reconhece essas espécies de controle, embora apresente classificações diversas. Celso Antônio Bandeira de Mello divisa o controle interno do externo, o controle parlamentar direto, o controle pelo Tribunal de Contas e o controle jurisdicional (In: *Curso de Direito Administrativo*. 29. ed. São Paulo: Malheiros, 2013. p. 953-73). Pereira Júnior cita como vertentes do controle no sistema constitucional vigente o autocontrole, o controle parlamentar, o controle popular e o controle judicial (In: *Controle Judicial da Administração Pública*: da legalidade estrita à lógica do razoável. 2. ed. Belo Horizonte: Fórum, 2006. p. 23-30). Di Pietro divide as formas de controle quanto ao órgão em controle administrativo, legislativo e judicial; quanto ao momento, em prévio, concomitante e posterior; também arrola o controle externo e interno, dependendo se decorre de órgão integrante da própria estrutura em que se insere o órgão controlado ou não; por fim, diferencia o controle de legalidade do de mérito (*In: Direito Administrativo*. 27. ed. São Paulo: Atlas, 2013. p. 809-10).

[229] FREITAS, Juarez. *O Controle dos Atos Administrativos e os Princípios Fundamentais*. 5. ed. São Paulo: Malheiros, 2013. p. 98.

[230] Neste trabalho serão adotadas as expressões "controle judicial", "controle judiciário" e "controle jurisdicional" como sinônimas.

[231] "Entre nós, a última palavra em sede de controle dos atos administrativos tem de ser aquela prolatada na esfera judicial, somente nela se produzindo a coisa julgada em sentido próprio, isto é, a decisão da qual não cabe mais recurso, e, por isso – não obstante a exigência de pretensão resistida figure o interesse processual –, não se verifica o pressuposto do exaurimento da via administrativa" (FREITAS, *op. cit.*, p. 104-5).

O CONTROLE JUDICIAL DE SUSTENTABILIDADE DAS DECISÕES ADMINISTRATIVAS | 71

vedada a coisa julgada em sentido próprio na esfera administrativa,[232] embora admitida a preclusão da discussão neste âmbito;[233]

c) a existência de uma *situação contenciosa* surgida no processo de realização do direito. Já asseverava Seabra Fagundes que o exercício da função jurisdicional só "tem lugar quando exista conflito a respeito da aplicação das normas de direito, tem por objetivo específico removê-lo, e alcança sua finalidade pela fixação definitiva da exegese".[234] Por isso, quando "o Estado intervém fora dessas situações, ainda que o faça por intermédio do Poder Judiciário, não pratica atos de jurisdição".[235]

d) a *provocação* inicial do juiz pela parte interessada, uma vez que o Poder Judiciário não poderá, *sponte propria*, deflagrar uma ação judicial, muito embora não se possa falar em inércia jurisdicional em

---

[232] A respeito da "coisa julgada administrativa", Celso Antônio Bandeira de Mello pronuncia que essa expressão, muito criticada, "pretende-se referir a situação sucessiva a algum ato administrativo em decorrência do qual a Administração fica impedida não só de retratar-se dele na esfera administrativa, mas também de questioná-lo judicialmente. Vale dizer: a chamada 'coisa julgada administrativa' implica, *para ela, a definitividade* dos efeitos de uma decisão que haja tomada". Porém, o alcance da "coisa julgada administrativa" é "menos extenso do que o da coisa julgada propriamente dita. Com efeito, sua definitividade está restrita a ela própria, Administração, mas terceiros não estão impedidos de buscar judicialmente a correção do ato" (In: *Curso de Direito Administrativo*. 29. ed. São Paulo: Malheiros, 2013. p. 467-8). Seabra Fagundes, por sua vez, escreveu: "Consequência estritamente peculiar ao ato jurisdicional é a autoridade de coisa julgada. Torna-se ele um pronunciamento definitivo e irretratável a propósito da contestação. Esse 'caráter definitivo do conteúdo do ato jurisdicional' é consequência necessária da finalidade característica deste ato, que é pôr termo a uma situação de conflito, anormal e transitória, na vida do Estado. Assim, é preciso que o ato jurisdicional tenha seus efeitos perdurantes, de modo que se não possa reproduzir, nas mesmas circunstâncias e com o mesmo caráter, a situação contenciosa. Não poderia haver estabilidade nas relações jurídicas, se estas pudessem estar, sucessivamente, à mercê das mesmas impugnações pelos elementos do corpo social" (In: *O Controle dos Atos Administrativos pelo Poder Judiciário*. At. Gustavo Binembojm. 7. ed. Rio de Janeiro: Forense, 2006. p. 104-5).

[233] Justen Filho diferencia coisa julgada da preclusão, embora apresentem pontos em comum. A preclusão, assim, "reflete a concepção de que o processo tem de evoluir em direção ao uma decisão, de modo que o exercício efetivo ou possível de poderes no âmbito do processo gera seu potencial exaurimento. (...) A preclusão significa vedação ao reinício de etapa do procedimento já exaurida. Cada etapa procedimental tem uma destinação e a preclusão é o instituto jurídico que assegura que a etapa já encerrada não seja reiniciada". Por outro lado, a "coisa julgada corresponde a uma qualidade potencialmente agregável à decisão final adotada num processo. Ela significa a irretratabilidade total ou parcial, absoluta ou negativa, quanto ao julgamento final". Justen Filho entende que a "coisa julgada administrativa é o efeito jurídico acarretado pelo encerramento de um procedimento administrativo, em virtude do qual se torna vedado rever a decisão nele adotada sem a instauração de um procedimento específico e distinto". Todavia, reconhece a inexistência, em nosso direito, de "coisa julgada material administrativa", uma vez que a competência jurisdicional é reservada exclusivamente ao Poder Judiciário (In: *Curso de Direito Administrativo*. 10. ed. São Paulo: Revista dos Tribunais, 2014. p. 375-9).

[234] FAGUNDES, *op. cit.*, p. 14-7.

[235] *Ibid.*, p. 15.

relação à condução do processo e à produção de provas. Logo, não basta a ocorrência de um conflito de interesses para se configurar o controle judicial da Administração: é indispensável que o prejudicado pelo comportamento comissivo ou omissivo do Estado (ou o próprio Poder Público, em determinados atos carecedores de autoexecutoriedade[236]) compareça "às barras de um tribunal" e formalize uma demanda judicial. O princípio da inércia da jurisdição, que resguarda a imparcialidade do julgador, exige, portanto, iniciativa da parte para formalizar um pleito judicial,[237] inclusive quando importar em controle da Administração Pública.

Portanto, o *controle judicial* pode ser caracterizado como o *controle heterônomo, independente, imparcial e derradeiro, exercido pelo Poder Judiciário quando formalmente provocado por uma das partes envolvidas em um conflito de interesses do qual participa a Administração Pública.*

Por que confiar a um órgão *independente e alheio a interesses políticos e partidários o controle definitivo das decisões administrativas?* A resposta a essa pergunta conduz à enumeração dos *fundamentos* centrais do controle judicial da Administração Pública, referenciados no tópico seguinte.

3.2.1 Fundamentos do controle judicial

A instituição de um ente independente e imparcial para a solução das dissidências que emergem na sociedade representa fator crucial para o controle do poder político, a garantia de racionalidade na resolução dos conflitos, a promoção dos direitos fundamentais a todos os indivíduos, sobretudo às minorias e o resguardo da supremacia da Constituição e do cumprimento da legislação.

Acemoglu e Robinson concluíram, com acerto, que a razão do fracasso das nações deriva de instituições econômicas extrativas que propiciam a concentração de poder e riqueza nas mãos daqueles que controlam o Estado, dando margem a agitações, conflitos e guerras civis. Instituições extrativas também contribuem para gradual falência

---

[236] Assim ocorre, por exemplo, nas ações de improbidade, ações penais, execuções fiscais e ações executivas em geral. Da mesma forma, quando se tratar de situação que a Constituição acobertou com a reserva da jurisdição, como a busca domiciliar e a interceptação telefônica. Nessas hipóteses, o administrador somente pode aplicar o Direito através de decisão judicial.

[237] O Novo CPC (Lei nº 13.105/15), no art. 2º, assim prevê: "O processo começa por iniciativa da parte e se desenvolve por impulso oficial".

do Poder Público ao negligenciarem investimentos em serviços públicos essenciais.[238] Em países nessas condições, dizem aqueles economistas, há pouco controle contra abusos no exercício do poder,[239] bem como a independência do Judiciário tende a ser enfraquecida. Ao contrário, instituições políticas inclusivas, porquanto resistem a tentativas de debilitar a sua continuação, preservam mecanismos de controle do poder, notadamente o controle jurisdicional.[240]

Na perspectiva de Aharon Barak, uma democracia constitucional não se coaduna com a atribuição ao Executivo ou ao Legislativo da prerrogativa de dar a "última palavra" sobre a legalidade ou constitucionalidade de seus atos, sob pena de lhes serem concedidos poderes absolutos. É inerente às democracias modernas que somente o Judiciário detenha função constitucional de resolver definitivamente a respeito da juridicidade das ações dos setores do Estado. O desempenho dessa atribuição demanda independência dos julgadores, que se inspiram apenas na Constituição, não possuem vínculos político-partidários e têm formação profissional como intérpretes do Direito.[241] Foi nesse contexto que o *Chief Justice Marshall* formulou sua frase memorável no caso *Marbury v. Madison*: é enfaticamente a competência e o dever do Poder Judiciário dizer o que é o Direito.[242]

Erwin Chemerinsky reputa que os dois principais propósitos do Judiciário são a proteção dos direitos das minorias que não podem contar com o processo político e o resguardo da Constituição em face de qualquer vontade repressiva da maioria política, o que justifica a concessão de prerrogativas aos magistrados para resistirem às pressões dos agentes políticos alçados ao cargo via eleições.[243] Ademais, apesar das falhas cometidas pelo Judiciário,[244] a sociedade é melhor com uma instituição imune à dependência eleitoral, com a responsabilidade de

---

[238] ACEMOGLU, Daron; ROBINSON, James A. *Why Nations Fail*: the origins of power, prosperity, and poverty. New York: Crown Business, 2012. p. 376.

[239] *Ibid.*, p. 343-4.

[240] *Ibid.*, p. 325-32.

[241] BARAK, Aharon. *Proportionality*. Trad. Doron Kalir. New York: Cambridge University Press, 2012. p. 386-7.

[242] "It is emphatically the province and duty of the Judicial Department to say what the law is" (SUPREME COURT OF THE UNITED STATES. *Marbury v. Madison*, 5 US (1803). Disponível em: <http://landmarkcases.org/en/landmark/cases/marbury_v_madison>. Acesso em: 01 fev. 2016).

[243] CHEMERINSKY, Erwin. *The Case Against the Supreme Court*. New York: Viking, 2014. p. 10.

[244] Chemerinsky reporta-se aos erros da Suprema Corte e dos tribunais federais dos Estados Unidos, mas suas lições são plenamente aplicáveis à realidade brasileira.

interpretar e aplicar a Constituição. O que pode se revelar necessária é uma mudança para melhor no Judiciário, não, porém, a sua eliminação.[245]

Portanto, os conflitos inerentes à vida em sociedade, mormente aqueles que envolvem órgão ou entidade da Administração Pública, demandam solução por um ente independente e imparcial. De nada adiantaria proscrever o arbítrio, o desvio de finalidade ou reconhecer direitos fundamentais aos cidadãos se não existisse na estrutura institucional a possibilidade de contrastar os atos praticados pelos agentes públicos, pelo governo ou pela maioria de ocasião perante um ente independente e imune às pressões da autoridade pública fiscalizada.

Nos sistemas jurídicos contemporâneos existem basicamente dois modelos de jurisdição em relação aos litígios protagonizados pela Administração Pública. No modelo *francês*, *dualista* ou da *jurisdição administrativa* as causas envolvendo o Estado são submetidas ao "contencioso administrativo", e os demais litígios, sujeitos à "justiça comum". Este sistema decorreu da aversão ao poder judicial da época da Revolução Francesa, quando os revolucionários percebiam nos juízes, vinculados ao regime deposto, um obstáculo aos seus ideais.[246] Como observou Seabra Fagundes, a Revolução de 1789 colocou-se contrária à ingerência dos corpos judiciários nos assuntos administrativos e, assim, pretendeu "vedar aos órgãos judicantes não somente a interferência direta nos negócios da Administração como também a apreciação de questões que deles nascessem".[247]

---

[245] CHEMERINSKY, *op. cit.*, p. 284. Chemerinsky contesta a tese do *popular constitutionalism*, a qual pretende a eliminação ou redução substancial do *judicial review*, ao fundamento de que o povo e os políticos eleitos sentiriam maior necessidade de cumprir a Constituição sabendo que as cortes não teriam competência para revisar a constitucionalidade das leis e atos do Poder Público. Após relatar diversos "erros" e alguns "acertos" da Suprema Corte e da Justiça Federal norte-americana, o jurista defende a manutenção do *judicial review* e a realização de reformas para melhorar o desempenho dos Tribunais (*Ibid.*, p. 267-330).

[246] Oswaldo Aranha Bandeira de Mello, ao cuidar do sistema francês, escreveu: "Como havia funda hostilidade e desconfiança contra os Tribunais Judiciários, provindas do antigo regime, em que os Parlamentos, como eram então denominados, perturbavam o desenvolvimento da atividade administrativa, procurando nela intervir, os arquitetos do novo regime político da nação, após a revolução francesa, proibiram os Tribunais mediante texto legal, de conhecerem de demandas em que a Administração Pública fosse parte" (In: *Princípios Gerais de Direito Administrativo*. v. 1. 2. ed. Belo Horizonte: Forense, 1979. p. 100).

[247] FAGUNDES, Miguel Seabra. *O Controle dos Atos Administrativos pelo Poder Judiciário*. At. Gustavo Binembojm. 7. ed. Rio de Janeiro: Forense, 2006. p. 150.

Diversamente, no sistema *inglês*, da *jurisdição una* ou *justicialista*, todos os conflitos são julgados pelo Poder Judiciário, ainda que interfiram nos interesses do Estado. As decisões administrativas não ficam acobertadas pela coisa julgada material, podendo ser amplamente revistas pelos juízes, o que obsta a existência de um contencioso administrativo paralelo ao judicial. A maioria dos países ibero-americanos adotam o sistema justicialista, por influência não apenas do Direito anglo-saxão, mas também do antigo Direito hispânico.[248]

O constitucionalismo republicano brasileiro, desde a Constituição de 1891, aproximou-se do sistema norte-americano, seja na concessão ao Judiciário de competência para o controle da constitucionalidade das leis, seja na adoção do sistema da jurisdição única,[249] salvo uma tentativa frustrada de criação do contencioso administrativo, pela Emenda Constitucional nº 7, de 1977 à Constituição de 1967 (depois de alterada pelo Ato Institucional nº 5, de 1969), que nunca foi implementado.[250]

No regime constitucional vigente, a unicidade de jurisdição decorre da garantia fundamental do acesso à justiça e da imunidade da coisa julgada, previstas no art. 5º, inc. XXXV e XXXVI da Constituição de 1988, bem como da atribuição de independência e outras garantias ao Poder Judiciário e seus membros, na forma dos arts. 2º, 34, inc. IV, 36, inc. I, 92 e seguintes da Lei Fundamental. Coerentemente, é possível concluir pela existência de um *direito fundamental ao controle jurisdicional da Administração Pública*, imune à emenda constitucional (CF, art. 60, §4º, incs. III e IV), ao franquear a qualquer pessoa, física ou jurídica, quando se sentir prejudicada por uma ação ou omissão do Estado, o acesso a um juiz ou colegiado de juízes para que seja solucionado o conflito.

---

[248] Muitos princípios e instituições do Direito Público ibero americano e europeu têm origem hispânica, anterior ao Direito anglo-saxão, incluindo a designação de um julgador independente e estável. O Direito Constitucional de quase todos os países ibero-americanos adotou o sistema justicialista para o julgamento dos atos da Administração Pública por influência da Constituição de Cádiz de 1812 e da Neoescolástica, que por sua vez influenciou o Direito inglês e americano (CASSAGNE, Juan Carlos. *El Principio de Legalidad y el Control Judicial de la Discrecionalidad Administrativa*. Buenos Aires: Marcial Pons Argentina, 2009. p. 55-71).

[249] Conforme alude Seabra Fagundes, a Constituição de 1891 adotou, inequivocamente, o controle jurisdicional único do Poder Judiciário sobre a Administração, e a Carta de 1934 não inovou em contrário. No Império mesmo, prossegue ele, "a existência do *contencioso administrativo* (como se usava, entre nós, denominar a *jurisdição administrativa*) sempre foi precária, arcando com a oposição de muitos doutrinadores, nunca tendo tido uma organização perfeita como alhures (...). Foi assim uma incompleta organização que a República recebeu do Império e baniu das suas instituições" (In: *O Controle dos Atos Administrativos pelo Poder Judiciário*. At. Gustavo Binembojm. 7. ed. Rio de Janeiro: Forense, 2006. p. 164-5).

[250] A Emenda Constitucional nº 7, de 13.04.1977, deu nova redação ao art. 111 da Carta então vigente, ao dispor que: "A lei poderá criar contencioso administrativo e atribuir-lhe competência para o julgamento das causas mencionadas no artigo anterior".

Fica vedada, pois, a institucionalização do contencioso administrativo puro no Brasil,[251] o que retira dos efeitos da decisão final administrativa a possibilidade de serem acobertados pela coisa julgada material,[252] e resta inviabilizado o condicionamento do exercício da jurisdição ao prévio esgotamento do procedimento administrativo, salvo na justiça desportiva,[253] ou a previsão de obstáculos à proteção judiciária, como *v.g.* o depósito prévio nas ações que questionam a exigibilidade de crédito tributário.[254] Cabe registrar, contudo, que isso não afasta a necessidade de prévia resistência da Administração ao atendimento a determinadas pretensões do administrado, para que fique configurado interesse processual como condição da ação.[255]

As principais razões para se estabelecer o controle jurisdicional da Administração Pública, preferencialmente pelo sistema da unidade da jurisdição, podem ser assim sintetizadas:

a) o poder do Estado é uno e indivisível, de modo que é mais apropriado falar em *distribuição de funções*[256] a divisão dos poderes. A Constituição de 1988 positivou mecanismos de freios e contrapesos e a sindicabilidade judicial dos atos da Administração Pública como manifestação desse controle recíproco, de ordem a impedir a formação de instâncias hegemônicas de poder, o predomínio de um poder sobre o outro e o desempenho arbitrário das funções públicas.[257]

---

[251] Isso não impede a instituição de processos administrativos para solução extrajudicial dos conflitos, sempre assegurada a revisão judicial das decisões proferidas.

[252] FREITAS, Juarez. *O Controle dos Atos Administrativos e os Princípios Fundamentais*. 5. ed. São Paulo: Malheiros, 2013. p. 103.

[253] A única exceção foi a prevista no art. 217, §1º da Constituição Federal, que condicionou a apreciação pelo Judiciário ao esgotamento das instâncias da justiça desportiva.

[254] Conforme ficou cristalizado na súmula vinculante nº 28 do STF, é inconstitucional a exigência de depósito prévio como requisito de admissibilidade de ação judicial na qual se pretenda discutir a exigibilidade do crédito tributário.

[255] Conforme orientação jurisprudencial agora consolidada, a exigência de prévio requerimento administrativo, como condição da ação, para o ajuizamento da ação judicial em que se objetive a concessão de benefício previdenciário, desde que não haja resistência notória por parte do INSS à pretensão do beneficiário, não viola o art. 5º, inc. XXXV da CF, sob pena de a Justiça Federal substituir definitivamente a Administração Previdenciária. O que não se confunde com o exaurimento das vias administrativas (STF, RE 631240, Pleno, Rel. Min. Roberto Barroso, j. 03.09.2014, DJE 10.11.2014; STJ, AgRg no REsp 1.341.269-PR, Rel. Min. Castro Meira, j. 09.04.2013). A mesma fundamentação norteou o entendimento já pacificado de que a "prova do anterior indeferimento do pedido de informação de dados pessoais, ou da omissão em atendê-lo, constitui requisito indispensável para que se concretize o interesse de agir no *habeas data*" (STF, RHD 22, Rel. Min. Marco Aurélio, Rel. p/ Ac. Min. Celso de Mello, Pleno, j. 19.09.1991, DJ 01.09.1995, p. 27378).

[256] DALLARI, Dalmo de Abreu. *Elementos de Teoria Geral do Estado*. 32. ed. São Paulo: Saraiva, 2013. p. 214-5.

[257] "O sistema constitucional brasileiro, ao consagrar o princípio da limitação de poderes, teve por objetivo instituir modelo destinado a impedir a formação de instâncias hegemônicas

b) proteção aos direitos fundamentais e às instituições democráticas, resguardando-os das disputas partidárias e de interesses eleitoreiros. Um Judiciário independente adquire melhor condição de resguardar os interesses das minorias contra a opressão das maiorias e, desse modo, garantir a todos os indivíduos um conjunto de direitos inafastáveis por atos de governos de ocasião.

Se os direitos individuais podem ser considerados como *trunfos* dos cidadãos contra objetivos coletivos, como dizia Dworkin,[258] muitas decisões devem ser tomadas com fundamento nos princípios e direitos fundamentais, não em determinações puramente majoritárias.[259] Com isso, o Judiciário encarna a instituição que se opõe ao utilitarismo radical, ao viabilizar a tutela de direitos inalienáveis a todos os indivíduos, mesmo contra os interesses da coletividade.[260]

Na observação de Erwin Chemerinsky, aqueles que advogam a eliminação do *judicial review* ignoram os casos em que o processo político carece de incentivos para cumprir a Constituição. Essas situações, que normalmente envolvem os mais vulneráveis na sociedade, são aquelas

---

de poder no âmbito do Estado, em ordem a neutralizar, no plano político-jurídico, a possibilidade de dominação institucional de qualquer dos Poderes da República sobre os demais órgãos da soberania nacional. Com a finalidade de obstar que o exercício abusivo das prerrogativas estatais possa conduzir a práticas que transgridam o regime das liberdades públicas e que sufoquem, pela opressão do poder, os direitos e garantias individuais, atribuiu-se, ao Poder Judiciário, a função eminente de controlar os excessos cometidos por qualquer das esferas governamentais" (STF, Pleno, MS 23.452, Rel. Min. Celso de Mello, j. 16.9.1999).

[258] "Individuals rights are political trumps held by individuals. Individuals have rights when, for some reason, a collective goal is not a sufficient justification for denying them they wish, as individuals, to have or to do, or not a sufficient justification for imposing some loss or injury upon them" (DWORKIN, Ronald. *Taking Rights Seriously*. Cambridge: Harvard University Press, 1977. p. xi).

[259] Stephen Breyer assevera que algumas decisões devem ser tomadas de forma não democrática, quando, por exemplo, do julgamento criminal de um réu impopular. Os direitos dos acusados devem ser invocados inclusive contra os desejos da maioria, e outros direitos constitucionais possuem a mesma característica. Por isso, o sistema democrático americano (e o nosso também) não é puramente majoritário, mas uma democracia majoritária com limites estabelecidos pela estrutura constitucional e por direitos que a Constituição assegura aos indivíduos e às minorias contra os desejos das maiorias. Logo, qualquer democracia verdadeira contém instituições e procedimentos que não são puramente democráticos (In: *Making our Democracy work*. New York: Vintage, 2010. p. 4).

[260] John Rawls, em lição lapidar, afirma: "Each member of society is thought to have an inviolability founded on justice or, as some say, on natural right, which even the welfare of everyone else cannot override. Justice denies that the loss of freedom for some is made right by a greater good shared by others. The reasoning which balances the gains and losses of different persons as if they were one person is excluded. Therefore in a just society the basic liberties are taken for granted and the rights secured by justice are not subject to political bargaining or to the calculus of social interests" (RAWLS, John. *A Theory of Justice*. Cambridge: Harvard University Press, 1999. p. 24-5).

em que o Judiciário é especialmente necessário.[261] Nesta categoria se situam os direitos das futuras gerações ou a tutela do meio ambiente, que normalmente não contam com representantes eleitos para defender tais interesses, preocupados que estão em demonstrar resultados no breve período do mandato eleitoral. Porque remete a preocupações com o futuro e o longo prazo, a sustentabilidade nem sempre recebe o devido peso no discurso da democracia majoritária, o que desponta a indispensável proteção judiciária para garantir o respeito a esse princípio.

São apropriadas as lições a respeito de Christina Voigt, para quem o Judiciário assume particular responsabilidade de assegurar um exame equilibrado entre os "poderosos" e os "não tão poderosos" ou mesmo aqueles "interesses sem voz", isto é, interesses dos ainda não nascidos, dos sistemas ecológicos e dos mais pobres.[262] Os juízes, assim, podem, em certas circunstâncias, defender melhor valores comuns, globais e de longo prazo, contra interesses governamentais e econômicos de curto prazo. Os magistrados, pois, tornam-se garantidores do desenvolvimento sustentável.[263]

Portanto, a proibição de realização de "justiça com as próprias mãos" não se limita aos litígios instaurados entre particulares, mas alcança também aqueles em que o Estado figura como litigante. Se admitida a Administração Pública como "juiz dos próprios atos", sempre que um interesse estatal se contrapuser ao do particular, aquele prevalecerá, uma vez que o agente público, vitimado por vieses corporativos, pode distorcer suas funções para defesa, não do interesse público primário, mas do órgão em que trabalha ou da carreira a que pertence ou, ainda, desviar a tutela do interesse público primário ou dos direitos fundamentais para interesses do governo ou interesse público secundário.

---

[261] CHEMERINSKY, Erwin. *The Case Against the Supreme Court*. New York: Viking, 2014. p. 276.

[262] "The judiciary assumes a particular responsibility to ensure the balanced hearing of powerful and not so powerful or even voiceless interests, i.e. where the interests of generations unborn, ecological systems or the poor are involved. The principle of sustainable development will in these cases be a working tool for the judiciary. In this sense, sustainable development as a legal principle awaits the craftsmanship of concerned and serious judges to shape it into a practical means of balancing conflicting interests in a sustainable manner" (VOIGT, Christina. *Sustainable Development as a Principle of International Law*: resolving conflicts between climate measures and WTO law. Leiden: Martinus Nijhoff Publishers, 2009. p. 184).

[263] "Judges and arbitrators can – under certain circumstances – better defend long-term, common and global interests against the short-sighted sovereign (and often economic) interests often pursued by States in treaty negotiations. By developing the law the judiciary could carry out punctual legislative functions and replace 'non-sustainable' law. Judges thereby might become guarantors of sustainable development" (VOIGT, Christina. *Sustainable Development as a Principle of International Law*: resolving conflicts between climate measures and WTO law. Leiden: Martinus Nijhoff Publishers, 2009. p. 185).

Salienta Cassagne que a Justiça cumpre o papel de árbitro independente, tanto nos conflitos entre particulares como naqueles que se suscitam entre estes e o Estado, para limitar os demais poderes, garantindo a liberdade e os direitos fundamentais de natureza individual[264] e, pode-se acrescentar, também os direitos coletivos.

De qualquer modo, ausente um ente imparcial para a resolução das lides que envolvem os entes governamentais, os cidadãos ficariam desprovidos de medidas aptas a impedir ou fazer cessar os atentados aos seus direitos promovidos pela Administração Pública. A imparcialidade dos julgadores, assim, é imprescindível para conter o arbítrio dos legisladores e administradores públicos, o que reclama, necessariamente, a atribuição da função jurisdicional a um órgão independente e dissociado dos demais setores estatais controlados.

Alega-se como benefício do contencioso administrativo a especialização das matérias e a melhor coordenação do serviço público.[265] No entanto, a divisão das funções pode também ser implementada dentro da estrutura do Poder Judiciário, providência que se encontra em franca expansão em todos os ramos da Justiça nacional,[266] mormente no âmbito do Direito Ambiental.[267]

---

[264] CASSAGNE, Juan Carlos. *El Principio de Legalidad y el Control Judicial de la Discrecionalidad Administrativa*. Buenos Aires: Marcial Pons Argentina, 2009. p. 74.

[265] Seabra Fagundes consigna que, de início, o sistema de controle por uma jurisdição especial, na França, "decorreu da prevenção contra a jurisdição comum, em constante conflito com os corpos administrativos, no período que precedeu à Revolução Francesa, e hoje assenta na conveniência técnica das especializações e melhor coordenação do serviço público, já desaparecida aquela hostilidade. Assim, as razões históricas, que fizeram nascer a doutrina francesa da separação dos poderes públicos, cessaram de existir, mas subsistiu o sistema de dupla jurisdição dela originário, já agora por motivos de ordem técnica" (In: *O Controle dos Atos Administrativos pelo Poder Judiciário*. At. Gustavo Binembojm. 7. ed. Rio de Janeiro: Forense, 2006. p. 152-3).

[266] A especialização da prestação jurisdicional evoluiu com a criação de varas de família, registros públicos, acidentes de trabalho, falências, Fazenda Pública, agrárias, ambientais, criminais etc. Algumas experiências mais recentes, na Justiça Federal da 4ª Região, merecem referência, como a implementação de varas dos Sistema Financeiro da Habitação, ambientais, previdenciárias, tributárias, de execuções fiscais e de crimes de lavagem de dinheiro e contra o sistema financeiro nacional. Por fim, o STF conferiu flexibilidade a essas medidas, ao decidir pela constitucionalidade de resoluções dos tribunais que instituíram a especialização de varas por matérias (HC 88660/CE, rel. Min. Cármen Lúcia, j. 15.5.2008; HC 91024/RN, rel. Min. Ellen Gracie, j. 5.8.2008). Vide a propósito: MOREIRA, Rafael Martins Costa. A especialização da prestação jurisdicional. *Revista de Doutrina da 4ª Região*, Porto Alegre, n. 60, jun. 2014. Disponível em: <http://revistadoutrina.trf4.jus.br/artigos/edicao060/Rafael_Moreira.html>. Acesso em: 22 abr. 2015.

[267] No que tange às vantagens da especialização de varas ambientais: AGOSTINI, Andréia Mendonça; FREITAS, Vladimir Passos de. A especialização da jurisdição ambiental como garantia de efetividade do direito fundamental ao meio ambiente ecologicamente equilibrado. *Revista da AJURIS*, Porto Alegre, v. 39, n. 128 , p. 297-320, dez. 2012.

c) a constitucionalização de todas as searas do Direito, mormente do Direito Administrativo, bem como a previsão do controle difuso da constitucionalidade, permite concluir que todo juiz brasileiro é, em última instância, "juiz constitucional" e, desse modo, vinculado aos princípios e objetivos constitucionais basilares (CF, arts. 1º e 3º) e aos direitos e garantias fundamentais.[268] Ao Poder Judiciário, portanto, são conferidos deveres de proteção e, como intérprete derradeiro, assume a grave obrigação de preservar o núcleo do sistema constitucional.[269]

d) Administração Pública perfeita é, e sempre será, uma utopia. Efetivamente, os agentes públicos padecem das imperfeições inerentes a qualquer ser humano.[270] A defesa de interesses próprios, ou interesses partidários e políticos, pode determinar, não raro, a corrupção dos servidores em geral. Demais disso, a presença de desvios cognitivos, se não trabalhados adequada e permanentemente, pode gerar gritantes injustiças e violações ao sistema jurídico, de modo que o controle – sobretudo judicial – erige-se como "poder de veto de impulsivismos irreflexivos", na dicção de Juarez Freitas.[271]

O controle externo e imparcial realizado por um juiz, portanto, justifica-se como instrumento de controle da falibilidade humana,[272] até porque, como concluiu Kahneman, muitas vezes "estamos confiantes mesmo quando estamos errados, e um observador objetivo tem

---

[268] FREITAS, Juarez. *A Interpretação Sistemática do Direito*. 5. ed. São Paulo: Malheiros, 2010. p. 189.

[269] *Ibid.*, p. 200.

[270] Celso Antônio Bandeira de Mello observou a respeito: "Não haveria necessidade alguma de leis, nem de garantias individuais, nem de contraste jurisdicional de atos administrativos, se se considerasse que a condução da vida social pode ser entregue exclusivamente ao juízo sensato de homens bons. As leis reguladoras da ação do Poder Público existem precisamente para conformar a ação de quaisquer sujeitos encarregados da coisa pública – inclusive os *viri boni* – a pautas e controles que pretendem assegurar, em termos *objetivos*, obediência a esquemas de conduta controláveis pelo cidadão e pelos órgãos fiscalizadores. De outra parte, por mais honrados, dignos e confiáveis que sejam certos agentes públicos, nem por isso são seres perfeitos. A perfeição é atributo divino. Todos os homens são passíveis de se equivocar ou de incorrer nas inevitáveis falências inerentes a seres conaturalmente limitados, sobremodo quando proferirem decisões administrativas" (In: *Discricionariedade e Controle Judicial*. 2. ed. São Paulo: Malheiros, 2010. p. 101-2).

[271] FREITAS, Juarez. *O Controle dos Atos Administrativos e os Princípios Fundamentais*. 5. ed. São Paulo: Malheiros, 2013. p. 362.

[272] Registra Celso Antônio Bandeira de Mello que, ao "expressar os requisitos para a prática de um ato, propõe-se justamente reduzir a possibilidade de que as falências humanas acarretem descompassos entre o projeto normativo e a atuação das autoridades que devam levá-lo à concreção" (In: *Discricionariedade e Controle Judicial*. 2. ed. São Paulo: Malheiros, 2010. p. 102).

maior probabilidade de detectar nossos erros do que nós mesmos".[273] Naturalmente, os próprios juízes devem ser vigilantes quanto a seus enviesamentos, por dever de ofício.

Com efeito, não se olvida que os magistrados também possam ser assaltados por esses vícios. Porém, sujeitam-se a rigoroso controle. De um lado, submetem-se a uma fiscalização sobre a atuação disciplinar e proba, exercida pelas corregedorias e pelo CNJ (CF, art. 103-B). De outro, a uma fiscalização sobre a proporcionalidade e motivação, esta que representa requisito indeclinável das decisões judiciais (CF, art. 93, inc. IX), por intermédio de contraditório nos autos dos processos e interposição dos recursos previstos em lei. De notar que o novo Código de Processo Civil, no art. 489, §1º, já mencionado,[274] reavivou a importância da fundamentação dos pronunciamentos jurisdicionais. Apesar de apresentar redação passível de críticas em alguns aspectos, o novel dispositivo reforça a "cultura da motivação" e representa relevante etapa de evolução no sentido da transparência da prestação jurisdicional.

As limitações à discricionariedade judicial, segundo Aharon Barak, são de ordem *procedimental* e *substancial*: aquelas, relacionadas à exigência de atuação justa, objetiva, imparcial e equânime, bem assim de motivação nas decisões; estas, atinentes à racionalidade, coerência e consistência, cabendo aos magistrados operar dentro do sistema jurídico e levar em conta as limitações institucionais, para alcançar a melhor solução possível.[275]

e) a sindicabilidade ampla e profunda das decisões administrativas pelo Judiciário também contribui para a concretização do *direito fundamental* à *boa administração pública*, ao exercer relevante função indutora de uma administração pública mais eficiente, eficaz, proporcional, transparente, sustentável, imparcial, proba, participativa e responsável.[276] Demais disso, no contexto da nova governança e novo serviço público, o controle jurisdicional é essencial para resguardar os interesses dos cidadãos frente a reminiscências da administração regalista, burocrática, autoritária e personalista que ainda perduram na realidade institucional brasileira.

---

[273] KAHNEMAN, Daniel. *Rápido e Devagar*: duas formas de pensar. Trad. Cássio de Arantes Leite. Rio de Janeiro: Objetiva, 2012. p. 11.

[274] Tópico 2.4.3.

[275] BARAK, Aharon. *Proportionality*. Trad. Doron Kalir. New York: Cambridge University Press, 2012. p. 391-392.

[276] FREITAS, Juarez. *Direito Fundamental à Boa Administração Pública*. 3. ed. São Paulo: Malheiros, 2014. p. 21.

A intervenção do Judiciário move o Executivo e o Legislativo da sua inércia tradicional, provoca o debate sobre assuntos polêmicos e politicamente antipáticos e contribui para a evolução do Estado e da sociedade. Foi o que se verificou, recentemente, na declaração de inconstitucionalidade das contribuições de pessoas jurídicas para as campanhas eleitorais pelo STF.[277] Em outro julgado da mesma Corte, em que se declarou o "estado de coisas inconstitucional" do sistema penitenciário brasileiro, disse o Ministro Marco Aurélio caber ao Tribunal o papel de retirar os demais poderes da inércia, catalisar os debates e novas políticas públicas, coordenar as ações e monitorar os resultados. A intervenção judicial seria reclamada ante a incapacidade demonstrada pelas instituições legislativas e administrativas. Todavia, não se autorizaria o STF a substituir-se ao Legislativo e ao Executivo na consecução de tarefas próprias, mas apenas superar bloqueios políticos e institucionais sem afastar esses poderes dos processos de formulação e implementação das soluções necessárias.[278]

A propósito, frisa Vladimir Passos de Freitas que, conquanto caiba ao Poder Executivo a escolha de políticas públicas prioritárias, o agente público poderá, na prática, atuar em descompasso com a determinação constitucional e o interesse público, como, por exemplo, para "angariar simpatia popular e votos em próxima eleição". Essa circunstância "poderá gerar ações ou omissões que acabarão sendo decididas pelo juiz, e este sofrerá o desgaste de uma decisão eventualmente imprescindível, mas pouco simpática à população".[279]

É adequado asseverar que um controle judicial presente traz benefícios superiores às desvantagens da intervenção,[280] sem desprezar a relevância de serem empreendidos estudos estatísticos para avaliar os impactos da prestação jurisdicional, mormente no campo da sustentabilidade, o que, lamentavelmente, é pouco praticado no País.[281]

---

[277] STF, Pleno, ADI 4650/DF, Rel. Min. Luiz Fux, j. 17.9.2015.

[278] STF, Pleno, ADPF 347 MC/DF, Rel. Min. Marco Aurélio, j. 09.09.2015.

[279] FREITAS, Vladimir Passos de. Responsabilidade social do juiz e do Judiciário. *Revista CEJ*, Brasília, ano XIV, n. 51, p. 6-13, out./dez. 2010.

[280] Cass Sunstein sugere a possibilidade de invocar como benefícios do controle judicial das ações das agências o incremento da legalidade, eficiente alocação de recursos, melhorias reais de diversas espécies e legitimidade (SUNSTEIN, Cass R. *On The Costs and Benefits of Aggressive Judicial Review of Agency Action*. 1989 DUKE L.J., p. 522-529, 1989. Disponível em: <http://scholarship.law.duke.edu/cgi/viewcontent.cgi?article=3076&context=dlj>. Acesso em: 30 maio 2015).

[281] Mariana Almeida Passos de Freitas e Vladimir Passos de Freitas esclarecem que uma das dificuldades da jurisdição ambiental é "a ausência de estatísticas seguras nas Cortes brasileiras" (In: *Direito Administrativo e Meio Ambiente*. 5. ed. Curitiba: Juruá, 2014. p. 208).

Assentada a essencialidade da fiscalização judicial das decisões administrativas para a preservação do Estado de Direito e para a promoção dos direitos fundamentais, cumpre definir a extensão desse controle. Se, por um lado, a atuação jurisdicional não está jungida à subsunção automática das regras, nem é afastada no âmbito da competência discricionária dos agentes públicos, por outro, ao juiz não cabe substituir o Executivo no desempenho das funções administrativas próprias. No próximo tópico pretende-se traçar diretrizes gerais para posicionar o controle judicial em um ponto adequado entre os extremos da sindicabilidade insuficiente e da atuação usurpatória das atribuições constitucionalmente conferidas aos administradores públicos e, com isso, propiciar uma relação mais transparente e harmoniosa entre o Judiciário e a Administração Pública, com destaque para o controle judicial da sustentabilidade das decisões administrativas.

3.2.2 Extensão do controle judicial: possibilidade e limites

O objeto deste tópico repousa na análise da extensão do controle judicial no Direito Administrativo atual. Se o Judiciário não está mais preso passivamente às regras, nem sua atuação é afastada frente aos atos discricionários, e se, por outro lado, aos juízes não é dado decidir com apoio em suas crenças subjetivas, nem substituir os agentes públicos na tarefa de gerir a máquina estatal ou mesmo de legislar, pergunta-se: *qual o alcance da sindicabilidade judicial das decisões administrativas?* E, especificamente quanto ao tema deste estudo: *em que medida compete ao Judiciário controlar a sustentabilidade das decisões administrativas?*

Para responder a essa questão convém frisar, preliminarmente, que o controle jurisdicional tem de ser entendido no contexto da Constituição Federal vigente, bem assim dos parâmetros extraídos do sistema jurídico. É dizer, a atuação judicial não pode escapar das soluções apontadas pelos princípios constitucionais, muitos dos quais reconhecidos pelo Direito internacional e formulados em tratados e convenções firmados pelo País,[282] e dos novos valores encampados pela sociedade contemporânea.

---

[282] Conforme cláusula de abertura estampada no art. 5º, §§2º e 3º da Constituição Federal, que admite o reconhecimento de direitos constitucionais previstos em tratados e convenções de que o Brasil seja parte.

3.2.2.1 Evolução do controle judicial da Administração Pública

Os juízes da Europa continental – diversamente dos juízes da *Common Law*[283] – no período pós-Revolução Francesa, tinham a função de manter o *status quo*, preservar a segurança jurídica e resguardar os indivíduos de interferências do Poder Público que desbordassem das disposições legais. Essa ideia decorria de uma concepção rígida de separação de poderes, de modo que o poder político foi concentrado no Executivo e Legislativo, ao passo que ao Judiciário, como dizia Montesquieu, era relegada a mera função de "dizer o direito", como a "boca que pronuncia as palavras da lei", considerado, assim, um "poder nulo e invisível".[284]

O primado da lei como fonte quase exclusiva do Direito nos países da família romano-germânica,[285] o movimento da codificação dos

---

[283] Importa observar que a justiça civil inglesa conhece as *injunctions* (ordens judiciais para fazer ou não fazer) desde o século XIX. Neil Andrews relata que a *injunction* foi concebida pela *Court of Chancery* nos anos 1870. Esse tribunal vinha usando um sistema diverso e um conjunto de *Rules* e ações diferentes, então denominado "Equidade". Os tribunais do *Common Law* tinham jurisdição separada. Entretanto, as *Supreme Court of Judicature Acts* de 1873 e 1875 amalgamaram esses sistemas processuais. Os *Lord Chalcellors* e outros juízes da *Court of Chancery*, que administravam essa jurisdição "equitativa", não relutavam em executar uma *injunction* (efetivamente, uma "ordem equitativa") aplicando sanções quase criminais contra os que deixavam de cumprir tal ordem (ANDREWS, Neil. *O Moderno Processo Civil*: formas judiciais e alternativas de resolução de conflitos na Inglaterra. Trad. do autor. Rev. Teresa Arruda Alvim Wambier. 2. ed. São Paulo: Revista dos Tribunais, 2012. p. 108). Araken de Assis assevera que a *contempt of court*, como poder de o juiz exigir e impor acatamento às suas determinações, decorrentes da parcela da soberania que lhe é conferida, emergiu, na Inglaterra, de "voto do Juiz Wilmot, publicado depois de sua morte, em 1802, e influenciado por Blackstone, e nos Estados Unidos em 1789. (...) Na América, o Judicial Act de 1789, alterado em 1821 para dirimir incertezas, conferiu a todo tribunal análoga competência. Em todos os casos, sob as variadas situações em que examinou o problema, a Suprema Corte sempre preservou a autoridade judicial" (In: O contempt of court no direito brasileiro. *Academia Brasileira de Direito Processual Civil*. Disponível em: <http://www.abdpc.org.br/abdpc/artigos/araken%20de%20assis%284%29%20-%20 formatado.pdf>. Acesso em: 18 jan. 2016).

[284] MONTESQUIEU, Charles-Louis de Secondat. *O Espírito das Leis*. Trad. Pedro Vieira Mota. 4. ed. São Paulo: Saraiva, 1996. p. 167, 176.

[285] "A lei, considerada *lato sensu*, é aparentemente, nos nossos dias, a fonte primordial, quase exclusiva, do direito nos países da família romano-germânica. Todos estes países surgem como sendo *países de direito escrito*; os juristas procuram, antes de tudo, descobrir as regras e as soluções do direito, estribando-se nos textos legislativos ou regulamentares emanados do parlamento ou das autoridades governamentais ou administrativas". Nos países da família romano-germânica, a "melhor maneira de chegar às soluções de justiça, que o direito impõe, consiste, para os juristas, em procurar apoio nas disposições da lei. Esta tendência obteve um sucesso decisivo no século XIX, quando a quase-totalidade dos Estados membros da família romano-germânica publicou os seus códigos e se muniu de constituições escritas" (DAVID, René. *Os Grandes Sistemas do Direito Contemporâneo*. Trad. Hermínio A. Carvalho. 4. ed. São Paulo: Martins Fontes, 2002. p. 111, 118).

séculos XIX e XX,[286] a doutrina do positivismo jurídico e a compreensão do princípio da legalidade como vinculação negativa[287] forjaram um Poder Judiciário destinado a assegurar o cumprimento da lei pelos órgãos administrativos. Ao juiz montesquiano, pois, não era permitido ingressar no campo da discricionariedade estabelecida pelo legislador.

Prevalecia naquela época a doutrina da insindicabilidade das "questões exclusivamente políticas" (expressão de difícil, senão impossível, definição),[288] consoante determinavam as Constituições de 1934 e 1937,[289] a imunidade jurisdicional do "mérito" do ato administrativo, a limitação do controle judicial a aspectos de legalidade da conduta estatal[290] e severas restrições à responsabilidade patrimonial do Estado por atos lesivos praticados por agentes públicos.[291]

---

[286] *Ibid.*, p. 123-4.

[287] Tópico 2.3.

[288] Como reconheceu Seabra Fagundes, o ato político "admite uma conceituação muito elástica, sendo dificílimo defini-lo precisamente, o que, aliás, reconhecem doutrinadores dos mais notáveis". O administrativista, embora encampasse a orientação tradicional, admitia o controle judicial quando afetassem direitos subjetivos (In: *O Controle dos Atos Administrativos pelo Poder Judiciário*. At. Gustavo Binembojm. 7. ed. Rio de Janeiro: Forense, 2006. p. 196-203).

[289] A Constituição de 1934, no art. 68, e a de 1937, no art. 94, estatuíam ser "vedado ao Poder Judiciário conhecer de questões exclusivamente políticas". No regime da Constituição anterior, de 1891, e das posteriores, de 1946 e 1967, embora omissas a respeito, também se entendiam insindicáveis os atos exclusivamente políticos (*Ibid.*, p. 195). Todavia, o STF já consolidara entendimento no sentido de que a "tese de que as questões políticas escapam a apreciação judiciária tem de ser aceita em termos", pois apenas aspectos de conveniência e oportunidade do ato seriam excluídos do conhecimento do Judiciário, "não os seus pressupostos constitucionais ou legais" (STF, 1ª T., RMS 2779, Rel. Min. Afrânio Costa convocado, Rel. p/ Ac. Min. Luiz Gallotti, j. 31.08.1955, DJ 05.04.1956).

[290] FAGUNDES, *op. cit.*, p. 179-82; RIVERO, Jean. *Direito Administrativo*. Coimbra: Almedina, 1981. p. 96.

[291] Se a ideia de reparação sempre preponderou nas relações das pessoas entre si, o mesmo não sucedia quando o causador do dano era o Estado (BACELLAR FILHO, Romeu Felipe. Responsabilidade Civil da Administração Pública – Aspectos Relevantes. A Constituição Federal de 1988. A questão da omissão. Uma visão a partir da doutrina e da jurisprudência brasileiras. In: *Responsabilidade Civil do Estado*. Org. Juarez Freitas. São Paulo: Malheiros, 2006. p. 300-1). Efetivamente, a transição de uma era de imunidade do Estado pelos atos praticados por agentes públicos para a consagração da responsabilidade civil da Administração Pública emergiu depois de paulatina evolução do Direito Administrativo Francês e de construções pretorianas do Conselho de Estado. A teoria da responsabilidade do Estado foi incorporada pelos demais ordenamentos em momentos e de formas diversas (CAHALI, Yussef Said. *Responsabilidade Civil do Estado*. 5. ed. São Paulo: Revista dos Tribunais, 2014. p. 24). A tese da irresponsabilidade nunca vingou no Brasil (CAVALCANTI, Amaro. *Responsabilidade Civil do Estado*. Rio de Janeiro: Laemmert e C., 1905, p. 104-5). A responsabilidade subjetiva do Estado foi expressamente prevista no art. 15 do Código Civil de 1916. No Brasil, apenas a Constituição de 1946, no art. 194, passou a consagrar a responsabilidade objetiva do Estado.

Entretanto, no decurso do século XX ocorreu inegável alargamento da fiscalização judicial do comportamento administrativo. O dogma da discricionariedade absoluta foi mitigado pela submissão de certos elementos do ato administrativo ao controle dos juízes[292] e pela consagração da teoria do desvio de poder ou de finalidade (*détournement du puvoir*).[293] Na mesma linha, verificou-se notável ampliação da

---

[292] Conforme se referiu linhas atrás (tópico 2.3.2), há divergência na doutrina quanto à localização da discricionariedade na estrutura dos atos administrativos. García de Enterría e Fernández salientam que a "primeira redução do grande dogma da discricionariedade se opera, como vimos, observando que em todo ato discricional existem elementos regulados suficientes como para não justificar-se de maneira alguma uma abdicação total do controle sobre os mesmos (existência e extensão da potestade, competência do órgão, formas e procedimentos, fim, tempo, fundo parcialmente regulado – em geral ou em relação a uma situação jurídica concreta etc.). O controle destes elementos regulados permite, pois, um primeiro controle externo da regularidade do exercício do poder discricional. A discricionariedade, justamente porque é uma potestade atribuída como tal pelo ordenamento, só pode produzir-se legitimamente quando respeita esses elementos regulados que condicionam tal atribuição" (In: *Curso de Direito Administrativo*. Trad. Arnaldo Setti. São Paulo: Revista dos Tribunais, 1990. p. 401).

[293] Segundo relatam García de Enterría e Fernández, foi na segunda metade do século XIX que a jurisprudência do Conselho de Estado Francês desenvolveu as primeiras noções do desvio de poder para justificar a sujeição dos atos administrativos ao controle judicial, a partir da constatação de que toda atividade administrativa deve dirigir-se à consecução de um fim (*Ibid.*, p. 402). Nas palavras de Jean Rivero: "Ao contrário do particular, que escolhe livremente o fim dos seus actos, a Administração vê imposto o fim que a sua actividade deve prosseguir. De modo geral, só deve exercer as suas competências com vista à satisfação do interesse público, em virtude de um princípio geral do direito. De modo mais particular, os textos assinalaram a certas competências um fim preciso: os poderes de política têm por finalidade assegurar a manutenção da ordem, o processo de alinhamento tem por finalidade fixar os limites da via pública, etc.". Para o autor, há desvio de poder tanto quando o administrador pratica o ato para atingir fim alheio ao interesse geral quanto se o fim perseguido, ainda que de interesse público, não é o fim preciso que a lei atribuía ao ato (In: *Direito Administrativo*. Coimbra: Almedina, 1981. p. 289-91). Manifestações doutrinárias mais recentes também acolhem a existência de vício da decisão administrativa, seja em caso de desvio de finalidade em sentido amplo (quando não atendido o interesse público), seja em caso de desvio de finalidade em sentido estrito (quando, apesar de cumprido o interesse público, a Administração se desviou do fim específico estabelecido em lei) (PIRES, Luis Manuel Fonseca. *Controle Judicial da Discricionariedade Administrativa*: dos conceitos jurídicos indeterminados às políticas públicas. Rio de Janeiro: Elsevier, 2009. p. 252; GARCÍA DE ENTERRÍA, *op. cit.*, p. 402). Também se erige como desvio o afastamento da finalidade constitucional e de promoção dos direitos fundamentais (JUSTEN FILHO, Marçal. *Curso de Direito Administrativo*. 10. ed. São Paulo: Revista dos Tribunais, 2014. p. 447-446), bem assim quando os custos diretos e indiretos da decisão administrativa sobrepujam os benefícios (FREITAS, Juarez. *O Controle dos Atos Administrativos e os Princípios Fundamentais*. 5. ed. São Paulo: Malheiros, 2013. p. 452). Por fim, cabe mencionar posição de Fonseca Pires no sentido de que a expressão mais correta, hodiernamente, é *desvio de finalidade*, e não *de poder*, uma vez que se trata de vício de finalidade (In: *Controle Judicial da Discricionariedade Administrativa*: dos conceitos jurídicos indeterminados às políticas públicas. Rio de Janeiro: Elsevier, 2009. p. 248). Igualmente, García de Enterría e Fernández entendem que se trata de defeito quando à finalidade do ato (GARCÍA DE ENTERRÍA, *op. cit.*, p. 401-5).

responsabilização do Estado pelos danos causados aos particulares por servidores no exercício da função pública, dispensando-se a presença de culpa para imputação ao Poder Público do dever de indenizar.[294]

O alcance do controle judicial da Administração Pública também restou estendido pelo desenvolvimento da teoria dos "motivos determinantes", de modo que "os motivos que determinaram a vontade do agente, isto é, os fatos que serviram de suporte à sua decisão, integram a validade do ato".[295] Na mesma linha, os conceitos jurídicos indeterminados passaram a se submeter à supervisão jurisdicional.[296]

Sendo assim, perante o novo Direito Administrativo, a intervenção do Judiciário recai sobre *todas as espécies de comportamentos administrativos*, sejam eles atos vinculados ou discricionários, ações ou omissões, normativos, ordinatórios ou negociais. Enfim, no contemporâneo regime constitucional, independentemente da classificação que lhes seja conferida, ou do órgão de que emanam, todos os atos estatais estão expostos à fiscalização judicial, não mais se afigurando

---

[294] No transcorrer do século XX verificou-se uma ampliação da responsabilidade civil para diversos setores da economia, tendo alcançado os danos praticados pelo Estado em razão, notadamente, do complexo mecanismo do Poder Público, da expansão das atividades estatais, da igualdade na repartição dos ônus sofridos em benefício da coletividade e da necessidade de proteção ao cidadão. A responsabilidade objetiva foi prevista, no Brasil, pela Constituição Federal de 1946, no art. 194, mantido o mesmo regime na Constituição de 1967, art. 105, na Emenda nº 01/69, art. 107, e na vigente Constituição Federal de 1988, no art. 37, §6º.

[295] Celso Antônio Bandeira de Mello explica que "a invocação de 'motivos de fato' falsos, inexistentes ou incorretamente qualificados vicia o ato mesmo quando, conforme já se disse, a lei não haja estabelecido, antecipadamente, os motivos que ensejariam a prática do ato. Uma vez enunciados pelo agente os motivos em que se calçou, ainda quando a lei não haja expressamente imposto a obrigação de enunciá-los, o ato só será válido se estes realmente ocorreram e o justificavam" (In: *Curso de Direito Administrativo*. 29. ed. São Paulo: Malheiros, 2013. p. 408).

[296] Existem duas grandes correntes a respeito da discricionariedade diante dos conceitos jurídicos indeterminados. Para a posição predominante, os conceitos imprecisos possuem algum conteúdo determinável, uma densidade mínima indiscutível, na qual não há espaço para a discricionariedade. Compreendem uma zona de certeza positiva, dentro da qual é inafastável sua aplicação, e uma zona de certeza negativa, em que o conceito não incidiria. A dúvida remanesceria na zona de incerteza ou penumbra, residindo aí a discricionariedade. Nesse sentido: BANDEIRA DE MELLO, Celso Antônio. *Discricionariedade e Controle Judicial*. 2. ed. São Paulo: Malheiros, 2010. p. 22-32; DI PIETRO, Maria Sylvia Zanella. *Direito Administrativo*. 27. ed. São Paulo: Atlas, 2013. p. 224-5. Em sentido contrário, García de Enterría e Fernández defendem que os conceitos imprecisos não ensejam discricionariedade ou pluralidade de escolhas, mas apenas dificuldade de definição das expressões vagas, que é reduzida no caso concreto mediante interpretação (In: *Curso de Direito Administrativo*. Trad. Arnaldo Setti. São Paulo: Revista dos Tribunais, 1990. p. 392-99). No mesmo sentido: PIRES, Luis Manuel Fonseca. *Controle Judicial da Discricionariedade Administrativa*: dos conceitos jurídicos indeterminados às políticas públicas. Rio de Janeiro: Elsevier, 2009. p. 91-122.

aceitável a existência de atos exclusivamente políticos insindicáveis.[297] E, embora haja reservas quanto à interferência judicial no mérito[298] do ato administrativo, o demérito ou o vício da conduta estatal sempre se expõe à censura judicial.[299]

O próprio conceito de discricionariedade técnica restou superado pela literatura administrativista mais recente. Nesse sentido, é apropriada a observação de Cassagne, de que "lo técnico forma parte del mundo jurídico y del control de razonabilidad porque de lo contrario, si los juicios técnicos fueran inmunes al control de los jueces, se cercenaría la tutela judicial efectiva, uno de los pilares en que se asienta el Estado de Derecho".[300] Diante de apreciações técnicas ou especializadas, poderá o juiz valer-se, sempre, de prova pericial, que, diga-se de passagem, foi concebida justamente para demonstrar fatos que transcendem o conhecimento do homem médio e do julgador.[301]

---

[297] Juarez Freitas sustenta que "ao intérprete-juiz, ao exercer a tutela jurisdicional típica, incumbe dizer, por exemplo, se determinado ato *interna corporis* de fato o é, sem esquecer que não existe, em tese e de modo apriorístico, um ato exclusivamente político. A rigor, não existe ato jurídico absolutamente insindicável" (In: *A interpretação sistemática do direito*. 5. ed. São Paulo: Malheiros, 2010. p. 200). Em outra passagem, o administrativista sublinha que "não se acolhe a possibilidade (irracional e decisionista) de ato administrativo completamente insindicável, pois a sua motivação precisa indicar, de modo suficiente, os fundamentos de juridicidade da escolha, permitindo efetuar o controle que mais interessa, o relativo ao por que, mais do que ao 'como' e ao momento" (In: *O Controle dos Atos Administrativos e os Princípios Fundamentais*. 5. ed. São Paulo: Malheiros, 2013. p. 345).

[298] Oportuno citar posição de Ada Pellegrini Grinover no sentido de que: "o controle, por via da ação popular, da *moralidade administrativa* não pode ser feito sem o exame do mérito do ato guerreado. Trata-se, aqui, de mera lesividade, sem o requisito da ilegalidade" (grifo do original) (In: O controle jurisdicional de políticas públicas. GRINOVER, Ada Pellegrini; WATANABE, Kazuo (Org.). *O Controle Jurisdicional de Políticas Públicas*. Rio de Janeiro: Forense, 2011. p. 127). Igualmente, o STJ já decidiu que "compete ao Poder Judiciário imiscuir-se no mérito do ato administrativo, ainda que discricionário, para averiguar os aspectos de legalidade do ato, mormente quando as questões de cunho eminentemente ambientais demonstram a incúria da Administração em salvaguardar o meio ambiente" (STJ, 2ª T., AgRg no AREsp 476.067/SP, Rel. Min. Humberto Martins, j. 22.05.2014, DJe 28.05.2014).

[299] FREITAS, Juarez. *O Controle dos Atos Administrativos e os Princípios Fundamentais*. 5. ed. São Paulo: Malheiros, 2013. p. 357.

[300] CASSAGNE, Juan Carlos. *El Principio de Legalidad y el Control Judicial de la Discrecionalidad Administrativa*. Buenos Aires: Marcial Pons Argentina, 2009. p. 208. Na mesma linha: PIRES, Luis Manuel Fonseca. *Controle Judicial da Discricionariedade Administrativa*: dos conceitos jurídicos indeterminados às políticas públicas. Rio de Janeiro: Elsevier, 2009. p. 223-41; FREITAS, *op. cit.*, p. 360; OLIVEIRA, Régis Fernandes de. *Ato Administrativo*. 6. ed. São Paulo: Revista dos Tribunais, 2014. p. 100.

[301] Para Michele Taruffo, "cada vez es más habitual que los hechos sean determinados científicamente en el proceso. Permanece así inalterable el carácter de específica 'cientificidad' de la prueba, derivado del hecho de que ésta supone el uso de métodos y conocimientos que transcienden el saber del hombre medio, pero esto no impide que corresponda en todo caso al juez servirse de esas pruebas particulares en la determinación de los hechos" (In: *La Prueba de los Hechos*. 2. ed. Madrid: Trotta, 2005. p. 333).

O Direito Administrativo contemporâneo exige do administrador vinculação não apenas à lei, mas ao Direito em seu conjunto. O sistema jurídico não pode mais ser entendido como fechado e impermeável; ao invés, tem de ser pensado, na lição de Juarez Freitas, como "aberto e ordenável", "potencialmente contraditório, normativa e axiologicamente", o que "supõe a preexistência latente de soluções admissíveis para as inevitáveis lacunas e antinomias (*não como completude, mas como completabilidade, em nossa perspectiva tópico-sistemática*)". Revela-se, pois, "*imprópria a arcaica noção de sistema de apriorísticos e 'puros' conceitos formais*", embora, por outro lado, não se aceite "o extremismo, igualmente nocivo, da liberação dos apriorismos axiológicos acríticos, isto é, sem reflexão purificadora".[302]

Coerentemente, o controle da legalidade da Administração Pública restou ampliado para um controle de juridicidade, uma vez que o sistema jurídico, como totalidade aberta maior que as regras ou normas estritas, é também composto de princípios jurídicos, que conferem abertura e mobilidade ao sistema.[303] Na condição de *standards* diversos das regras para a solução dos conflitos, os princípios indicam, no pensamento de Dworkin, exigência de justiça (ou, ainda, equidade ou moralidade), apresentam uma dimensão de peso ou importância e, na hipótese de colisão no caso concreto, um deles prevalece conforme seu peso relativo, sem que o outro seja eliminado.[304] Juarez Freitas sintetiza os princípios como "critérios ou diretrizes basilares do sistema jurídico, que se traduzem como disposições hierarquicamente superiores do ponto de vista axiológico, às normas estritas (regras)".[305] Schmidt-Assmann salienta que o epicentro do controle da Administração Pública, em que alcança sua maior intensidade, radica na tutela judicial dos direitos públicos subjetivos dos indivíduos. Ademais, assim como a atividade administrativa não se esgota na mera execução do ordenamento jurídico, essa formulação extensiva deverá consistir em uma ampliação do mandato de controle judicial.[306]

---

[302] FREITAS, Juarez. *A Interpretação Sistemática do Direito*. 5. ed. São Paulo: Malheiros, 2010. p. 50-55.

[303] *Idem*, p. 47-48.

[304] DWORKIN, Ronald. *Taking Rights Seriously*. Cambridge: Harvard University Press, 1977. p. 22, 26.

[305] FREITAS, *op. cit.*, p. 56. Cumpre ressaltar que, apesar da viva controvérsia que ainda paira na doutrina a respeito da definição de princípios e de sua distinção com as regras, o tema não será aprofundado neste trabalho.

[306] SCHMIDT-ASSMANN, Eberhard. *La Teoría General del Derecho Administrativo como Sistema*: objetivo y fundamentos de la construcción sistemática. Madrid: Marcial Pons, 2003. p. 226.

De conseguinte, é poder-dever dos juízes empregar as normas jurídicas em sentido amplo para resolver litígios concretos à luz do sistema jurídico globalmente considerado. Isso não significa que haverá apenas uma resposta correta. Antes, cabe ao intérprete encontrar a melhor resposta para os conflitos em harmonia com o Direito em sentido universal e de acordo com as particularidades do caso concreto, por meio de uma interpretação tópico-sistemática.[307] Não é possível, outrossim, olvidar o fato do "pluralismo razoável"[308] como característica inafastável de uma sociedade democrática no processo de tomada de decisão. A melhor interpretação, portanto, demanda necessária persuasão dos destinatários, em atenção às normas jurídicas e aos valores da sociedade atual, sem eliminar, por completo, a vontade do intérprete.[309]

Convém ainda registrar, como já anotado,[310] que o Poder Público, em especial o Judiciário, encontra-se vinculado às normas constitucionais definidoras de direitos fundamentais. Seja em relação ao aspecto processual da prestação jurisdicional, seja quanto ao conteúdo das decisões,[311] os juízes têm o poder e o dever de promover a máxima eficácia possível dos direitos fundamentais e de não aplicar atos contrários às disposições constitucionais que os veiculam.[312]

---

[307] Como leciona Juarez Freitas, "não se trata de cometer o equívoco hermenêutico de acreditar na única solução correta. Quer-se somente afirmar que a liberdade, positiva ou negativamente considerada, precisa ser usufruída de acordo com o sistema, cuja abertura faz múltiplas as possibilidades de aplicação do direito" (FREITAS, op. cit., p. 261).

[308] RAWLS, John. Justiça como Equidade: uma reformulação. Trad. Claudia Berlinder. São Paulo: Martins Fontes, 2003. p. 4-6.

[309] PIRES, Luis Manuel Fonseca. Controle Judicial da Discricionariedade Administrativa: dos conceitos jurídicos indeterminados às políticas públicas. Rio de Janeiro: Elsevier, 2009. p. 101.

[310] Tópico 2.4.2.

[311] Canotilho esclarece que a vinculação dos juízes aos direitos fundamentais se efetiva: "(1) através do processo aplicado ao exercício da função jurisdicional ou (2) através da determinação e direcção das decisões jurisdicionais pelos direitos materiais" (In: Direito Constitucional. 6. ed. Coimbra: Almedina, 1993. p. 586).

[312] "No que concerne à vinculação aos direitos fundamentais, há que ressaltar a particular relevância da função exercida pelos órgãos do Poder Judiciário, na medida em que não apenas se encontram, eles próprios, também vinculados à Constituição e aos direitos fundamentais, mas que exercem, para além disso (e em função disso), o controle de constitucionalidade dos atos dos demais órgãos estatais, de tal sorte que os tribunais dispõem – consoante já se assinalou em outro contexto – simultaneamente do poder e do dever de não aplicar os atos contrários à Constituição, de modo especial os ofensivos aos direitos fundamentais, inclusive declarando-lhes a inconstitucionalidade. É nesse contexto que se têm sustentado que são os próprios tribunais, de modo especial a Jurisdição Constitucional por intermédio de seu órgão máximo, que definem, para si mesmos e para os demais órgãos estatais, o conteúdo e o sentido 'correto' dos direitos fundamentais" (SARLET, Ingo

Ademais, a eficácia direta e aplicabilidade imediata das normas que definem direitos fundamentais, na forma do art. 5º, §1º da Constituição Federal, legitima o controle jurisdicional não apenas das ações abusivas do Poder Público, como também das omissões desproporcionais e insustentáveis. Não pode ser desconsiderada, por outro lado, a "íntima conexão entre a técnica de positivação e a eficácia jurídica da norma definidora de direito fundamental, do que, em última análise, também depende a posição jurídica outorgada aos particulares",[313] como adverte Sarlet. Em que pese a concretização dos direitos sociais, notadamente dos direitos prestacionais, depender da forma de positivação e da densidade normativa, sem descartar ainda sua dimensão econômica, é lícito afirmar que os "direitos fundamentais prestacionais, por menor que seja sua densidade normativa ao nível da Constituição, sempre estarão aptos a gerar um mínimo de efeitos jurídicos".[314] Embora não seja o foco deste trabalho, é relevante mencionar que o STF tem amplamente admitido o controle judicial de políticas públicas, sempre que presente omissão abusiva do Estado, em virtude do caráter cogente das normas constitucionais, ainda que de conteúdo programático, afastada a alegação da reserva do possível "sempre que a invocação dessa cláusula puder comprometer o núcleo básico que qualifica o mínimo existencial".[315] Logo, não apenas o vício de excesso, como também de insuficiência de discricionariedade, que redunda na omissão estatal, ostenta capacidade de ser contrastado em juízo.[316]

Quanto à ampliação do controle jurisdicional da Administração Pública, conclui Vladimir Passos de Freitas que:

> Não se trata, como afirmam alguns, de ativismo judicial, mas sim do dever do juiz de dar solução a um litígio provocado pela parte. O Código de Processo Civil, no art. 126, proíbe ao juiz ser omisso, impondo-lhe o dever de despachar, mesmo que haja lacuna ou obscuridade na lei.

Wolfgang. *A Eficácia dos Direitos Fundamentais:* uma teoria geral dos direitos fundamentais na perspectiva constitucional. 12. ed. Porto Alegre: Livraria do Advogado, 2015. p. 390).

[313] SARLET, *op. cit.*, p. 268.

[314] *Ibid.*, p. 289.

[315] STF, 2ª T., ARE 727864 AgR, Rel. Min. Celso de Mello, j. 04.11.2014, DJE 13.112014.

[316] Segundo Juarez Freitas: "*o vício da discricionariedade insuficiente (arbitrariedade por omissão)* – hipótese em que o agente público deixa de exercer a escolha administrativa ou a exerce com omissão desproporcional, faltando com os deveres de prevenção e precaução. Nessa modalidade igualmente patológica, a omissão – verdadeiro dardo que atinge o cerne dos objetivos constitucionais – traduz-se como descumprimento, doloso ou culposo, de diligências cogentes, tais como as relacionadas aos deveres de matricular crianças carentes ou de fornecer remédios à população desvalida" (In: *O Controle dos Atos Administrativos e os Princípios Fundamentais*. 5. ed. São Paulo: Malheiros, 2013. p. 345).

Ora, com o caso em mãos, contrastada, por exemplo, a conduta do administrador frente à Constituição, ao juiz cabe decidir. E o fará, desde os casos simples a envolver um ato administrativo sem maior repercussão até uma intervenção em outro Poder de Estado.[317]

Não este o lugar para aprofundar o tema. Porém, é imperioso referir que, no Brasil, o processo judicial evoluiu para transcender a tutela dos direitos subjetivos individuais e alcançar a defesa de interesses coletivos. A Constituição de 1967, emendada em 1969, restringia a proteção judiciária à lesão a direito individual. A Lei da Ação Civil Pública (Lei nº 7.347/85), contudo, representou um marco na ampliação da tutela jurisdicional para os interesses da comunidade, tendo evoluído de forma positiva para resguardar a efetivação dos direitos coletivos e difusos.[318] Posteriormente, a Carta de 1988, no art. 5º, inc. XXXV, consignou que "a lei não excluirá da apreciação do Poder Judiciário lesão ou ameaça a direito", sem limitar a direito individual. Com isso, "procurou-se garantir o acesso ao Judiciário para apreciação das violações a interesses *transindividuais*. Nem se omitiu de garantir a faculdade de pedir a tutela do Judiciário também para a *ameaça* de lesão".[319]

Vladimir Passos de Freitas adverte, além disso, que "de nada adiantaria o direito material consagrar os princípios que norteiam o Direito Ambiental se eles não pudessem ser reivindicados em juízo", de modo que o acesso à justiça é requisito indispensável à defesa do meio ambiente. É privilegiada a situação no Brasil, onde esse acesso é pleno e eficiente, o Ministério Público e outros entes contam com ampla

---

[317] FREITAS, Vladimir Passos de. Responsabilidade social do juiz e do Judiciário. *Revista CEJ*, Brasília, ano XIV, n. 51, p. 6-13, out./dez. 2010.

[318] Conforme relatam Mariana Almeida Passos de Freitas e Vladimir Passos de Freitas: "As ações civis públicas, regidas pela pioneira Lei 7.347, 24.07.1985, constituem a mais antiga e eficaz forma de reivindicação de direitos na esfera coletiva. Ao início utilizado apenas para as hipóteses de recuperação e indenização civil por danos praticados contra o meio ambiente, acabaram estendendo-se a outras matérias, por exemplo, os direitos do consumidor e os casos de improbidade administrativa. A experiência de 30 anos de vigência da Lei 7.347/1985 revela o acerto do legislador da época, bem como de todos que trabalharam na preparação do projeto de lei. Com efeito, inúmeros avanços foram conseguidos em razão desta lei especial e, graças a ela, o Brasil posiciona-se na liderança da proteção ambiental entre os países da América Latina" (A complexidade das ações civis públicas envolvendo meio ambiente e populações vulneráveis. In: MILARÉ, Édis (Coord.). *Ação Civil Pública após 30 anos*. São Paulo: Revista dos Tribunais, 2015. p. 851).

[319] MILARÉ, Édis. *Direito do Ambiente*: gestão ambiental em foco. 7. ed. São Paulo: Revista dos Tribunais, 2011. p. 1410.

legitimidade para ajuizamento de ações judiciais em defesa do meio ambiente, sem afastar a legitimidade do cidadão para ação popular.[320] No ponto, Schmidt-Assmann assevera que é necessário ampliar o âmbito de controle judicial da Administração para além da tutela dos direitos subjetivos do indivíduo. "Las decisiones administrativas son decisiones enormemente complejas y como tales difícilmente reconstruibles sobre la base de posiciones jurídicas individuales".[321]

Portanto, afigura-se irretorquível a tutela jurisdicional de sustentabilidade das decisões administrativas para assegurar a proteção ao direito difuso, das presentes e futuras gerações, à preservação e expansão das suas liberdades e capacidades substantivas (Amartya Sen), da multidimensionalidade do bem-estar (Juarez Freitas) e ao valor intrínseco do meio ambiente.[322] Outrossim, o controle judicial da sustentabilidade erige-se como instrumento basilar para assegurar o respeito, pelo Brasil, dos tratados internacionais de direitos humanos, das declarações de Direito Ambiental Internacional e das obrigações assumidas no recente Acordo de Paris, notadamente o cumprimento das "contribuições nacionalmente determinadas" para redução da emissão de gás carbônico e contenção do aquecimento global.[323]

3.2.2.2 A importância do princípio da proporcionalidade para a análise da legitimidade das decisões administrativas

O caráter dinâmico e aberto do Direito, inerente a uma sociedade democrática e pluralista, exige do julgador contemporâneo o emprego do princípio da proporcionalidade para deslindar as antinomias entre as normas jurídicas e preservar a unidade e coerência do sistema.[324]

---

[320] FREITAS, Vladimir Passos de. *A Constituição Federal e a efetividade de suas normas*. 3. ed. São Paulo, Revista dos Tribunais, 2005, p. 35-41.

[321] SCHMIDT-ASSMANN, Eberhard. *La Teoría General del Derecho Administrativo como Sistema*: objetivo y fundamentos de la construcción sistemática. Madrid: Marcial Pons, 2003. p. 245.

[322] O conceito de sustentabilidade foi desenvolvido no tópico 2.5.1.

[323] A propósito, remete-se ao estudo desenvolvido no tópico 2.5.1 sobre os atos internacionais ambientais e o Acordo de Paris de 2015.

[324] As antinomias jurídicas, na visão de Juarez Freitas, conceituam-se como "incompatibilidades possíveis ou instauradas entre regras, valores ou princípios jurídicos, pertencentes validamente ao mesmo sistema jurídico, tendo de ser vencidas para a preservação da unidade e coerência do sistema positivo e para que se alcance a máxima efetividade da pluralista teleologia constitucional" (In: *A Interpretação Sistemática do Direito*. 5. ed. São Paulo: Malheiros, 2010. p. 94).

Tal princípio – fácil de compreender e difícil de definir[325] – pode ser entendido como parte de um movimento contrário ao formalismo oitocentista, inerente à necessidade de proteger os direitos humanos em face dos poderes do Estado.[326] Indica a "existência de relação adequada entre um ou vários fins determinados e os meios com que são levados a cabo".[327] Ou ainda, a proporcionalidade "determina (não apenas exorta) que a Administração Pública 'lato sensu' evite agir com demasia ou de modo insuficiente, inoperante ou omissivo na consecução de seus objetivos primordiais".[328]

A origem e o desenvolvimento do princípio da proporcionalidade estão relacionados com as garantias do devido processo legal do Direito anglo-saxão e com as decisões do Tribunal Constitucional alemão, e consistiram, no ensinamento de Barroso, em duas grandes fases: a primeira, de caráter estritamente processual (*procedural due process*), e uma segunda, de cunho substantivo (*substantive due process*). A primeira versão refere-se à exigência de igualdade perante a lei e está relacionada à "garantia voltada para a regularidade do processo penal, depois estendida ao processo civil e ao processo administrativo. Seu campo de incidência recaía notadamente no direito ao contraditório e à ampla defesa". A acepção substantiva ou material, prossegue Barroso, marcou um "impulso de ascensão do Judiciário", de modo que, por meio do devido processo legal, "abriu-se um amplo espaço de exame do mérito dos atos do Poder Público, com a redefinição da noção de discricionariedade". A cláusula enseja, assim, a "verificação da compatibilidade entre o meio empregado pelo legislador e os fins visados, bem como a aferição da legitimidade dos fins. Somente presentes essas condições poder-se-á admitir a limitação a algum direito individual".[329]

É possível falar na existência de três elementos do princípio da proporcionalidade, assim resumidos:

---

[325] BONAVIDES, Paulo. *Curso de Direito* Constitucional. 14. ed. São Paulo: Malheiros, 2004. p. 392.

[326] Aharon Barak enfatiza a função da proporcionalidade como movimento contrário ao formalismo (*counter-formalism*) (In: *Proportionality*. Trad. Doron Kalir. New York: Cambridge University Press, 2012. p. 177).

[327] BONAVIDES, *op. cit.*, p. 392-3.

[328] FREITAS, Juarez. *O Controle dos Atos Administrativos e os Princípios Fundamentais*. 5. ed. São Paulo: Malheiros, 2013. p. 50.

[329] BARROSO, Luis Roberto. *Interpretação e Aplicação da Constituição*: fundamentos de uma dogmática constitucional transformadora. 5. ed. São Paulo: Saraiva, 2003. p. 219-20.

(a) da *adequação*, que exige que as medidas adotadas pelo Poder Público se mostrem aptas a atingir os objetivos pretendidos; (b) da *necessidade* ou *exigibilidade*, que impõe a verificação da inexistência de meios menos gravosos para atingimento dos fins visados; e (c) da *proporcionalidade em sentido estrito*, que é a ponderação entre o ônus imposto e o benefício trazido, para constatar se é justificável a interferência na esfera dos direitos dos cidadãos.[330]

Pertinente referir, ademais, a concepção de Aharon Barak, que introduz um quarto componente[331] da proporcionalidade: a identificação do "propósito adequado" (*proper purpose*) a justificar a limitação a um direito constitucional. Na perspectiva do professor israelense, em uma democracia constitucional a autorização legal não basta para se admitir a limitação a um direito constitucional, pois legalidade não se confunde com legitimidade. Efetivamente, deve existir também uma justificação para a limitação, derivada do "propósito adequado", em que se examina se a norma limitadora de um direito constitucional atende a uma finalidade que possa fundamentar essa restrição. O componente tem de refletir os valores que derivam da sociedade e demandam um respaldo constitucional, explícito ou implícito.[332]

Mark Elliott ressalta a importância da proporcionalidade para operar um escrutínio apropriado das decisões administrativas, ao ensejar uma análise estruturada e transparente da motivação empregada. O jurista inglês sugere que o teste de proporcionalidade envolve a resposta a cinco questões: a) se a medida incide sobre um interesse de alta consideração (*highly-regarded interest*), como direitos humanos; b) se persegue um objetivo legítimo; c) se é capaz de assegurar esse objetivo; d) se a adoção da providência é necessária para atingir essa finalidade; e) se a medida realiza uma justa ponderação no sentido de que os prejuízos infligidos são justificados ou superados pelos benefícios projetados.[333]

---

[330] *Ibid.*, p. 229.

[331] BARAK, Aharon. *Proportionality*. Trad. Doron Kalir. New York: Cambridge University Press, 2012. p. 131.

[332] *Ibid.*, p. 245-6. Este aspecto da proporcionalidade está relacionado com o propósito subjacente à norma limitadora do direito (*Ibid.*, p. 247). Barak, contudo, diferencia os critérios utilizados para determinar o propósito da limitação ao direito daqueles empregados para definir o alcance do próprio direito: "An examination of the purpose assumes the limitation of a constitutional right. Accordingly, the criteria used in determining the proper purpose should not be confused with that used for determining the right's scope" (*Ibid.*, p. 249).

[333] ELLIOTT, Mark. *Beatson, Matthews, and Elliott's Administrative Law*: text and materials. 4. ed. New York: Oxford University Press, 2011, p. 252-254.

Afirma Bonavides que a proporcionalidade pode ser considerada como princípio constitucional[334] e "fundamento de um novo Estado de Direito", uma vez que o legislador já não é "o soberano das épocas em que o princípio da *legalidade* se sobrepunha, por ausência efetiva de controle, ao princípio da *constitucionalidade*", razão pela qual o "legislador, em razão do aperfeiçoamento dos mecanismos jurisdicionais de controle de seus atos, deixou de mover-se com a inteira liberdade do passado, típica do primeiro Estado de Direito".[335]

O princípio da proporcionalidade orienta os juízes na determinação do alcance dos direitos fundamentais e na legitimidade das medidas restritivas a esses direitos, erigindo-se, portanto, como instrumento indispensável para a aferição da juridicidade das decisões administrativas em concreto. Os conflitos que envolvem o Poder Público e deságuam no Judiciário resultam, ordinariamente, de complexas controvérsias sobre questões de fato e de direito, cuja solução não brota nem de uma análise unívoca das provas, nem de simples procedimento de subsunção. Antes, requerem dos julgadores inevitável exercício de ponderação (Alexy) ou hierarquização tópico-sistemática (Juarez Freitas) e avaliação da proporcionalidade do comportamento do agente público.

A aplicação tradicional do princípio remonta ao âmbito do poder de polícia,[336] sobretudo para coibir o manejo de medidas que gerem, contra os cidadãos, gravames desnecessários à consecução das finalidades da atuação estatal, ou, parafraseando Jellinek, para que a polícia não utilize canhões para abater pardais. O Judiciário brasileiro, na prática, tem atenuado o rigorismo excessivo da Administração em diversas situações[337] e aplicado o princípio da proporcionalidade para

---

[334] Não há consenso a respeito da natureza jurídica da proporcionalidade: se é regra, princípio ou postulado (GÓES, Gisele. *Princípio da Proporcionalidade no Processo Civil:* o poder de criatividade do juiz e o acesso à justiça. São Paulo: Saraiva, 2004. p. 65). Neste estudo será adotado como princípio. No mesmo sentido: FREITAS, Juarez. *O Controle dos Atos Administrativos e os Princípios Fundamentais.* 5. ed. São Paulo: Malheiros, 2013. p. 50-9; BANDEIRA DE MELLO, Celso Antônio. *Curso de Direito Administrativo.* 29. ed. São Paulo: Malheiros, 2013. p. 113-5; BONAVIDES, Paulo. *Curso de Direito Constitucional.* 14. ed. São Paulo: Malheiros, 2004. p. 398-402; BARROSO, Luis Roberto. *Interpretação e Aplicação da Constituição:* fundamentos de uma dogmática constitucional transformadora. 5. ed. São Paulo: Saraiva, 2003. p. 218-46.

[335] BONAVIDES, *op. cit.*, p. 398-402.

[336] FREITAS, *op. cit.*, p. 179; BARROSO, *op. cit.*, p. 229.

[337] O TRF da 4ª Região, *e.g.*, afastou a penalidade de perdimento de mercadoria importada por mera irregularidade na embalagem e rotulagem, por entender se tratar de medida desnecessária ao desiderato público (TRF4, 4ª T., AC 5010110-87.2011.404.7000, Rel.

calibrar a validez de atos administrativos, em especial quando ausente previsão legal para determinadas alternativas.[338]

De observar, ao depois, que o princípio da proporcionalidade deve ser empregado não apenas como proibição de excesso por parte do Estado, mas também como vedação de proteção deficiente. Para Canaris, é mister diferenciar entre a função dos direitos fundamentais como imperativos de tutela e como proibições de intervenção. Aquela envolve a problemática da omissão do Estado e se pretende garantir que a proteção satisfaça às exigências mínimas na sua eficiência. Ao legislador se confere certa liberdade de conformação; contudo, existem limites para aquém dos quais ocorre uma violação da proibição de insuficiência.[339] A responsabilidade do Estado-Administração, como ressalta Juarez Freitas, "precisa respeitar as duas faces da proporcionalidade, vale dizer, aquela que proíbe excessos e aquela que veda omissões e inoperâncias".[340] Por essa vertente do princípio pode-se concluir pela ilegitimidade e insustentabilidade da inação do Poder Público na adoção de medidas preventivas e precautórias para proteção dos direitos fundamentais, como será tratado adiante.[341]

Por fim, em relação ao que aqui se defende, a proporcionalidade erige-se como vetor para o próprio controle judicial de sustentabilidade das decisões administrativas. Ao apreciar a legitimidade de determinada conduta, cabe ao juiz proceder à adequada hierarquização (ou ponderação, para Alexy), no caso concreto, dos custos e benefícios,

---

Sérgio Renato Tejada Garcia, juntado aos autos em 30.09.2015). Em outros precedentes, a mesma Corte Regional considerou desproporcional multa imposta em valor excessivo em comparação com a gravidade da infração administrativa praticada (TRF4, 3ª T., AC 5004726-26.2014.404.7005, Rel. Nicolau Konkel Júnior, juntado aos autos em 26.03.2015).

[338] O STJ, em acórdão recente, decidiu pela nulidade de ato de exoneração requerido pela própria servidora, em razão de seu estado de saúde e por aplicação do princípio da proporcionalidade (REsp 1521030/AP, Rel. Min. Napoleão Nunes Maia Filho, 1ª T., j. 02.06.2015, DJe 19.06.2015). Em outra formulação, o STJ assentou: "Por força dos princípios da proporcionalidade, da dignidade da pessoa humana e da culpabilidade, aplicáveis ao regime jurídico disciplinar, não há juízo de discricionariedade no ato administrativo que impõe sanção a Servidor Público em razão de infração disciplinar. Dest'arte, o controle jurisdicional é amplo, de modo a conferir garantia a todos os Servidores contra eventual arbítrio, não se limitando, portanto, somente aos aspectos formais, como algumas correntes doutrinárias ainda defendem" (MS 20.776/DF, 1ª Seção, Rel. Min. Napoleão Nunes Maia Filho, j. 08.10.2014, DJe 14.10.2014).

[339] CANARIS, Claus-Wilhelm. *Direitos Fundamentais e Direito Privado*. trad. SARLET, Ingo Wolfgang; PINTO, Paulo Mota. Coimbra: Almedina, 2012. p. 65, 115-9, 138-9.

[340] FREITAS, Juarez. *O Controle dos Atos Administrativos e os Princípios Fundamentais*. 5. ed. São Paulo: Malheiros, 2013. p. 59.

[341] Capítulo 5.

diretos e indiretos, no curto e longo prazos, das escolhas públicas. Dito de outro modo, ao magistrado se atribui o dever de encontrar o equilíbrio entre os direitos das presentes e das futuras gerações. Para tanto, não pode ser ignorado o papel das cortes em realizar uma interpretação orientada à finalidade das normas e às consequências das decisões.

3.2.2.3 Interpretação baseada na finalidade e nas consequências

Sem olvidar os diversos métodos hermenêuticos existentes, é salutar, no Direito Público contemporâneo, que a Constituição e as leis sejam também interpretadas de acordo com sua finalidade (*purpose-oriented approach* ou *purposive interpretation*), encontrada, como sustenta Barak, mediante construção judicial. Trata-se de uma abordagem holística, que admite a apreciação tanto do propósito subjetivo (*subjective purpose*), concernente às intenções dos criadores do texto original, como do propósito objetivo (*objective purpose*), entendido como a função ou papel que a norma jurídica exerce na época da interpretação. Contudo, em caso de conflito entre ambos, prevalece a solução que verte do sistema jurídico no momento da sua aplicação.[342] Isso equivale a dizer que, embora sem desprezar o texto, o magistrado não pode olvidar a natureza evolutiva e variável do Direito, que demanda necessária transcendência ao literal, de sorte a se abster de encampar posições textualistas (*text-oriented interpretation*)[343] ou originalistas extremadas.[344]

A função de julgar não é desempenhada somente em abstrato, no mundo das ideias; ao invés, existe para ser aplicada ao mundo real. O juiz tem a obrigação, como intérprete derradeiro do sistema jurídico, de aderência do Direito à realidade. Portanto, é essencial procurar a teleologia das normas e levar em conta as consequências das decisões perante a sociedade. Não se defende aqui a adesão a um "paradigma consequencialista"[345] desapegado do direito positivo. Todavia, os

---

[342] BARAK, Aharon. *Proportionality*. Trad. Doron Kalir. New York: Cambridge University Press, 2012. p. 45-8.

[343] BREYER, Stephen. *Making our Democracy Work*. New York: Vintage, 2010. p. 89-92.

[344] FREITAS, Juarez. *A Interpretação Sistemática do Direito*. 5. ed. São Paulo: Malheiros, 2010. p. 206-8.

[345] Ricardo Luis Lorenzetti, ao cuidar dos "paradigmas para a decisão", concebidos como "modelos decisórios que têm *status* anterior à regra e condicionam as decisões", estuda o "paradigma consequencialista". Menciona o doutrinador argentino que o jurista que

impactos dos atos jurisdicionais[346] não devem ser ignorados, não somente aqueles gerados entre as partes do processo, mas também reflexos sistêmicos que poderão decorrer da decisão.[347]

Nesse sentido, Breyer reitera a importância primordial das cortes em investigar os propósitos das normas e estimar as consequências das suas decisões para manter uma relação viável com o Congresso e auxiliar na descoberta do significado de textos normativos.[348] O juiz da Suprema Corte norte-americana acrescenta que essa interpretação apresenta as seguintes vantagens: contribui para promover os objetivos democráticos da Constituição; auxilia para que as regras efetivamente atinjam os destinatários pretendidos pelo legislador originário; e, o mais importante, ao enfatizar os propósitos das normas, a Corte coopera para que o Congresso cumpra melhor seu próprio trabalho legislativo.[349] Enfim, a interpretação baseada na finalidade e nas consequências permite que o Legislativo e o Judiciário trabalhem juntos para realizar os princípios constitucionais, de modo a afiançar a viabilidade do sistema constitucional de governo e assegurar uma aceitação pública duradoura das decisões judiciais.[350]

Não se despreza, consoante Schmidt-Assmann, que um controle ampliado da aplicação de conceitos jurídicos indeterminados e da proporcionalidade pode levar a que os tribunais decidam de acordo com suas próprias ideias, e uma sindicabilidade plenária e profunda pode resultar em riscos para as competências próprias da Administração.[351]

---

adota esta concepção parte da "análise das consequências públicas das ações privadas" (In: *Teoria da Decisão Judicial:* fundamentos de direito. Trad. Bruno Miragem. 2. ed. São Paulo: Revista dos Tribunais, 2011. p. 227, 305-21).

[346] Oportuno citar, *v.g.,* a possibilidade de o presidente do tribunal, ao qual couber o conhecimento do respectivo recurso, suspender, em despacho fundamentado, a execução da liminar nas ações movidas contra o Poder Público ou seus agentes, a requerimento do Ministério Público ou da pessoa jurídica de direito público interessada, em caso de manifesto interesse público ou de flagrante ilegitimidade, e para evitar grave lesão à ordem, à saúde, à segurança e à economia públicas, em sentenças proferidas em ações cautelares, ação popular e ação civil pública, enquanto não transitadas em julgado (Lei nº 8.437/92, art. 4º e §1º). A Lei nº 12.016/09, no art. 15, previu a viabilidade de suspensão da liminar em mandado de segurança.

[347] Vladimir Passos de Freitas, ao tratar do papel social do juiz nos contratos, afirma: "Ao julgar, o juiz deve pensar nas consequências de seu ato. Não apenas nos efeitos que vai gerar entre as partes, mas também nos reflexos econômicos posteriores que dele advirão" (In: Responsabilidade social do juiz e do Judiciário. *Revista CEJ*, Brasília, ano XIV, n. 51, p. 6-13, out./dez. 2010).

[348] BREYER, Stephen. *Making our Democracy Work*. New York: Vintage, 2010. p. 88.

[349] *Ibid.*, p. 94-8.

[350] *Ibid.*, p. 105.

[351] In: *La Teoría General del Derecho Administrativo como Sistema*: objetivo y fundamentos de la construcción sistemática. Madrid: Marcial Pons, 2003. p. 231.

Por conseguinte, a ampliação da tutela jurisdicional, com o emprego das normas jurídicas em sentido lato e da proporcionalidade, não poderá conduzir ao subjetivismo exacerbado, ao voluntarismo puro, a decisões imotivadas ou, enfim, ao arbítrio. O intérprete, embora não possa eliminar por completo suas pré-compreensões e sua vontade, tampouco evitar eventual julgamento com base em "paradigmas da decisão",[352] tem de respeitar a vontade do sistema jurídico, formada pelos seus vetores objetivos – regras e princípios.

Assim, como referiu Gadamer, aquele "que quer compreender não pode se entregar de antemão ao arbítrio de suas próprias opiniões prévias, ignorando a opinião do texto", pois "quem quer compreender um texto deve estar disposto a deixar que este lhe diga alguma coisa. Por isso, uma consciência formada hermeneuticamente deve, desde o princípio, mostrar-se receptiva à alteridade do texto". Essa receptividade, porém, "não pressupõe nem uma 'neutralidade' com relação à coisa nem tampouco um anulamento de si mesma; implica antes uma destacada apropriação das opiniões prévias e preconceitos pessoais". Impõe-se, assim, "confrontar sua verdade com as opiniões prévias",[353] de modo que o intérprete se aproxima do texto inevitavelmente com suas pré-compreensões.

O resultado da interpretação, portanto, engloba tanto o momento objetivo quanto subjetivo, um "consórcio de critérios",[354] na visão de Juarez Freitas, em que a "vontade do sistema surge como síntese circular e dialética, pelo menos, de duas vontades: a do

---

[352] Lorenzetti, ao estudar a teoria da decisão judicial, sustenta que o esquema do raciocínio judicial tem de observar uma sucessão argumentativa. Os casos fáceis são resolvidos mediante a dedução das regras; os casos difíceis devem utilizar os princípios para informar a discricionariedade; já os *paradigmas* constituem guias políticos que requerem a compatibilização dos modelos no marco da ordem social. Segundo o doutrinador, "ainda que sejam aplicadas a dedução das regras e a ponderação dos princípios, existe uma 'pré-compreensão' de quem toma a decisão que leva a uma diferente interpretação das normas". Ele denomina paradigma "os modelos decisórios que têm *status* anterior à regra e condicionam as decisões" e defende que "os paradigmas não podem ser ignorados nem suprimidos", e, por isso, sua aplicação requer que seja exposto o paradigma e qual o objetivo a ser alcançado, assim como a tensão que provoca com outro paradigma competitivo. A tensão deve ser resolvida mediante uma harmonização que tenha em conta o modelo da democracia deliberativa. Cita como paradigmas o "acesso aos bens jurídicos primários", o "protetivo", o "coletivo", o "consequencialista", o do "estado de direito constitucional" e o "ambiental" (In: *Teoria da Decisão Judicial*: fundamentos de direito. Trad. Bruno Miragem. 2. ed. São Paulo: Revista dos Tribunais, 2011).

[353] GADAMER, Hans-Georg. *Verdade e Método I*: traços fundamentais de uma hermenêutica filosófica. Trad. Flávio Paulo Meurer. Rev. Enio Paulo Giachini. 13. ed. Petrópolis: Vozes, 2013. p. 358.

[354] FREITAS, Juarez. *A Interpretação Sistemática do direito*. 5. ed. São Paulo: Malheiros, 2010. p. 80.

intérprete e a vontade subjacente ao objeto da interpretação".[355] Ao realizar uma interpretação tópico-sistemática, "o intérprete deve buscar fundamentação (hierarquização) racional, objetiva e impessoal para todas as suas decisões no incessante diálogo com o sistema, sem adotar jamais soluções 'contra legem'",[356] evitando, com isso, "todo subjetivismo redutor da 'juridicidade'" e o "arbítrio irracionalista".[357] Conquanto não seja possível impedir alguma subjetividade, porque o ato de julgar em uma sociedade democrática pluralista não opera com "silogismos lógico-formais", deve ser "afastado qualquer decisionismo movido sob o influxo deletério das paixões, não raro associadas a motivações subalternas ou menores".[358]

Outrossim, nas decisões ajustadas ao caso concreto, ainda que densificadoras de princípios, sobretudo do princípio da proporcionalidade, impõe-se ao julgador evitar soluções *ad hoc* e "cogitar da universalização tópico-sistemática (isto é, hermenêutica e dialética), ciente de que cada escolha sua deve traduzir uma espécie de máxima a ser expandida sem se contradizer, sob pena de colocar em perigo a unidade sistemática".[359]

Em que pese a atividade de interpretar e decidir não esteja jungida à aplicação automática da lei ou à subsunção positivista, o juiz não poderá contrariar os comandos normativos expressos nas regras legais sem declarar incidentalmente sua inconstitucionalidade.[360] Ou ainda, mediante interpretação sistemática, em operação devidamente fundamentada, afastar a aplicação de uma lei em favor de princípios superiores, conforme solução indicada pelo "critério hierárquico-axiológico",[361] com "aspiração à universalidade",[362] bem assim se justificado o apreço à justiça individual em detrimento da justiça geral.[363]

---

[355] *Ibid.*, p. 83.

[356] *Ibid.*, p. 202-3.

[357] *Ibid.*, p. 203.

[358] *Ibid.*, p. 203.

[359] FREITAS, Juarez. *A Interpretação Sistemática do direito.* 5. ed. São Paulo: Malheiros, 2010. p. 80, 83 e 202-3.

[360] *Ibid.*, p. 203.

[361] Segundo proposta conceitual de Juarez Freitas do princípio da hierarquização axiológica, "*cuida-se, por assim dizer, de 'metacritério' que indica, inclusive em face de antinomias no plano dos critérios, a prevalência do princípio axiologicamente superior, mesmo no conflito específico entre regras, visando-se a impedir a autocontradição do sistema e resguardando a unidade sintética de seus múltiplos comandos.* Unidade, esta, que se realiza, em definitivo, na atuação dos intérpretes" (*Ibid.*, p. 116).

[362] *Ibid.*, p. 159.

[363] A respeito dos requisitos de superabilidade das regras, cabe mencionar posição de Humberto Ávila. In: *Teoria dos Princípios*: da definição à aplicação dos princípios jurídicos. 12. ed. São Paulo: Malheiros, 2011. p. 114-20.

De observar que o sistema positivo prevê medidas recursais[364] apropriadas para corrigir eventual decisão que contrarie texto de lei ou da Constituição. Resta admitida, inclusive, a rescisão de sentença que violar literal disposição de lei (CPC de 1973, art. 485, inc. V), ou, conforme disposição do Novo Código de Processo Civil, se "violar manifestamente norma jurídica" (Lei nº 13.105/2015, art. 966, inc. V), a indicar que um veredicto poderá ser anulado se desprezar os princípios jurídicos sem uma adequada hierarquização.

Em conclusão, a tutela jurisdicional adequada dos direitos das gerações presentes e futuras afetados pelas decisões administrativas não pode ser empreendida sem investigar os propósitos das normas jurídicas e calcular as consequências no caso concreto. Para se desincumbir desse mister, não basta aos juízes recorrer isoladamente a abordagens puramente formalistas e legalistas. *Como saber se uma obra pública não prejudica desproporcionalmente os direitos das gerações futuras? Como aferir a sustentabilidade de determinadas políticas regulatórias? Como decidir se a omissão administrativa na implementação de medidas preventivas e precautórias violou o princípio da sustentabilidade?* A resposta a essas questões pressupõe, necessariamente, a abertura e variabilidade evolutiva do sistema jurídico e normalmente não é encontrada facilmente com a consideração isolada das leis. O juiz da Constituição de 1988 já não é o aplicador napoleônico e automático de regras jurídicas de outrora, mas, ao invés, precisa incorporar em sua atividade judicante todos os aspectos da realidade aptos a interferir nas decisões, e isso inclui os impactos de longo prazo das condutas administrativas.

3.2.2.4 Controle judicial da motivação e o princípio da deferência: nota comparativa com o Direito norte-americano e proposta para o sistema jurídico brasileiro

A viabilidade da supervisão judicial das decisões administrativas, por meio da hierarquização[365] das regras e princípios aplicáveis ao caso concreto e da apreciação da proporcionalidade das medidas adotadas (ou omitidas), depende, em grande parte, da motivação das escolhas

---

[364] A violação a texto da Constituição propicia a interposição de recurso extraordinário ao STF (CF, art. 102, inc. III); e a texto da lei, recurso especial ao STJ (CF, art. 105, inc. III).

[365] Ou ponderação de princípios para Alexy.

efetuadas pelos agentes públicos. Logo, é útil reiterar, à Administração é atribuída a obrigatoriedade, como regra, da exposição válida dos fundamentos de fato e de direito de todo comportamento estatal que repercute na esfera dos direitos individuais e coletivos. Portanto, ao Judiciário se irroga um abrangente poder de controle da motivação das decisões administrativas. Isto é, tanto as razões de fato quanto de direito, assim como as questões procedimentais e substanciais, se expõem por completo ao escrutínio judicial.

Por outro lado, é relevante advertir, o magistrado precisa agir com cautela e levar em consideração os princípios do processo civil (como o princípio da demanda, da correlação, dispositivo e os limites objetivos e subjetivos da demanda), o que lhe impede de substituir o gestor público e se transformar em um "juiz regulador",[366] ou de impor determinações a terceiros não participantes do processo. Os interesses reclamados pelos administrados ou pelas entidades credenciadas ao ajuizamento de ações coletivas têm de ser colocados em confronto com outros princípios, para evitar que uma decisão judicial venha a consolidar uma situação de desigualdade iníqua, abalar a segurança jurídica e a estabilidade das relações administrativas ou a paralisar e prejudicar gravemente o desempenho legítimo das atribuições constitucionais e legais por parte dos servidores públicos. Em outras palavras, a intervenção judicial não poderá resultar justamente naquilo que se pretendeu coibir: a má administração pública.

Segundo destacou Schmidt-Assmann, no contexto mais amplo dentro do qual se situam as decisões administrativas, a decisão conflitiva é tão somente um elemento a mais, condicionado por decisões precedentes e dificilmente isoladas de outras paralelas. Isso conduz a uma assimetria estrutural e implica uma "mutilação", na medida em que só pode introduzir interesses desde uma perspectiva muito particular. Muitas questões, prossegue o jurista alemão, são decididas de antemão, isto é, antes da adoção de medidas concretas e da oportunidade de sua apreciação judicial. Por isso, o fato de que um determinado interesse, precisamente daquele que pleiteia a tutela judicial, seja convertido

---

[366] Fernando Quadros da Silva, em estudo sobre o controle judicial das agências reguladoras, alerta que a "intervenção judicial sem maiores cautelas, além de questionável sob o ponto de vista da legitimidade, pode transformar o juiz no regulador da atividade, com previsíveis desequilíbrios, decorrentes das limitações do processo judicial e da falta de informações relevantes para a tomada de uma decisão adequada" (In: *Controle Judicial das Agências Reguladoras:* Aspectos doutrinários e jurisprudenciais. Porto Alegre: Verbo Jurídico, 2014. p. 264).

em foco de atenção do processo, pode desencadear reações que não levam em consideração o contexto global dos interesses em jogo. Uma dogmática de decisões administrativas complexas não pode ser elaborada exclusivamente desde a perspectiva da tutela judicial. Revela-se crucial, assim, ampliar o papel do procedimento administrativo como garantia jurídica autônoma, bem como proporcionar o exame judicial dos critérios decisórios que foram relevantes na formação da vontade administrativa. Essa crítica de Schmidt-Assmann, contudo, não tem por objeto sugerir que o Direito Administrativo abandone sua faceta judicial. Os tribunais seguem sendo importantes motores para o desenvolvimento do "ideal jurídico administrativo"; porém, o controle judicial deve responder às distintas orientações normativas da atividade administrativa, com sanções e mecanismos igualmente diferenciados.[367]

É mister buscar o papel adequado do Judiciário no controle das decisões administrativas, inclusive no que tange à sustentabilidade. Se não é desejável uma liberdade absoluta aos órgãos públicos, ainda que altamente especializados, na apreciação do Direito e dos fatos, também não se pretende um controle de toda e qualquer conduta do Poder Público, sob pena de implicar usurpação da competência constitucional de outros poderes e perda das vantagens da descentralização administrativa, da especialização e experiência prática dos diversos órgãos públicos e da criação das agências reguladoras.[368] Uma relação razoável e cooperativa entre o Judiciário e os órgãos controlados requer, assim, que os juízes concedam alguma deferência às escolhas realizadas pelos agentes públicos, dentro da competência discricionária de opção entre alternativas lícitas. Eduardo Jordão, em obra recente sobre o controle judicial da complexidade da Administração Pública no Direito Comparado, ressalta que "o grau de adaptação do controle judicial é informado por um dilema entre *sofisticação* e *operacionalidade*",

---

[367] SCHMIDT-ASSMANN, Eberhard. *La Teoría General del Derecho Administrativo como Sistema*: objetivo y fundamentos de la construcción sistemática. Madrid: Marcial Pons, 2003. p. 240-2.

[368] Preocupação semelhante surgiu no Direito norte-americano: "When a court reviews the lawfulness of a particular agency decision, to what extent should it 'respect', 'defer', or give 'weight' (perhaps controlling weight) to the agency's judgment? This central question of administrative law involves the proper relation of the courts to the administrative agencies. Should a court accept whatever conclusion an agency reaches? If it did so, judicial review would be meaningless; it would not exist at all. But if a court were to decide every question afresh, we would lose many of the advantages of having administrative agencies" (BREYER, Stephen *at al. Administrative Law and Regulatory Policy:* problems, text, and cases. 7. ed. New York: Wolters Kluwer Law & Business, 2011. p. 235).

O CONTROLE JUDICIAL DE SUSTENTABILIDADE DAS DECISÕES ADMINISTRATIVAS | 105

para que seja adaptado às peculiaridades da atuação administrativa impugnada, sem perder a capacidade operacional, nem se perder em sistemas confusos e instáveis.[369]

Na observação arguta de Stephen Breyer, incumbe ao Poder Judiciário, para que desempenhe seu papel de manutenção de um sistema constitucional viável de governo, levar em conta as funções especializadas das demais instituições governamentais e as relações entre elas.[370] O princípio da deferência, pois, propicia que os juízes considerem a *comparative expertise* de outros setores estatais, de modo a encontrar qual instituição, corte ou agência seja comparativamente mais apta a compreender os problemas críticos que subjazem a uma questão particular.[371] Ademais, se, por um lado, deve ser reconhecida a posição proeminente do Poder Judiciário no controle da Administração na atualidade, não se pode descartar o importante papel de outros mecanismos de controle complementares, sobretudo diante de procedimentos administrativos especiais dotados de instrumentos qualificados de participação.[372]

Nos países originários do sistema da *common law* o princípio da deferência,[373] assim considerado o grau de reserva, respeito e

---

[369] "A busca pela sofisticação máxima pode gerar sistemas de controle judicial extremamente sofisticados, nos quais a intensidade do controle varia de forma quase perfeita em função das características da ação administrativa controlada. Mas quanto mais sofisticados estes sistemas sejam, menos operacionais eles serão. A busca pela adaptação máxima (pela sofisticação) pode levar a sistemas de aplicabilidade muito confusa ou muito custosa. Assim, é perfeitamente possível e adequado que dada jurisdição *module* o quanto de adaptação deseja, em função do tanto de complexidade operacional que admite" (JORDÃO, Eduardo. *Controle judicial de uma administração pública complexa*: a experiência estrangeira da adaptação da intensidade do controle. São Paulo: Malheiros, 2016. p. 42).

[370] *Idem. Making our Democracy Work.* New York: Vintage, 2010. p. 75.

[371] "Courts find the notion of comparative expertise useful, indeed necessary, when reviewing administrative decisions. Courts ask which institution, court, or agency is comparatively more likely to understand the critical matters that underlie a particular kind of legal question, broadly phrased" (*Idem. Making our Democracy Work.* New York: Vintage, 2010. p. 110-3).

[372] SCHMIDT-ASSMANN, Eberhard. *La Teoría General del Derecho Administrativo como Sistema*: objetivo y fundamentos de la construcción sistemática. Madrid: Marcial Pons, 2003. p. 239.

[373] "The principle underlying cases where the court decides to refrain from arriving at its own view on the merits of an issue is usually discussed under the general rubric of deference. It refers to the idea of a court, exceptionally, out of respect for other branches of government and in recognition of their democratic decision-making role, declining to make its own independent judgment on a particular issue. This term is to be found in numerous decisions of the House of Lords and the Court of Appeal. It is well known in the jurisprudence of the highest courts of Australia, Canada, New Zealand, South Africa and the United States of America. It has the advantage of being well understood in Western democracies" (STEIN, Lord. Deference: A Tangled Story. *Public Law*, 346, p. 346-59, 2005).

imutabilidade que um juiz ou tribunal confere à decisão administrativa,[374] é empregado historicamente no campo da jurisdição administrativa para definir o apropriado equilíbrio entre a margem de liberdade atribuída aos órgãos públicos e o alcance da intervenção judicial.[375] No Direito Administrativo norte-americano, em que pese a controvérsia quanto à sua origem, o princípio da deferência é normalmente associado à decisão da Suprema Corte no *caso Chevron v. Natural Resources Defense Council* (1984).[376]

A deferência no Direito Administrativo brasileiro tem de incorporar os vetores inafastáveis contemplados na Carta Constitucional de 1988, notadamente: a) o direito fundamental à tutela jurisdicional efetiva, adequada e em tempo razoável e o princípio da unicidade da jurisdição (CF, art. 5º, incs. XXXV e LXXVIII); b) a garantia da coisa julgada em sentido próprio estritamente judicial (inc. XXXVI); c) a vinculação do Poder Público aos direitos fundamentais; d) a cogência dos princípios constitucionais, sobretudo daqueles que norteiam a atividade pública (CF, art. 37); e) a relevância do princípio da proporcionalidade para encontrar o propósito adequado da medida limitadora de direitos fundamentais e calibrar a adequação, a necessidade e a ponderação das medidas estatais.

Nesse contexto, revelam-se inadequadas ao sistema jurídico pátrio algumas construções clássicas do princípio da deferência do Direito norte-americano que conduziram à prevalência das decisões adotadas pelas agências reguladoras. É o caso do *substantial evidence*

---

[374] Fernando Quadros da Silva considera a *judicial deference* como "grau de reserva", "grau de respeito" ou "grau de imutabilidade" que um juiz ou tribunal deve dar à decisão de uma agência (In: *Controle Judicial das Agências Reguladoras*: Aspectos doutrinários e jurisprudenciais. Porto Alegre: Verbo Jurídico, 2014. p. 192).

[375] "It is widely recognized that the primary decision-maker enjoys 'a discretionary area of judgment', i.e. an area into which the court in applying the test of proportionality will not intrude. This is sometimes referred to as according a 'margin of discretion'. The word commonly used to describe this (although it is itself controversial) is, however, 'deference'; the court is said to show deference to the primary decision-maker" (FORSYTH, Christopher; WADE, Sir William. *Administrative Law*. 10. ed. New York: Oxford University Press, 2009. p. 308).

[376] "The doctrine of judicial deference to executive interpretation casts a long shadow over the entire field of American public law. That doctrine – now commonly associated with the Supreme Court's opinion in Chevron v. Natural Resources Defense Council – provides, in a nutshell, that a reviewing court must "defer" to an executive agency's reasonable interpretation of the organic statute that it administers" (BAMZAI, Aditya. The Origins of Judicial Deference to Executive Interpretation. *Independent*. August 22, 2015. Disponível em: <https://www.academia.edu/15107267/The_Origins_of_Judicial_Deference_to_Executive_Interpretation>. Acesso em: 05 jan. 2016).

standard,[377] que requer dos juízes o respeito à conclusão administrativa quando encontrar suporte na evidência substancial do procedimento como um todo. Essa reverência judicial, contudo, como será adiante referido, não brota automaticamente da mera existência de "evidência substancial" no procedimento administrativo, mas depende da carga persuasória e da proporcionalidade da decisão pública.

Também inaplicável ao Direito Público brasileiro o *Chevron test* (*Chevron two-step test* ou *Chevron deference*), que define, resumidamente, a *judicial deference* em dois passos: *primeiro*, se a intenção do Congresso for precisa e clara, tanto a corte como a agência devem efetivar a determinação do Legislador e a questão está encerrada; *segundo*, se o Congresso foi ambíguo ou não tratou da matéria diretamente, o Judiciário não pode simplesmente impor sua interpretação, mas tem de analisar se a decisão da agência se baseia em uma construção permitida pela lei. Se a solução administrativa encontra amparo na legislação, é assegurada primazia ao órgão regulador.[378]

---

[377] No caso *Universal Camera Corp. v. National Labor Relations Board* (1951), a Suprema Corte norte-americana, em uma decisão relatada pelo *Justice* Frankfurter, determinou que, nos procedimentos destinados a ditar atos administrativos formais, o tribunal deveria analisar se os fatos comprovados no procedimento eram conforme a "evidência substancial" sobre a base da "totalidade do expediente" (*substantial evidence on the record as a whole*). Posteriormente, no caso *Allentown Mack Sales and Service v. National Labor Relations Board* (1998), relatado pelo *Justice* Scalia, a Suprema Corte, ao precisar este modelo de deferência, sustentou que era equivalente a saber se, sobre a base do expediente administrativo, seria possível para um jurado razoável chegar à mesma conclusão (BREYER, Stephen *et al. Administrative Law and Regulatory Policy*: problems, text, and cases. 7. ed. New York: Wolters Kluwer Law & Business, 2011. p. 236-56).

[378] O caso *Chevron U.S.A., Inc. v. Natural Resources Defense Council* (1984), julgado pela Suprema Corte dos Estados Unidos, foi paradigmático na definição do *judicial deference* norte-americano, sendo considerado o julgamento mais citado e influente do Direito Público daquele país. Este modelo pode ser assim sintetizado: "When a court review an agency's construction of the statute which it administers, it is confronted with two questions. First, always, is the question whether Congress has directly spoken to the precise question at issue. If the intent of Congress is clear, that is the end of the matter; for the court, as well as the agency, must give effect to the unambiguously expressed intent of Congress. If, however, the court determines Congress has not directly addressed the precise questions at issue, the court does not simply impose its own construction on the statute, as would be necessary in the absence of an administrative interpretation. Rather, if the statute is silent or ambiguous with respect to the specific issue, the question for the court is whether the agency's answer is based on a permissible construction of a statute. (...) If Congress has explicitly left a gap for the agency to fill, there is an express delegation of authority to the agency to elucidate a specific provision of the statute by regulation. Such legislative regulations are given controlling weight unless they are arbitrary, capricious, or manifestly contrary to the statute. Sometimes the legislative delegation on a particular question is implicit rather than explicit. In such case, a court may not substitute its own construction of a statutory provision for a reasonable interpretation made by the administrator of an agency" (BREYER, *op. cit.*, p. 282-8).

O julgamento no caso *Chevron*, como afirma Cass Sunstein, pode ser entendido como resultado da transferência cada vez maior às agências reguladoras, no século XX, de funções antes protagonizadas pelo Judiciário.[379] Ou ainda, segundo Aditya Bamzai, originou-se do desejo de abandonar o formalismo tradicional e liberar as recém-criadas agências especializadas de fiscalização por "cortes generalistas".[380]

Outrossim, a legislação que disciplina o processo administrativo daquele país – o *Administrative Procedure Act* (APA), de 1946 – foi promulgada pelo Congresso como uma reação contra a política do *New Deal* e a percepção de excessos por parte das agências administrativas. A seção 706 do APA é entendida como uma tentativa de instruir o Judiciário a revisar questões legais mediante julgamento independente,[381] tendo determinado o alcance do controle judicial e atribuído às cortes a decisão sobre todas as questões relevantes de direito, a interpretação dos dispositivos constitucionais e legais e a determinação do sentido ou da aplicabilidade das ações das agências.[382] O *Administrative Procedure Act*, portanto, adotou a metodologia interpretativa tradicional que prevaleceu desde o começo da República estadunidense até os anos 1940, a qual orientava o respeito judicial às decisões das agências apenas

---

[379] "If Chevrons read in light of the shared concerns of Judge Breyer and Justice Scalia, it can be understood as a natural outgrowth of the twentieth-century shift from judicial to agency lawmaking. In numerous contexts, judge-made law has been replaced by administrative regulation, often pursuant to vague or open-ended guidance. The replacement has been spurred by dual commitments to specialized competence and democratic accountability – and also by an understanding of the need for frequent shifts in policy over time, with new understandings of fact and with new values as well" (SUNSTEIN, Cass R. Chevron Step Zero. *Virginia Law Review*, v. 92, n. 2, p. 187, 205, apr. 2006).

[380] "The true story of the origins of judicial deference is that the current doctrine, as an interpretive theory, originated in the Twentieth Century out of a desire to abandon the formalism of the traditional framework and to liberate the newly created and empowered federal administrative agencies from the oversight of generalist courts" (BAMZAI, Aditya. The Origins of Judicial Deference to Executive Interpretation. *Independent*. August 22, 2015). Demais disso, ao contrário do sugerido pela Suprema Corte, os precedentes por ela citados, relativos a julgados do início da República norte-americana até o final do século XIX, bem como a legislação que disciplina o processo administrativo daquele país – o *Administrative Procedure Act* (APA), de 1946 – não impõem deferência judicial à interpretação do Executivo (*Ibid.*).

[381] *Ibid.*

[382] APA, §706: "Scope of review. To the extent necessary to decision and when presented, the reviewing court shall decide all relevant questions of law, interpret constitutional and statutory provisions, and determine the meaning or applicability of the terms of an agency action" (UNITED STATES. *Administrative Procedure Act*, 1946. Disponível em: <http://www.justice.gov/sites/default/files/jmd/legacy/2014/05/01/act-pl79-404.pdf>. Acesso em: 01 fev. 2016).

se estas refletissem a interpretação usual e contemporânea (*customary-and-contemporary canons*) nos termos da legislação. Em outras palavras, o estatuto legal passou a abrigar novo reexame judicial (*de novo review*) das ações das agências administrativas; não, porém, a *Chevron deference*.[383]

A respeito, entende Aharon Barak que, em sede de controle de medida limitativa a um direito constitucional, o que interessa é a constitucionalidade da atuação (positiva ou negativa) do Legislativo ou Executivo. Consequentemente, não há que falar na existência de situações, como segurança nacional ou emergência, nas quais o juiz seja obrigado a se submeter à decisão dos outros poderes. Se esta se encontrar dentro da "zona de proporcionalidade", será encampada pelo Judiciário, não por razões de deferência, mas porque referida decisão foi reputada legítima. Finaliza Barak, enfatizando que a abordagem que sugere a obrigatória deferência judicial aos demais poderes atrita com a democracia constitucional, pois concede discricionariedade judicial onde esta não é assegurada e a denega quando deveria ser exercida.[384]

A teoria da deferência adaptada ao Direito Administrativo brasileiro se aproxima, guardadas as peculiaridades de cada ordenamento jurídico, da doutrina do *Hard Look Review*, utilizada pelos tribunais norte-americanos como uma reação à captura regulatória da década de 1960. Este modelo representou um controle judicial mais amplo e profundo, não apenas do aspecto formal, mas também substancial das decisões das agências, das quais se passou a demandar maior fundamentação, fática e jurídica, de suas conclusões.[385]

---

[383] BAMZAI, Aditya. The Origins of Judicial Deference to Executive Interpretation. *Independent*. August 22, 2015.

[384] BARAK, Aharon. *Proportionality*. Trad. Doron Kalir. New York: Cambridge University Press, 2012. p. 398-9.

[385] "In the 1960s, courts were under considerable pressure to strengthen judicial review of agency rulemaking. Agencies were frequently said to be 'captured' by one or another side. (...) At the same time, agencies were increasingly using informal rulemaking as the policymaking vehicle of choice, thus making substantial evidence review unavailable. In these circumstances, courts gave birth to the 'hard look doctrine'. At first, this phrase meant that courts would ensure that agencies themselves took a 'hard look' at the problem. Thus, courts required agencies to consider in their proceedings and opinions all of the relevant policies and factors bearing on discretionary policy choices. But soon thereafter courts began to take a 'hard look' on their own, often closely scrutinizing the logical and factual bases for the choices made. (...) That 'hard look' approach requires agencies to develop an evidentiary record reflecting the factual and analytical basis for their decisions, to explain in considerable detail their reasoning, and to give 'adequate consideration' to the evidence and analysis submitted by private parties" (BREYER, Stephen *et al*. *Administrative Law and Regulatory Policy*: problems, text, and cases. 7. ed. New York: Wolters Kluwer Law & Business, 2011. p. 386).

O Brasil – como a maioria dos países ibero-americanos[386] – encampou o modelo justicialista puro de jurisdição, que impõe o controle judiciário pleno de toda atividade administrativa, com amplitude de debate e prova.[387] Todos os fundamentos jurídicos e fáticos (inclusive técnicos) empregados pela Administração Pública, bem assim aqueles que poderiam e deveriam ter sido considerados, mas somente emergiram por ocasião do processo judicial, podem ser reapreciados pelo Judiciário. A correção material dos fatos é essencial para resguardar a legitimidade dos atos estatais. Pensamento contrário possibilitaria a imunização de condutas arbitrárias ou ilegais por meio da distorção dos antecedentes históricos da decisão administrativa.

De notar que os procedimentos administrativos são governados pelo princípio da verdade material, o que determina ao Estado a busca do real substrato fático que legitima sua atuação, não podendo contentar-se com a superficialidade de declarações e documentos, ou com a verdade formal.[388] Em virtude disso, a "Administração não pode agir baseada apenas em presunções, sempre que lhe for possível descobrir a efetiva ocorrência dos fatos correspondentes".[389]

A revisão judicial plena das decisões administrativas, por conseguinte, embora não se traduza em avanço dos juízes nas funções de legislar e administrar, em alguns casos implica, no alvitre de Cassagne, "una suerte de sustitución en la medida que dejan sin efecto un acto sustituyéndolo por otro, por más que éste constituya su negación o rechazo, y la sustitución aparezca subsumida en la declaración de invalidez".[390]

Sendo assim, ao particular que se sentir prejudicado e discordar das conclusões do agente público no que atine aos fatos subjacentes

---

[386] CASSAGNE, Juan Carlos. *El Principio de Legalidad y el Control Judicial de la Discrecionalidad Administrativa*. Buenos Aires: Marcial Pons Argentina, 2009. p. 55-71.

[387] Cassagne, escrevendo sobre o sistema constitucional argentino, que também contempla o modelo justicialista, assim se manifesta: "Aunque algunos autores consideran que en determinadas circunstancias (*v. gr.*, si se hubiera garantizado en el procedimiento instructorio el derecho de defensa) las cuestiones de hecho pueden no ser susceptibles de revisión judicial, ello, si bien es posible en el Derecho norteamericano, choca con los principio de toda la actividad administrativa, con amplitud de debate y prueba (el llamado control judicial suficiente)" (*Ibid.*, p. 206).

[388] BANDEIRA DE MELLO, Celso Antônio. *Curso de Direito Administrativo*. 29. ed. São Paulo: Malheiros, 2013. p. 517.

[389] MACHADO SEGUNDO, Hugo de Brito. *Processo Tributário*. 7. ed. São Paulo: Atlas, 2014. p. 29-30.

[390] CASSAGNE, Juan Carlos. *El Principio de Legalidad y el Control Judicial de la Discrecionalidad Administrativa*. Buenos Aires: Marcial Pons Argentina, 2009. p. 213.

à atuação administrativa é amplamente franqueada a oportunidade não apenas de rediscutir como também apresentar novas provas para contrastar os elementos coligidos no plano administrativo. Até porque, consoante ensinamento valioso de Taruffo, não faz sentido invocar valores como a legalidade, a correção ou a justiça da decisão se não se reconhece que a verdade dos fatos é condição necessária para uma correta aplicação da norma. Consoante ensina o processualista italiano, "no tiene sentido si no se reconoce que la función propia y exclusiva de la prueba es la de ofrecer elementos para la elección racional de la versión de los hechos que puede definirse como verdadera".[391]

Justamente por isso que a presunção de veracidade e legitimidade dos atos administrativos é, sempre, relativa, superável no caso concreto por intermédio de reapreciação judicial das próprias evidências amealhadas no procedimento administrativo, ou mesmo em face de provas em sentido contrário produzidas na ação judicial pelo particular. Tem razão Ney José de Freitas, destarte, ao sustentar que, apesar de referida presunção ser inerente à função administrativa, não provoca inversão do ônus da prova, nem transfere ao cidadão o encargo probatório de infirmar a validez do ato. Em caso de impugnação,

> cessa, de imediato, a presunção de validade em favor da Administração Pública, e esta deve comprovar a legalidade do seu ato e, em caso de matéria de fato, a questão resolve-se pela teoria geral da prova, aplicando, então, com todas as suas consequências, o princípio da aptidão para o ônus da prova.[392]

Essa noção aplica-se igualmente à seara dos direitos coletivos e difusos, a propiciar um escrutínio pleno dos fatores que possam determinar a verificação da sustentabilidade das decisões administrativas. Os juízes, assim, podem reavaliar as informações levantadas pelos órgãos públicos, submetê-las ao debate pelos interessados e legitimados ativos nas ações coletivas e complementá-las com a produção de outras provas em juízo, inclusive pericial.

Na percepção de Schmidt-Assmann, quando se introduz o aparato judicial, com suas características específicas, dentro do sistema de controle da Administração, está-se também situando em primeiro

---

[391] TARUFFO, Michele. *La Prueba de los Hechos*. 2. ed. Madrid: Trotta, 2005. p. 86.

[392] FREITAS, Ney José de. *Ato Administrativo:* presunção de validade e a questão do ônus da prova. Belo Horizonte: Fórum, 2007. p. 142. Do mesmo sentir é Celso Antônio Bandeira de Mello (In: *Curso de Direito Administrativo*. 29. ed. São Paulo: Malheiros, 2013. p. 423).

plano o papel do processo judicial como foro para o esclarecimento de interesses em terreno neutral. Foro este que se caracteriza pela independência e imparcialidade do juiz, pela igualdade de armas entre as partes e pelas amplas possibilidades de que estas dispõem para a articulação de seus interesses respectivos. Tudo isso concede à discussão e ao diálogo jurídico uma "função-chave". Esta perspectiva situa em destaque não a sentença judicial, tampouco o procedimento que a antecede, mas sim o *componente comunicativo do processo*. A discussão jurídica, acrescenta Schmidt-Assmann, pode atuar de duas maneiras: por um lado, preparar o terreno para uma solução pactuada do litígio; por outro, lançar as bases para a aceitação de uma sentença ditada em sede judicial. Importantes também são as soluções intermediárias, ou seja, acordos entre as partes sobre alguns pontos cruciais para a continuação do procedimento, providência de especial relevância no esclarecimento de circunstâncias de fato de maior complexidade. Por fim, Schmidt-Assmann refere: "La guía ideal de dicho control es ahora la de 'trabajo de repaso': bajo la dirección judicial, deberán comprobarse punto por punto las motivaciones y las circunstancias de hecho asumidas por la Administración".[393]

Em conclusão, a aplicação da doutrina da deferência revela-se como relevante ferramenta para auxiliar na eficiência e celeridade do controle judicial das decisões administrativas, em especial sob a ótica da sustentabilidade. O instituto, desenvolvido no Direito anglo-saxão, contudo, não pode ser transportado acriticamente para a nossa ordem constitucional, carecendo de adaptações. Convém, então, traçar diretrizes para permitir uma aplicação do princípio da deferência ao Direito brasileiro, ao mesmo tempo sintonizado com os princípios e direitos fundamentais, bem como orientado a preservar as funções próprias dos demais órgãos públicos e a operacionalizar uma atuação cooperativa entre Judiciário e Administração na solução de controvérsias que envolvem o Poder Público.

Inicialmente, cumpre asseverar que a diversidade e heterogeneidade das atividades atribuídas ao Poder Público comportam a existência de diversas espécies de deferências, adaptadas a cada manifestação estatal.[394] Com efeito, tanto a tarefa de estabelecer uma

---

[393] SCHMIDT-ASSMANN, Eberhard. *La Teoría General del Derecho Administrativo como Sistema*: objetivo y fundamentos de la construcción sistemática. Madrid: Marcial Pons, 2003. p. 246-7.

[394] Isso foi constatado pela Suprema Corte dos Estados Unidos no caso *United States v. Mead Corporation* (2001), quando decidiu que o *Chevron test* não se aplica a toda espécie de ato

tipologia detalhada das deferências possíveis como a definição de um único modelo abstrato esbarram na dinamicidade do próprio conceito de função administrativa[395] ou, como salienta Schmidt-Assmann, na falta de uma doutrina acabada sobre as funções do Estado.[396]

Além disso, a deferência somente pode ser compreendida se vinculada a um processo judicial específico, em virtude das limitações institucionais inerentes à prestação jurisdicional. É dizer, o grau de reserva a ser concedido à decisão administrativa depende da extensão da controvérsia que forma o objeto da ação judicial.

A plenitude do controle jurisdicional apanha, repise-se, não apenas questões jurídicas como também questões de fato que emergirem das decisões administrativas. Ademais, propicia ao particular e aos autores coletivos a impugnação judicial de aspectos procedimentais e substanciais das decisões administrativas. A *dimensão formal* refere-se ao itinerário procedimental que a Administração deve percorrer e à forma de que se reveste o ato final. Aqui se encontram, por exemplo, questões relacionadas à publicidade dos atos praticados, ao contraditório, ampla defesa e devido processo administrativo, bem como às formalidades essenciais que têm de ser obedecidas. Não se discute o objeto do comportamento estatal, isto é, os impactos reais pretendidos pelo Poder Público.

A *dimensão substancial* das decisões administrativas, por seu turno, reflete o próprio conteúdo da escolha pública ou a alteração que se pretende produzir no plano fático. Neste exame substantivo ou material é irrelevante a regularidade dos aspectos procedimentais. Os agentes públicos podem até ter respeitado as exigências de publicidade previstas em lei, observado o direito ao contraditório, ampla defesa e devido

---

praticado pelas agências administrativas, a exigir um questionamento preliminar que se convencionou chamar de *Chevron step zero*: "Underlying the position we take here, like the position expressed by Justice Scalia in dissent, is a choice about the best way to deal with an inescapable feature of the body of congressional legislation authorizing administrative action. That feature is the great variety of ways in which the laws invest the Government's administrative arms with discretion, and with procedures for exercising it, in giving meaning to Acts of Congress. (...) This acceptance of the range of statutory variation has led Court to recognize more than one variety of judicial deference, just as the Court recognize a variety of indicators that Congress would expect *Chevron* deference" (SUPREME COURT OF THE UNITED STATES. *United States v. Mead Corporation*, 533 U.S. 218 (2001). Disponível em: https://supreme.justia.com/cases/federal/us/533/218/case.pdf>. Acesso em: 01 fev. 2016).

[395] JUSTEN FILHO, Marçal. *Curso de Direito Administrativo*. 10. ed. São Paulo: Revista dos Tribunais, 2014. p. 121-2.

[396] SCHMIDT-ASSMANN, Eberhard. *La Teoría General del Derecho Administrativo como Sistema*: objetivo y fundamentos de la construcción sistemática. Madrid: Marcial Pons, 2003. p. 169-70.

processo administrativo e cumprido todas as etapas indispensáveis para a higidez da conduta administrativa. Ainda assim, em nosso modelo de unidade da jurisdição, será possível provocar o reexame judicial das próprias escolhas realizadas pelo ente público. Nesta categoria entra o controle da própria sustentabilidade das decisões administrativas. Vale dizer, considerando que a sustentabilidade é princípio de observância obrigatória, o aviltamento do direito ao futuro pelo administrador, o desapreço aos custos e benefícios, diretos e indiretos, ou o próprio desprezo ao princípio da economicidade podem atrair a intervenção judicial para corrigir a atuação administrativa insustentável.

No Brasil, a primazia da jurisdição inviabiliza a imunidade de qualquer comportamento administrativo. Sejam atos, normativos ou não, sejam contratos ou, ainda, procedimentos, descabe fazer distinção quanto à amplitude e profundidade do controle jurisdicional. Em outras palavras, não cabe admitir uma "deferência cega" ou acrítica às ações administrativas pelos magistrados, como preconizado pelo *Chevron test*.

No campo do Direito Ambiental, o Princípio 10[397] da Declaração do Rio de 1992 estabelece o direito à participação, ao acesso à informação e ao acesso efetivo a mecanismos judiciais e administrativos. Essas questões foram posteriormente desenvolvidas na "Convenção de Aarhus sobre acesso à informação, participação do público no processo de tomada de decisão e acesso à justiça em matéria de ambiente",[398] de 1998, que, no artigo 9º, item 2, "b" referiu que cada Estado assegurará o direito à revisão judicial *processual e substancial* de qualquer decisão, ato ou omissão na seara ambiental.[399]

---

[397] Princípio 10 da Declaração do Rio de 1992: "A melhor maneira de tratar as questões ambientais é assegurar a participação, no nível apropriado, de todos os cidadãos interessados. No nível nacional, cada indivíduo terá acesso adequado às informações relativas ao meio ambiente de que disponham as autoridades públicas, inclusive informações acerca de materiais e atividades perigosas em suas comunidades, bem como a oportunidade de participar dos processos decisórios. Os Estados irão facilitar e estimular a conscientização e a participação popular, colocando as informações à disposição de todos. Será proporcionado o acesso efetivo a mecanismos judiciais e administrativos, inclusive no que se refere à compensação e reparação de danos".

[398] Oportuno aludir que a Convenção de Aarhus, apesar de ter sido inicialmente adotada por países europeus, permitiu, no artigo 19, a adesão de outros estados (UNIÃO EUROPEIA. *Convenção de Aarhus Sobre Acesso à informação, participação do público e acesso à justiça no domínio do ambiente*, 1998. Disponível em: <http://eur-lex.europa.eu/legal-content/PT/TXT/?uri=URISERV%3Al28056>. Acesso em: 14 nov. 2015).

[399] Consoante Valerio de Oliveira Mazzuoli e Patryck de Araújo Ayala: "Conquanto ainda não aplicada no Brasil, a Convenção de Aarhus serve ao nosso país como paradigma e referencial ético no que toca à cooperação internacional para a proteção do meio ambiente, na medida em que consagra aos cidadãos o acesso à informação, a participação na tomada

Convém frisar que o Direito Administrativo dos Estados Unidos, em recentes decisões da Suprema Corte, tem se aproximado da sindicabilidade judicial plena acolhida em nosso modelo de jurisdição. Essa tendência pode ser percebida no caso *King v. Burwell* (2015), em que aquele Tribunal, por maioria, deixou de aplicar o *Chevron test* para conferir primazia à sua própria interpretação do texto legal. Decidiu-se que o sentido ou a ambiguidade de determinadas palavras ou frases somente poderiam ser aferidos dentro do contexto em que se inserem e de forma compatível com o Direito em sentido amplo.[400] Muito embora a Corte tenha frisado que normalmente aplica o *Chevron test*, este e outros casos demonstram o interesse dos juízes em confrontar a deferência judicial por uma perspectiva histórica ou da separação de poderes.[401] Além disso, encampou-se uma "nova deferência judicial" (*new judicial deference*) em demandas ajuizadas após os ataques de 11 de setembro de 2001 por indivíduos detidos no campo de Guantánamo, nas quais se buscou preservar as garantias fundamentais, como o devido processo legal, ainda que em favor de suspeitos de envolvimento com o terrorismo, muito embora a efetividade das decisões tenha deixado a desejar.[402]

---

de decisões e o ingresso à justiça em matéria ambiental" (In: Cooperação internacional para a preservação do meio ambiente: o direito brasileiro e a Convenção de Aarhus. *Revista de Direito Ambiental*, v. 62, p. 223-63, abr./jun. 2011).

[400] O voto vencedor foi proferido pelo *Justice* Roberts, o qual assentou que: "When analyzing an agency's interpretation of a statute, this Court often applies the two step framework announced in *Chevron*, 467 U.S. 837. But *Chevron* does not provide the appropriate framework here. (…) It is instead the Court's task to determine the correct reading of Section 36B. If the statutory language is plain, the Court must enforce it according to its terms. But oftentimes the meaning – or ambiguity – of certain words or phrases may only become evident when placed in context. So when deciding whether the language is plain, the Court must read the words 'in their context and with a view to their place in the overall statutory scheme' FDA v. Brown & Williamson Tobacco Corp., 529 U. S. 120, 133. Pp. 7-9. (...)And rigorous application of that canon does not seem a particularly useful guide to a fair construction of the Affordable Care Act, which contains more than a few examples of inartful drafting. The Court nevertheless must do its best, 'bearing in mind the 'fundamental canon of statutory construction that the words of a statute must be read in their context and with a view to their place in the overall statutory scheme.' Utility Air Regulatory Group v. EPA, 573 U. S. ___, ___. Pp. 9-15. (c) Given that the text is ambiguous, the Court must look to the broader structure of the Act to determine whether one of Section 36B's 'permissible meanings produces a substantive effect that is compatible with the rest of the law". United Sav. Assn. of Tex. v. Timbers of Inwood Forest Associates, Ltd., 484 U. S. 365, 371' (SUPREME COURT OF THE UNITED STATES. *King et al. v. Burwell, Secretary of Health and Human Services, et al.* 576 U.S. ___ (2015). Disponível em: <http://www.supremecourt.gov/opinions/14pdf/14-114_qol1.pdf>. Acesso em: 17 out. 2015).

[401] BAMZAI, Aditya. The Origins of Judicial Deference to Executive Interpretation. *Independent*. August 22, 2015

[402] Diversas ações foram intentadas na Suprema Corte dos Estados Unidos por detentos da prisão de Guantánamo, suspeitos de envolvimento com terrorismo, após os ataques

A deferência judicial, portanto, não pode significar tolerância à violação aos direitos e garantias fundamentais, e requer do intérprete uma solução contextualizada, harmônica com o sistema jurídico e a finalidade das normas aplicadas. Além disso, compete o juiz atuar para evitar o descumprimento das suas decisões, pois a Administração Pública tem o dever de acatamento das ordens judiciais, sob pena de violação aos princípios administrativos (CF, art. 37) e à garantia fundamental da tutela jurisdicional efetiva e adequada (CF, art. 5º, incs. XXXV e LXXVIII).

Em cotejo com o *judicial review* norte-americano, a perspectiva de deferência mais adequada ao nosso regime constitucional é aquela que depende da "autoridade persuasiva" da solução da agência (*persuasive authority* ou *power to persuade*). Foi o que decidiu a Suprema Corte dos Estados Unidos no caso relativamente antigo *Skidmore v. Switf & Co.* (1944), em que foi articulada uma abordagem multifatorial e contextualizada para a deferência judicial.[403] A *Skidmore deference*, aplicada para interpretações administrativas que não se originavam de delegação legislativa ou de um procedimento adversarial, foi dimensionada conforme a força persuasiva que deflui do rigorismo ou da meticulosidade das evidências levantadas pelas agências (*"thoroughness evident" in agency's consideration*). Nessa linha, os elementos coligidos pela Administração constituem um material de prova a ser utilizado

---

de 11 de setembro de 2001 em casos como *Padilla v. Rumsfeld* (2004), *Hamdi v. Rumsfeld* (2004), *Rasul v. Bush* (2004) e *Hamdan v. Rumsfeld* (2006). O *Justice* O'Connor, no caso *Hamdi*, declarou: "It is during our most challenging and uncertain moments that our Nation's commitment to due process is most severely tested; and it is in those times that we must preserve our commitment at home to the principles for which we fight abroad" (BREYER, Stephen. *Making our Democracy Work*. New York: Vintage, 2010. p. 202). Assim, foi superada a antiga deferência em tempos de crise e guerra, quando o Judiciário normalmente conferia ao Executivo maior liberdade para a condução do conflito, em atenção ao aforismo *inter arma silent leges*. A Suprema Corte, seguida pelos demais tribunais norte-americanos, ampliou a revisão judicial dos atos estatais para determinar o respeito aos direitos individuais, ainda que relacionados a suspeitos de terrorismo, presos no campo de Guantánamo. Todavia, conquanto essas decisões aparentemente tenham infligido derrotas para a política governamental de combate ao terror e obrigado o Executivo a observar garantias como o *due processo of law*, não resultaram em mudanças imediatas nas práticas ofensivas aos direitos fundamentais e na situação dos envolvidos (SCHEPPELE, Kim Lane. The new judicial deference. *Boston University Law Review*, Boston, v. 92, *issue* 1, p. 89-170, jan. 2012. Disponível em: <https://www.bu.edu/law/central/jd/organizations/journals/bulr/documents/SCHEPPELE.pdf>. Acesso em: 11 out. 2015).

[403] "A third case, also from the year 1944, seemed to articulate a slightly different, more forthrightly multi-factor and contextual approach to judicial deference" (BAMZAI, Aditya. The Origins of Judicial Deference to Executive Interpretation. *Independent*. August 22, 2015).

pelas cortes e pelos litigantes.[404] A deferência, neste modelo, é determinada pela profundidade da evidência das considerações das agências, pela validade de seu raciocínio, pela sua consistência com pronunciamentos anteriores e posteriores e todos os fatores que possam conferir um poder de persuasão.[405] Consoante destacou o *Justice Jackson* em sua decisão, não existiria qualquer disposição legal a respeito do grau de deferência que o Judiciário deveria conferir às conclusões dos administradores.[406] Este *standard*, originado em processos envolvendo apenas litigantes privados,[407] foi posteriormente aplicado pela Suprema Corte também para ações nas quais se desafia a própria decisão da agência, no caso *United States v. Mead Corporation* (2001). Adotou-se, com isso, o que se denominou *Chevron "step zero"*, afastando o *Chevron test* para procedimentos mais informais, que passariam a contar apenas com a "deferência persuasiva".[408] De conseguinte, neste

---

[404] Conforme afirmou o *Justice Jackson*, no caso *Skidmore*: "The fact that the Administrator's policies and standards are not reached by trial in adversary form does not mean that they are not entitled to respect. This Court has long given considerable and in some cases decisive weight to Treasury Decisions and to interpretative regulations of the Treasury and of other bodies that were not of adversary origin. We consider that the rulings, interpretations and opinions of the Administrator under this Act, while not controlling upon the courts by reason of their authority, do constitute a body of experience, and informed judgment to which courts and litigants may properly resort for guidance. The weight of such a judgment in a particular case will depend upon the thoroughness evident in its consideration, the validity of its reasoning, its consistency with earlier and later pronouncements, and all those factors which give it power to persuade, if lacking power to control" (BREYER, Stephen et al. *Administrative Law and Regulatory Policy*: problems, text, and cases. 7. ed. New York: Wolters Kluwer Law & Business, 2011. p. 280).

[405] "*Skidmore* is famous for adopting an approach to agency interpretations under which the agency's view are not 'binding' but have merely persuasive authority, whose weight depends on the circumstances. This approach raises some broader questions: What determines *how much* 'deference' the courts will grant an agency interpretation, legislative or otherwise? *Skidmore* lists some of these factors: the 'thoroughness evident' in the agency's consideration, 'the validity of its reasoning, its consistency with earlier and later pronouncements, ad all those factors which give it power to persuade, if lacking power to control'" (*Ibid.*, p. 280).

[406] "There is no statutory provision as to what, if any, deference courts should pay to the Administrator's conclusions" (SUPREME COURT OF THE UNITED STATES. *Skidmore v. Swift & Co.* 323 U.S. 134 (1944). Disponível em: <https://supreme.justia.com/cases/federal/us/323/134/case.html>. Acesso em: 01 fev. 2016).

[407] "Notice that the legal issue in *Skidmore* arose in context of a lawsuit between two private parties; it was not a direct challenge to the agency's position or the review of an agency decision" (BREYER, Stephen *et al*. *Administrative Law and Regulatory Policy*: problems, text, and cases. 7. ed. New York: Wolters Kluwer Law & Business, 2011. p. 281).

[408] "*Mead* confirms what previous courts had held, that *Chevron* applies to legal interpretations adopted by agencies through adjudication. However (...) there are adjudications and there are adjudications. *Chevron* certainly applies to so-called 'formal adjudications', trial-type proceedings governed by §§554, 556, 557 of the APA. It would seem also to apply in other trial-type adjudications, which are not strictly speaking 'formal' under the APA but still

modelo de deferência, a consideração judicial dos atos praticados pela Administração está vinculada à força probatória dos elementos integrantes do procedimento administrativo: documentos, declarações, laudos periciais, vistorias, pareceres, etc.

Noutro contexto, Schimdt-Assmann enfatiza que não satisfaz o mandato de tutela judicial efetiva uma decisão fundada exclusivamente com base no expediente administrativo, o qual, por outro lado, não é repetido por completo no processo judicial. Dessarte, os tribunais somente produzem os atos de instrução necessários para a determinação dos fatos quando não tenham por certos aqueles determinados pela Administração ou estes resultem questionados por alguma das partes. Em tal caso, esgotam-se perante a Justiça os meios de prova disponíveis.[409]

É verdade que a deferência, na prática, poderá ser um dado contingente e depender da credibilidade que determinados órgãos públicos, no desempenho de suas atividades, gozam perante o Judiciário.[410] A propósito, Cass Sunstein observa que os órgãos e entes do Executivo possuem mais conhecimento e *expertise* que os demais poderes sobre os fatos relacionados à prestação de serviços públicos,[411] o que precisa ser levado em consideração por ocasião do controle. Com efeito, se inúmeros funcionários estão envolvidos na tomada de decisão, os riscos são reduzidos porque a opção administrativa foi apreciada por diversas perspectivas, caso em que a deferência tem de ser maior.[412] De outra parte, prossegue Sunstein, o controle judicial não pode ser afastado, dado que os agentes públicos podem ser influenciados por suas próprias preferências políticas, e o "julgamento" por parte do

---

have similar trial-type attributes. (…) The general principles of *Mead* suggest, however, that informal adjudications (which is what *Mead* itself involved) usually will not merit *Chevron* deference" (BREYER, Stephen et al. *Administrative Law and Regulatory Policy*: problems, text, and cases. 7. ed. New York: Wolters Kluwer Law & Business, 2011. p. 303).

[409] SCHMIDT-ASSMANN, Eberhard. *La Teoría General del Derecho Administrativo como Sistema*: objetivo y fundamentos de la construcción sistemática. Madrid: Marcial Pons, 2003. p. 230-1.

[410] "Reviewing courts may, as a practical matter, give agencies greater or lesser leeway to find facts depending on the court's confidence in her own ability to deal with technical matters, and the sheer bulk of the Record. The same court in the same year may display wide variations in the deference accorded to agency findings, depending on the agency and issues involved" (BREYER, Stephen *et al*. *Administrative Law and Regulatory Policy*: problems, text, and cases. 7. ed. New York: Wolters Kluwer Law & Business, 2011. p. 256).

[411] SUNSTEIN, Cass R. The Most Knowledgeable Branch. *University of Pennsylvania Law Review*, 14 jul. 2015.

[412] *Ibid.*

Executivo resultar errôneo ou realizado em seu próprio benefício. O risco de atividades ilícitas e afronta ao sistema jurídico aumenta se ausente o escrutínio jurisdicional.[413]

Essa circunstância não pode ser ignorada: afinal, o ente público que pretende receber a deferência como margem de confiança e de respeito tem de demonstrar ser merecedor dessa reverência judicial. Em razão disso, informações sobre a *confiabilidade* da decisão administrativa têm de ingressar nos autos para nortear o grau de reserva que o juiz poderá conferir ao ente estatal. Essa *confiabilidade* pode ser estimada com base em diversos fatores, principalmente pelos seguintes:

a) *exposição do histórico de idoneidade das decisões administrativas acumuladas.* Por meio desta informação oportuniza-se ao julgador averiguar não apenas a qualidade das diversas deliberações de determinado órgão ou ente público. Cabe ao juiz resguardar a aplicação isonômica do Direito aos particulares por parte do Poder Público e garantir a segurança jurídica – seja na vertente objetiva, que limita a retroatividade dos atos do Estado, seja na subjetiva ou proteção à confiança das pessoas.[414] Aliás, o próprio Judiciário tem a responsabilidade de não gerar insegurança jurídica nas relações administrativas, notadamente mediante uniformização da jurisprudência de Direito Administrativo, tema que não poderá ser aprofundado neste estudo;

b) *nível de imparcialidade e autonomia do setor público cuja decisão é objeto de impugnação.* Em razão disso, por exemplo, uma agência reguladora independente, menos sujeita a capturas de mercado e de governo, será merecedora de maior deferência que um órgão cujos servidores sejam indicados apenas politicamente, detenham pouca autonomia e estejam sujeitos a influências indevidas de toda sorte;

c) *possibilidade de participação dos cidadãos no processo de tomada de decisão.* De fato, o controle judicial, neste aspecto, é apto a impelir o Estado a acolher as diretrizes que emergem da nova governança e do novo serviço público e, com isso, induzir ao pluralismo na deliberação e execução das políticas públicas. Consoante ficou assentado anteriormente,[415] o cidadão – não mais o mero súdito, consumidor,

---

[413] *Ibid.*

[414] COUTO E SILVA, Almiro do. O princípio da segurança (proteção à confiança) no direito público brasileiro e o direito da administração pública de anular seus próprios atos administrativos: o prazo decadencial do art. 54 da lei do processo administrativo da União (Lei nº 9784/99). *Revista Eletrônica de Direito do Estado,* n. 2, abr./maio/jun. 2005, Salvador. Disponível em: <http://www.direitodoestado.com/revista/rede-2-abril-2005-almiro%20do%20couto%20e%20silva.pdf>. Acesso em: 15 jan. 2016.

[415] Tópico 2.1.

cliente ou eleitor – ocupa a centralidade do Direito Administrativo contemporâneo, de modo que as medidas de consenso passam a ser empregadas, inclusive de maneira prévia à emissão de decisões administrativas, ao invés de providências exclusivamente de "comando-e-controle" (sem eliminar por completo estas modalidades quando necessário);

d) *respeito ao devido processo administrativo, ao contraditório e à ampla defesa* nos procedimentos instaurados em desfavor dos administrados, como determina o art. 5º, incs. LIV e LV da Constituição Federal e Lei nº 9.784/99. A condução do processo administrativo sem observância dessas garantias fundamentais obsta a deferência judicial;

e) *grau de especialização dos servidores e da instituição em questão*. Neste caso, quanto maior for a especialização das agências reguladoras ou dos órgãos recursais do processo administrativo, maior será a probabilidade de o Judiciário concordar com as conclusões administrativas, o que, inclusive, proporciona uma convivência harmônica entre as vantagens da regulação por agências e a revisão judicial;

f) *qualidade das provas e dos laudos técnicos produzidos administrativamente*. Como foi ressaltado anteriormente, as questões de fato, inclusive técnicas, submetem-se a reexame judicial. Contudo, evidências produzidas com seriedade, profundidade e clareza auxiliam na prestação jurisdicional e são utilizadas pelos magistrados para que profiram decisões melhor informadas;

g) *transparência do processo administrativo*. Decisões administrativas que se ancoram em alegações não comprovadas, em atos ocultos e secretos ou insatisfatoriamente motivadas dificilmente serão mantidas em juízo.

A par disso, os magistrados devem calibrar as decisões judiciais com apoio no princípio da proporcionalidade, notadamente na análise dos custos e benefícios entre a intervenção e a deferência. Esse mecanismo ganha ainda maior relevo no controle da sustentabilidade das decisões administrativas, para que seja encontrado um equilíbrio entre os direitos das presentes e futuras gerações.

A exposição das razões que determinaram a ação ou inação do gestor público, assim, proporciona ao juiz, quando instado a revisar a legitimidade da decisão administrativa: a) apreciar a legalidade e juridicidade da conduta estatal, no contexto do sistema jurídico, das finalidades apontadas pelas normas jurídicas e das peculiaridades do caso concreto; b) avaliar a proporcionalidade da medida adotada; c) aquilatar a força persuasiva do conjunto probatório e das informações amealhadas pela Administração Pública; d) verificar a sustentabilidade pluridimensional da conduta estatal.

Em conclusão, é lícito afirmar que o Judiciário brasileiro pode conceder deferência às decisões administrativas, em conformidade com sua força persuasória e confiabilidade em cada hipótese em concreto, desde que sejam proferidas de acordo com as respectivas competências constitucionalmente atribuídas ao órgão ou ente que emitiu a decisão e não representem violação à lei, aos princípios e aos direitos fundamentais. Inclusive ao princípio constitucional da sustentabilidade, o qual, cumpre reiterar, determina, com eficácia direta e imediata, a responsabilidade do Estado pela concretização do desenvolvimento material e imaterial das presentes e futuras gerações.[416] De notar que, na visão de Aharon Barak, quando o juiz aprecia a constitucionalidade de determinada medida administrativa ou mesmo ato legislativo limitador de um direito constitucional, a noção de deferência não tem lugar.[417] De qualquer sorte, praticado ato, formalizado contrato ou conduzido procedimento administrativo ao arrepio das leis, da Constituição, dos princípios e dos direitos fundamentais, o controle judicial é de rigor para restaurar a juridicidade do comportamento estatal.

As decisões administrativas também precisam passar pelo quádruplo teste da proporcionalidade: verificação do propósito adequado (*proper purpose*) na justificação da limitação a determinado direito constitucional, adequação, necessidade e proporcionalidade em sentido estrito. Aqui se propicia a contextualização e ponderação da providência administrativa, a fim de que possa, ao mesmo tempo, conferir-lhe uma máxima aderência à realidade e ao sistema jurídico.

De outra parte, apesar de não integrar o objeto deste estudo, convém frisar que o controle jurisdicional convive com outros meios de solução de conflitos, inclusive realizados no âmbito da própria Administração Pública, notadamente em virtude dos mecanismos de autocomposição previstos na novel Lei nº 13.140/2015, como as "câmaras de prevenção e resolução administrativa de conflitos" (art. 32) e a "transação por adesão" (art. 35), ou ainda a possibilidade de acordos ou transações para prevenir ou terminar litígios (Lei nº 9.469/97, art. 1º). Esses meios compõem o que, na expressão de Leonardo Carneiro

---

[416] FREITAS, Juarez. *Sustentabilidade:* direito ao futuro. 3. ed. Belo Horizonte: Fórum, 2016. p. 43.

[417] BARAK, Aharon. *Proportionality.* Trad. Doron Kalir. New York: Cambridge University Press, 2012. p. 399.

da Cunha, pode-se denominar como "sistemas multiportas de justiça", de modo que, para cada tipo de controvérsia, "seria adequada uma forma de solução, de modo que há casos em que a melhor solução há de ser obtida pela mediação, enquanto outros, pela conciliação, outros, pela arbitragem e, finalmente, os que se resolveriam pela decisão do juiz estatal".[418] Como restou aventado já no capítulo primeiro,[419] a governança pública não é mais exclusiva do Estado; a solução dos litígios, da mesma forma, não é privativa do Poder Público, tampouco do Judiciário, salvo, evidentemente, na hipótese de solução derradeira, quando inviabilizada extrajudicialmente.

Essa proposta de concepção do princípio da deferência no Direito Brasileiro – que guarda íntima relação com o próprio controle da discricionariedade – encontra campo fértil de aplicação no controle judicial da sustentabilidade das decisões administrativas. Evidente que não se pretende com isso que o Judiciário seja um poder onipresente e onipotente, que tudo controla e tudo faz, nem se sugere a substituição do administrador e do legislador pelo juiz. Ao invés, diante de decisão administrativa regularmente motivada, idônea, imparcial, participativa, afinada com o devido processo legal, especializada, qualificada, transparente, legítima e sustentável, resta ao magistrado respeitar a escolha estatal e, assim, colaborar para a boa administração pública.

É verdade que os diversos órgãos e entes do Executivo, sobretudo as agências reguladoras, são os setores com maior conhecimento e *expertise* na formulação e concretização dos serviços públicos, a recomendar maior deferência judicial em muitas situações. Essa vantagem da Administração Pública, porém, não a torna imune ao controle, fundamental para afastar decisões enviesadas, inconsistentes, influenciadas por interesses de determinados grupos, violadoras dos princípios e direitos fundamentais e insustentáveis. Não convém que o Judiciário fique insensível ao recrudescimento das questões sociais,[420] tampouco às consequências trágicas e às fatalidades decorrentes da

---

[418] CUNHA, Leonardo Carneiro da. *A fazenda pública em juízo.* 13. ed. Rio de Janeiro: Forense, 2016. p. 637.

[419] Tópico 2.1.

[420] No ensinamento de Vladimir Passos de Freitas, no passado, "o juiz não tinha preocupações ou responsabilidades no âmbito social". Contudo, "Juízes e Judiciário, como Poder de Estado, não podem ser insensíveis aos problemas sociais vividos por grande parte da população brasileira". Complementa o jurista ao mencionar que o "Poder Judiciário pode, no âmbito da responsabilidade social, agir em duas frentes: a) no exercício da jurisdição; b) como Poder Público, ou seja, órgão da administração" (In: Responsabilidade social do juiz e do Judiciário. *Revista CEJ,* Brasília, ano XIV, n. 51, p. 6-13, out./dez. 2010).

O CONTROLE JUDICIAL DE SUSTENTABILIDADE DAS DECISÕES ADMINISTRATIVAS | 123

poluição do ar[421] e das grandes tragédias ambientais da atualidade, como, ilustrativamente, o rompimento da Barragem do Fundão, em Mariana.[422] Efetivamente, a ausência de um controle efetivo e célere de sustentabilidade das decisões administrativas pode ser letal.

3.2.2.5 Efetividade da tutela judicial em face da Administração Pública

Neste tópico serão feitas breves anotações sobre a efetividade da tutela judicial em face da Administração Pública. Ainda que não represente o assunto central deste trabalho, descortina-se sua grande relevância para analisar a viabilidade prática do protagonismo judicial para assegurar um Estado sustentável.

O direito à tutela jurisdicional adequada, efetiva (CF, art. 5º, inc. XXXV) e célere (inc. LXXVIII) reveste-se de fundamentalidade formal e material, porque, a par de se encontrar positivado no texto constitucional,[423] é garantia indispensável para a busca e a concretização dos demais direitos fundamentais e para a manutenção do próprio Estado Democrático de Direito, bem assim encontra respaldo em diversos

---

[421] Conforme conclusões do "Índice de Desempenho Ambiental" (*"Environmental Performance Index"*) realizado pelo *"Yale Center for Environmental Law & Policy (YCELP)"* e o *"Center for International Earth Science Information Network (CIESIN)"* da Universidade de Columbia, em parceria com o Fórum Econômico Mundial, *a poluição atmosférica mata milhões de pessoas por ano no mundo* (HSU, Angel et al. *2016 Environmental Performance Index*. New Haven, CT: Yale University. Disponível em: <http://epi.yale.edu/chapter/key-findings>. Acesso em: 29 jan. 2016). De modo semelhante, um estudo divulgado pela Organização Mundial de Saúde revela que 92% da população mundial vive em áreas que excedem os níveis de poluição recomendados, e, a cada ano, cerca de três milhões de pessoas morrem por doenças associadas à poluição do ar em espaços abertos, sendo que os países pobres e em desenvolvimento são os que mais sofrem com o problema (WORLD HEALTH ORGANIZATION. *Ambient Air Pollution: a global assessment of exposure and burden of disease*. Geneva, 2016. Disponível em: <http://apps.who.int/iris/bitstre am/10665/250141/1/9789241511353-eng.pdf>. Acesso em: 27 dez. 2016).

[422] Não se pode deixar de mencionar a dramática tragédia ambiental de Mariana, ocorrida em 05.11.2015, em que falhas no planejamento, no controle e na gestão de riscos por parte da empresa e dos órgãos públicos contribuíram para o rompimento da Barragem do Fundão, da Samarco, causando o extravasamento de 40 milhões de m³ de rejeitos, e outros 16 milhões que continuaram escoando depois.

[423] A fundamentalidade formal do direito à tutela jurisdicional adequada, efetiva e célere decorre de sua previsão no art. 5º, inc. XXXV da Lei Fundamental, bem assim em decorrência de uma constelação de garantias, como as da independência e imparcialidade do juiz, a do juiz natural ou constitucional, a do direito de ação e de defesa, nos termos dos incs. XXXV, LIV e LV do mesmo art. 5º (SILVA, José Afonso da. *Curso de Direito Constitucional Positivo*. 37. ed. São Paulo: Malheiros, 2014. p. 433).

documentos internacionais.[424] Na condição de *garantia institucional fundamental*, a tutela jurisdicional pretende "reforçar a proteção de determinadas instituições contra a ação erosiva do legislador, o que ressalta sua dimensão ao menos preponderantemente defensiva, isto é, bloquear ingerências dos poderes públicos".[425] Isso, contudo, não afasta uma dimensão prestacional, em razão, principalmente, de sua conexão com as garantias de organização e procedimento.[426] De qualquer forma, como assevera Sarlet, deve ser reconhecido que a fruição de diversos direitos fundamentais "não se revela possível ou, no mínimo, perde em efetividade, sem que sejam colocadas à disposição prestações estatais na esfera organizacional e procedimental".[427]

No regime constitucional brasileiro, a garantia do acesso à justiça não se limita a uma resposta formal do Judiciário às demandas dos entes públicos e privados. A efetividade dos novos direitos sociais e difusos, emergentes das relações de massa, da evolução tecnológica e das crises socioeconômicas e ambientais, reconhecidos na Constituição Federal de 1988, revelou-se incompatível com as providências tímidas inerentes à ordinariedade do processo civil clássico, como a carência de imperatividade das decisões judiciais, a rigidez formal e as limitações impostas pelo princípio dispositivo.[428]

Na medida em que vedou a autotutela ou a "justiça com as próprias mãos", a Constituição Federal monopolizou ao Estado o poder de resolução definitiva dos conflitos e, com isso, erigiu um direito fundamental à tutela jurisdicional adequada e efetiva. Na dicção de Marinoni e Mitidiero, pensar "de forma diversa significa *esvaziar* não só o direito à *tutela jurisdicional* (plano do direito processual),

---

[424] O direito a tutela jurisdicional está contemplado em cartas internacionais, a exemplo da Declaração Universal dos Direitos do Homem (1948) arts. 8º a 10; na Convenção Europeia dos Direitos do Homem (1950), art. 6º; no Pacto Internacional Relativo aos Direitos Civis e Políticos (1966), art. 14; e na Convenção Americana sobre Direitos Humanos (1969), art. 8º.

[425] SARLET, Ingo Wolfgang. *A Eficácia dos Direitos Fundamentais*: uma teoria geral dos direitos fundamentais na perspectiva constitucional. 12. ed. Porto Alegre: Livraria do Advogado, 2015. p. 190-1.

[426] Sarlet assevera que "além das garantias institucionais estarem a serviço da tutela de determinados direitos fundamentais, elas também exigem, em muitos casos, a criação de estruturas organizacionais e procedimentais a assegurarem a viabilidade e funcionalidade das instituições e institutos assegurados" (SARLET, Ingo Wolfgang. *A Eficácia dos Direitos Fundamentais*: uma teoria geral dos direitos fundamentais na perspectiva constitucional. 12. ed. Porto Alegre: Livraria do Advogado, 2015. p. 190-1).

[427] *Ibid.*, p. 203.

[428] MOREIRA, Rafael Martins Costa. O princípio da adstrição na jurisdição civil ambiental. *Revista de Direito Ambiental*, São Paulo, v. 77, p. 169-95, jan./mar. 2015.

mas também o próprio direito material, isto é, o *direito* à *tutela do direito* (plano do direito material)", razão pela qual o "direito à tutela jurisdicional constitui direito à 'proteção jurídica efetiva'".[429] Como referiu Cappelletti,

> a titularidade de direitos é destituída de sentido, na ausência de mecanismos para sua efetiva reivindicação. O acesso à justiça pode, portanto, ser encarado como o requisito fundamental – o mais básico dos direitos humanos – de um sistema jurídico moderno e igualitário que pretenda garantir, e não apenas proclamar os direitos de todos.[430]

Ademais, na visão de Marinoni, a tutela tem de ser *adequada*, pois o direito fundamental, quando se dirige ao juiz, não exige apenas a efetividade da proteção, mas também que a jurisdição seja conferida de maneira efetiva para todos os direitos. Por isso, são indispensáveis técnicas processuais *idôneas* à efetiva tutela de quaisquer direitos. O "jurisdicionado não é obrigado a se contentar com um procedimento inidôneo à tutela jurisdicional efetiva, pois o seu direito não se resume à possibilidade de acesso ao procedimento estabelecido".[431] Neil Andrews, ao tratar do ordenamento inglês, acentua que a distribuição entre diferentes sistemas de processo "fundamenta-se no princípio da proporcionalidade jurisdicional: o processo precisa ser adaptado de acordo com a dimensão e natureza do conflito".[432] Deve-se admitir, pois, procedimentos diferenciados e adequados às peculiaridades do direito material protegido.

Portanto, em nosso sistema, a inefetividade e inadequação do provimento jurisdicional, inclusive direcionado à Administração Pública, configura estado de coisas nitidamente inconstitucional. Cumpre ao legislador prescrever técnicas processuais diferenciadas e adaptadas ao direito a ser tutelado. Ao juiz incumbe conduzir o processo de acordo com as exigências do direito material reclamado pelas partes.

---

[429] MARINONI, Luiz Guilherme; MITIDIERO, Daniel. In: MARINONI, Luiz Guilherme; MITIDIERO, Daniel; SARLET, Ingo Wolfgang. *Curso de Direito Constitucional*. 2. ed. São Paulo: Revista dos Tribunais, 2012. p. 628.

[430] CAPPELLETTI, Mauro. *Acesso à Justiça*. Colab. GARTH, Bryant. Trad. NORTHFLEET, Ellen Gracie. Porto Alegre: Fabris, 1988. p. 11-2.

[431] MARINONI, Luiz Guilherme. *Técnica Processual e Tutela dos Direitos*. São Paulo: Revista dos Tribunais, 2004. p. 187-8.

[432] ANDREWS, Neil. *O Moderno Processo Civil*: formas judiciais e alternativas de resolução de conflitos na Inglaterra. Trad. do autor. Rev. Teresa Arruda Alvim Wambier. 2. ed. São Paulo: Revista dos Tribunais, 2012. p. 108.

Nessa linha, o art. 84 do CDC, assim como as inovações trazidas pelos arts. 461 e 461-A do CPC de 1973 conferiram às decisões judiciais em que ordenadas obrigações de fazer, não fazer e dar coisa certa eficácia executiva e mandamental, de modo a dispensarem o processo autônomo para cumprimento. Esses dispositivos, igualmente, proporcionaram ao magistrado conceder a tutela específica da obrigação ou determinar providências que assegurem o resultado prático equivalente ao do adimplemento.[433] Ao Judiciário foram conferidos poderes tendentes a converter sua decisão em realidade e, assim, viabilizar a concretização dos direitos fundamentais relacionados com os fatos veiculados na demanda judicial.[434] Já o Novo Código de Processo Civil, no art. 139, dispõe expressamente que incumbe ao juiz determinar todas as medidas indutivas, coercitivas, mandamentais ou sub-rogatórias necessárias para assegurar o cumprimento de ordem judicial, inclusive nas ações que tenham por objeto prestação pecuniária (inc. IV), e dilatar os prazos processuais e alterar a ordem de produção dos meios de prova, adequando-os às necessidades do conflito de modo a conferir maior efetividade à tutela do direito (inc. VI). A nova legislação também atribuiu ao juiz o poder de conceder a tutela específica ou determinar providências que assegurem a obtenção de tutela pelo resultado prático equivalente nas obrigações de fazer e não fazer (art. 497).

Em razão disso, por exemplo, é lícito afirmar que o princípio da adstrição, da congruência ou da correlação entre os pedidos e o provimento jurisdicional sofre temperamentos nas ações coletivas. Esse aspecto é significativo nas demandas ambientais, uma vez que "a pretensão do autor não se resume a determinada medida específica para resguardo do bem ambiental em questão", mas sim se destina ao "acolhimento de providências aptas a prevenir ou reparar a degradação do meio ambiente que poderá ser ou foi consumada por determinada atividade e em certo local".[435] O STJ também decidiu que, de acordo com

---

[433] ZAVASKI, Teori Albino. *Comentários ao Código de Processo Civil: do processo de execução*. V. 8. 2. ed. São Paulo: Revista dos Tribunais, 2003. p. 404, 437-9; MARINONI, Luiz Guilherme. *Técnica Processual e Tutela dos Direitos*. São Paulo: Revista dos Tribunais, 2004. p. 136.

[434] MOREIRA, Rafael Martins Costa. O princípio da adstrição na jurisdição civil ambiental. *Revista de Direito Ambiental*, v. 77, p. 169-95, jan./mar. 2015.

[435] MOREIRA, Rafael Martins Costa. O princípio da adstrição na jurisdição civil ambiental. *Revista de Direito Ambiental*, v. 77, p. 169-95, jan./mar. 2015. A jurisprudência, igualmente, tem entendido que: "Em se tratando de ação civil pública para proteção ao meio ambiente, a relação entre pedido e sentença deve ser vista com prudência, a fim de que seja possível alcançar o objetivo maior de efetiva tutela jurisdicional de reparação do dano ambiental da forma mais eficaz e mais justa possível" (TRF4, 4ª T., APELREEX 5004638-84.2011.404.7201, Rel. Luís Alberto D'azevedo Aurvalle, juntado aos autos em 10.12.2013).

o princípio do poluidor-pagador, "fazendo-se necessária determinada medida à recuperação do meio ambiente, é lícito ao julgador determiná-la mesmo sem que tenha sido instado a tanto".[436] Isso, contudo, não significa ausência completa de correlação entre o pleito inicial e a sentença, ou entre o pedido e o seu cumprimento,[437] tampouco autoriza a emissão de ordem contra terceiro não participante do processo, sob pena de violação aos limites subjetivos da demanda.[438]

A efetividade do direito material pleiteado requer que seja conferida ao juiz uma gestão ativa na condução dos processos, principalmente em conflitos multidimensionais inerentes às discussões sobre a sustentabilidade das decisões administrativas. Em comparação com o Direito inglês, afirma Neil Andrews que "os tribunais têm amplos poderes de 'gestão de casos' ou 'gestão de procedimentos'", para que possam "garantir que os assuntos sejam focados de forma adequada, que a disciplina seja supervisionada, que os custos sejam reduzidos, que o andamento do processo seja acelerado, e que os resultados justos sejam facilitados e concedidos".[439] Os juízes, portanto, para cumprir com eficiência a prestação jurisdicional, têm de se empenhar em estabelecer prioridades e concentrar esforços nas questões controvertidas e determinantes para o desfecho do processo.[440] Para Andrews, dentre as lições que se podem extrair dos casos difíceis – que ele denomina de "supercasos" ou "casos gigantescos", sobressaem, dentre outras: a importância de que os juízes sejam mais ativos ao exercerem poderes de gestão de processos; o emprego da mediação de forma criativa, inclusive para questões processuais internas e de pequeno porte; diante do isolamento e das pressões pelas quais passam os juízes envolvidos

---

[436] STJ, REsp 967.375/RJ, 2ª T., Rel. Min. Eliana Calmon, j., 02.09.2010, DJe 20.09.2010.

[437] MOREIRA, *op. cit.*, p. 169-95. Nesse ponto, concorda-se com Marinoni ao afirmar que o julgador pode alterar o fazer ou não fazer na sentença, ainda que diverso do postulado. Contudo, uma vez definido no veredicto, não poderá alterar na fase de execução, salvo se o agir fixado ao final não for observado pelo réu. Nesse sentido, se o magistrado determinar a instalação de equipamento antipoluente, não poderá mudar esse mandamento. Todavia, se o réu descumprir a sentença e não instalar o equipamento, abre ensejo para que outra ação seja ordenada, pois aquela definida na sentença foi inidônea (MARINONI, Luiz Guilherme. *Técnica Processual e Tutela dos Direitos*. São Paulo: Revista dos Tribunais, 2004. p. 299-300).

[438] TRF4, APELREEX 5001875-92.2011.404.7013, 3ª T., Rel. Carlos Eduardo Thompson Flores Lenz, juntado aos autos em 26.07.2012.

[439] ANDREWS, Neil. *O Moderno Processo Civil*: formas judiciais e alternativas de resolução de conflitos na Inglaterra. Trad. do autor. Rev. Teresa Arruda Alvim Wambier. 2. ed. São Paulo: Revista dos Tribunais, 2012. p. 139-40.

[440] *Ibid.*, p. 140.

em litígios complexos e demorados, são necessárias providências para dar apoio aos magistrados nessas situações; adoção de "atitude mais enérgica para rejeitar petições e defesas, a fim de evitar o julgamento de questões de pouca importância".[441]

Em que pese a existência de ferramentas legais como a consagração das eficácias mandamental e executiva *lato sensu* na sentença do processo de conhecimento e consequente desnecessidade de execução *ex intervallo*, a possibilidade de o juiz determinar todas as medidas apropriadas a assegurar o cumprimento da ordem judicial ou a previsão de multa por *contempt of court* (CPC de 1973, art. 14, inc. V e parágrafo único; Novo CPC, art. 77, §§1º e 2º), a efetividade das decisões judiciais de modo geral ainda está longe de se tornar realidade. E o Poder Público, que deveria com mais razão cumprir as determinações,[442] dá um péssimo exemplo e ignora, com bastante frequência, as ordens judiciais. Não se trata daqueles casos de impossibilidade ou extrema dificuldade no atendimento, mas de manobras protelatórias das mais diversas com o objetivo claro de adiar a concretização do direito afirmado judicialmente.

Lamentavelmente, os instrumentos normalmente empregados pelos juízes brasileiros não têm surtido efeitos. As astreintes, quando impostas ao ente público, nem sempre constrangem os servidores a obedecerem as decisões, pois não serão eles os prejudicados, mas toda a sociedade. A configuração do crime de desobediência,[443] além de afastada pelos tribunais superiores em diversas situações,[444] também

---

[441] *Ibid.*, p. 145.

[442] Juarez Freitas escreve que "a Administração Pública deve, de imediato, acatar as decisões judiciais, sob pena de grave desobediência, ofensiva à dignidade da jurisdição (CPC, art. 14). Mais: nos termos do art. 64-A da Lei do Processo Administrativo, se o recorrente alegar violação do enunciado de súmula vinculante, o órgão competente para decidir o recurso explicitará as razões da aplicabilidade ou inaplicabilidade da súmula. Do mesmo modo, a teor do art. 64-B, se acolhida pelo STF a reclamação fundada em violação de enunciado de súmula vinculante, dar-se-á ciência à autoridade prolatora e ao órgão competente para o julgamento do recurso, que deverão adequar as futuras decisões administrativas em casos semelhantes, sob pena de responsabilização pessoal nas esferas cível, administrativa e penal" (In: *O Controle dos Atos Administrativos e os Princípios Fundamentais.* 5. ed. São Paulo: Malheiros, 2013. p. 108).

[443] Há decisões do STJ reconhecendo a configuração do crime de desobediência por servidor público que descumpre ordem judicial, sob pena da determinação judicial perder sua eficácia (STJ, 5ª T., REsp. 1173226, Rel. Min. Gilson Dipp, j. 17.03.2011, DJe 04.04.2011; STJ, 5ª T., REsp. 556814, Rel. Min. Arnaldo Esteves Lima, j. 07.11.2006, DJe 27.11.2006).

[444] O STJ, *v.g.*, tem entendido que "somente restará configurado o crime de desobediência, (CP, art. 330) quando, descumprida ordem judicial, não houver previsão de outra sanção em lei específica, salvo ressalva expressa de cumulação" (6ª T., REsp 1477718, Rel. Min. Néfi Cordeiro, j. 06.11.2014, DJe 27.02.2015).

gera pouco impacto por se tratar de infração penal de menor potencial ofensivo, sem possibilidade de prisão do autuado quando assumir o compromisso de comparecer ao juizado especial (Lei nº 9.099/95, art. 69, parágrafo único).

Urge que sejam utilizados com rigor os instrumentos já previstos em lei e contempladas providências mais incisivas para que a obediência às determinações judiciais seja a regra. Para fazer um breve paralelo com o Direito inglês, que prevê um tratamento severo em caso de descumprimento das *injunctions*,[445] menciona Neil Andrews que o desatendimento da ordem, além de gerar responsabilização por *contempt of court*, é considerado ato de "desacato civil", classificado como "delito quase criminal", sujeitando o infrator a prisão por até dois anos e multa, com possibilidade de o tribunal ordenar a penhora de bens.[446] No Brasil, uma solução possível seria a imposição de multa diária à própria autoridade que despreza a determinação judicial, providência já admitida pelo STJ.[447] Como advertiu Fernando Quadros da Silva, a cobrança da astreinte do órgão público implica a "socialização da penalidade", pelo que se revela mais eficaz se direcionada ao dirigente com competência para praticar o ato.[448]

Portanto, os juízes e tribunais têm de atuar para assegurar a efetividade de suas decisões, mormente em relação ao próprio Estado, considerando a realidade processual brasileira, "bastante generosa no que se refere ao cabimento de recursos em diversas instâncias de revisão e parcimoniosa ao permitir a suspensão de provimento judicial (liminar ou sentença), por razões de governabilidade".[449] Os agentes públicos precisam adaptar sua conduta à secular previsão da unicidade da jurisdição em nosso ordenamento e compreender que o acatamento às decisões judiciais é indispensável para a promoção de sua finalidade precípua: concretizar o interesse público primário, promover os direitos fundamentais e contribuir para o funcionamento do regime democrático. É também essencial para a preservação do

---

[445] *Injunction* é conceituada como a "ordem judicial para fazer ou não fazer, proferida no meio ou no final do processo" (ANDREWS, Neil. *O Moderno Processo Civil*: formas judiciais e alternativas de resolução de conflitos na Inglaterra. Trad. do autor. Rev. Teresa Arruda Alvim Wambier. 2. ed. São Paulo: Revista dos Tribunais, 2012. p. 22).

[446] *Ibid.*, p. 301-5.

[447] STJ, REsp. 1399842, 1ª T., Rel. Min. Sérgio Kukina, j. 25.11.2014, DJe 03.02.2015.

[448] SILVA, Fernando Quadros da. *Controle Judicial das Agências Reguladoras*: Aspectos doutrinários e jurisprudenciais. Porto Alegre: Verbo Jurídico, 2014. p. 276.

[449] SILVA, Fernando Quadros da. *Controle Judicial das Agências Reguladoras*: Aspectos doutrinários e jurisprudenciais. Porto Alegre: Verbo Jurídico, 2014. p. 275-6.

Estado de Direito e da separação dos poderes, para prestigiar o direito fundamental à boa administração pública e, em especial, para assegurar a sustentabilidade das decisões administrativas.

Não se pode deixar de salientar o papel dos juízes no incentivo às soluções consensuais. O tema não será aqui aprofundado, mas é apropriado referir que dentre as responsabilidades gerenciais dos magistrados se inclui a de encorajar a cooperação entre as partes, auxiliar para que cheguem a acordo total ou parcial ou, ainda, promover a suspensão do processo para permitir negociações ou discussões fora dos tribunais.[450] Foi com esse espírito que o Novo Código de Processo Civil, em diversas passagens, estimulou o emprego de meios alternativos para solução dos litígios (arts. 3º, §1º a 3º; 139, inc. V; 165-175; 334 e 359). Também foi ampliado o papel da cooperação entre os litigantes na condução do processo, como se percebe, por exemplo, na possibilidade de as partes estipularem mudanças no procedimento para ajustá-lo às especificidades da causa e convencionar sobre os seus ônus, poderes, faculdades e deveres processuais, antes ou durante o processo (art. 190), bem assim a previsão de fixarem, com o juiz, calendário para a prática de atos processuais (art. 191).

Em conflitos complexos e multiangulares, como são aqueles relativos à sustentabilidade das decisões administrativas, a busca pela cooperação entre as partes e por soluções consensuais é, em diversas ocasiões, a melhor senão a única forma de se encontrar um desfecho razoável ao processo, que atenda satisfatoriamente aos diversos interesses em jogo e preserve os direitos fundamentais. Tal prática está em sintonia com a nova governança e o novo serviço público, em que, como aludido,[451] o cidadão ocupa o centro das atenções das atividades públicas e participa ativamente das deliberações administrativas. A consensualidade, assim, converte-se em "importante instrumento de gestão do interesse público".[452]

---

[450] Estas funções, como noticia Neil Andrews, são atribuídas também aos magistrados na justiça civil inglesa, onde, aliás, raramente os processos terminam por sentença, pois há acordo na maioria dos casos (ANDREWS, Neil. *O Moderno Processo Civil*: formas judiciais e alternativas de resolução de conflitos na Inglaterra. Trad. do autor. Rev. Teresa Arruda Alvim Wambier. 2. ed. São Paulo: Revista dos Tribunais, 2012. p. 56, 139-40).

[451] Tópico 2.1.

[452] VAZ, Paulo Afonso Brum. Primeiros comentários à Lei nº 13.140/2015 (marco regulatório da mediação/conciliação): imbricação com o NCPC e enfoque para os processos da Justiça Federal. *Revista de Doutrina da 4ª Região*, Porto Alegre, n. 68, out. 2015. Disponível em: <http://www.revistadoutrina.trf4.jus.br/artigos/edicao068/Paulo_BrumVaz.html>. Acesso em: 16 jan. 2016.

A conciliação tem sido utilizada para resolver diversos processos coletivos, em especial nas demandas ambientais, de maneira que, nas palavras de Mariana Almeida Passos de Freitas e Vladimir Passos de Freitas, o "tempo se encarregou de mostrar que conciliar é melhor que julgar, desde que no acordo fique respeitada e bem delimitada a proteção do ambiente e demais direitos do envolvido". Dessa forma, poupam-se "tempo, provas complexas, elevadas custas processuais, bem como execuções nem sempre bem-sucedidas".[453]

Nos próximos itens serão estudadas situações em que o controle jurisdicional de sustentabilidade das decisões administrativas se faz mais presente e suscita diversas controvérsias, quais sejam, o controle de sustentabilidade das licitações e contratos públicos, da regulação e das medidas de prevenção e precaução.

---

[453] FREITAS, Mariana Almeida Passos de; FREITAS, Vladimir Passos de. A complexidade das ações civis públicas envolvendo meio ambiente e populações vulneráveis. In: MILARÉ, Édis (Coord.). *Ação Civil Pública após 30 anos*. São Paulo: Revista dos Tribunais, 2015. p. 852.

CONTROLE JUDICIAL DE SUSTENTABILIDADE DAS LICITAÇÕES E CONTRATAÇÕES PÚBLICAS

O contrato administrativo,[454] superada a discussão sobre sua existência no âmbito do Direito Público, recebeu definição legal no art. 2º, parágrafo único, da Lei nº 8.666/93 como "todo e qualquer ajuste entre órgãos ou entidades da Administração Pública e particulares, em que haja um acordo de vontades para a formação de vínculo e a estipulação de obrigações recíprocas, seja qual for a denominação utilizada". Independentemente da divergência doutrinária a respeito da sua classificação,[455] é relevante asseverar que os contratos celebrados

---

[454] Será empregado, neste trabalho, o termo "contrato administrativo" como sinônimo de "contrato público" ou "contrato da Administração", conceituado por Juarez Freitas como "aquele que se aperfeiçoa pela presença da Administração Pública num dos polos da avença formal e plurilateral, dotada de aptidão para promovê-la, alterá-la e extingui-la (com explícita, clara e congruente motivação), tecendo, no geral das vezes, acordos de vontades relativamente autônomos e sob a regência predominante dos princípios fundamentais publicistas (nesse aspecto, transcendendo o chamado – com imprecisão – direito comum)" (FREITAS, Juarez. *O Controle dos Atos Administrativos e os Princípios Fundamentais*. 5. ed. São Paulo: Malheiros, 2013. p. 222-3).

[455] Jean Rivero admitia a existência de "contratos da Administração", como gênero, e como espécies os "contratos idênticos aos particulares", ou contratos privados, aos quais se aplicam as regras de Direito Privado, e os "contratos administrativos", submetidos a regras diferentes dos contratos ordinários. Na França, ademais, o contencioso para os contratos de direito privado é da competência judiciária comum; para os contratos administrativos, da jurisdição administrativa (In: *Direito Administrativo*. Coimbra: Almedina, 1981. p. 128-9). Do mesmo modo, Celso Antônio Bandeira de Mello diferencia os "contratos de Direito Privado da Administração" dos "contratos administrativos" (In: *Curso de Direito Administrativo*. 29. ed. São Paulo: Malheiros, 2013. p. 627). Ruy Cirne Lima dizia que "nem todos os negócios jurídicos celebrados por pessoas administrativas são negócios jurídicos administrativos" e restringia a categoria dos contratos administrativos àqueles em que: a) um dos contratantes fosse pessoa administrativa; b) o objeto de ao menos uma das prestações

pela Administração Pública – sejam bilaterais ou plurilaterais, de Direito Público ou Privado, precedidos ou não de licitação – são "efetuados sob o regime predominante dos princípios fundamentais de Direito Administrativo, ainda quando neles incidam, em certa medida, preceitos ou regras privatistas".[456] Portanto, a validade dos contratos administrativos está condicionada não apenas ao atendimento das exigências legais, como também à harmonia com os direitos fundamentais, em especial o direito fundamental à boa administração pública,[457] e os princípios constitucionais, inclusive da sustentabilidade.

As contratações públicas sustentáveis, na definição da Força-Tarefa de Marrakesh sobre Compras Públicas Sustentáveis (*"Marrakech Task Force on Sustainable Public Procurement"*), são concebidas como um processo pelo qual as organizações atendem suas necessidades por produtos, serviços, trabalhos e utilidades de modo a alcançar um valor baseado em um conceito completo de vida, ao gerar benefícios não só para a organização, mas também para a sociedade e a economia, de modo a minimizar os danos ao meio ambiente. Ademais, as despesas governamentais contribuem significativamente para a riqueza nacional, motivo pelo qual os contratos públicos têm grande potencial para mudar os padrões do mercado para uma produção mais sustentável.[458]

As contratações públicas devem obrigatoriamente ser sustentáveis, em razão da força cogente dos princípios, uma vez que a sustentabilidade, no escólio de Juarez Freitas, "é princípio de estatura constitucional (CF, arts. 3º, 170, VI 225), incidente também no âmbito

---

fosse relacionado com o exercício da atividade da Administração Pública ou uma coisa do domínio público ou do patrimônio administrativo (In: *Princípios de Direito Administrativo*. 7. ed. Rev. Paulo Alberto Pasqualini. São Paulo: Malheiros, 2007. p. 239-41). Marçal Justen Filho classifica contrato administrativo em sentido amplo em: a) acordos de vontade da Administração, dentro dos quais inclui, *v.g.*, os convênios e consórcios públicos; b) contratos administrativos em sentido estrito, subdivididos em contratos de delegação e de colaboração; e c) contratos de direito privado (In: *Curso de Direito Administrativo*. 10. ed. São Paulo: Revista dos Tribunais, 2014. p. 467).

[456] FREITAS, Juarez. *O Controle dos Atos Administrativos e os Princípios Fundamentais*. 5. ed. São Paulo: Malheiros, 2013. p. 220.

[457] "À vista do caráter vinculante do direto fundamental à boa administração pública, cabe ao contrato público resguardar, em grau máximo possível, a conformidade com esse direito fundamental-síntese, que implica autêntico feixe de direitos subjetivos públicos oponíveis perante o Estado-Administração, no sentido de obter serviços essenciais adequados e contínuos, bem como materializar as políticas constitucionalizadas" (FREITAS, *op. cit.*, p. 220-1).

[458] Switzerland. Federal Office for the Environment (FOEN). *Marrakech Task Force on Sustainable Public Procurement (MTF on SPP)*, 2008. Disponível em: <http://www.unep.fr/scp/marrakech/taskforces/pdf/Procurement2.pdf>. Acesso em: 11 jan. 2016.

do Direito Administrativo, de sorte a alterar os seus pressupostos e a se converter numa fonte (sem precedentes) de inovação da gestão pública".[459]

O dever de sustentabilidade dos contratos e licitações públicas brota da própria Constituição Federal, a qual, já no art. 1º, inc. III considera a dignidade da pessoa humana como fundamento da República. Dignidade que, contudo, não se restringe ao antropocentrismo absoluto ou ao individualismo, mas também assume uma dimensão social (CF, arts. 1º, inc. IV, 3º, incs. I a IV, 6º e 7º), solidária (art. 3º, inc. I) e ecológica[460] (art. 225). A própria ordem econômica constitucional é fundada na valorização do trabalho humano e na livre iniciativa (art. 170), observada, dentre outros princípios, a defesa do meio ambiente (inc. VI). Outrossim, o art. 225 da Carta Política impõe ao Poder Público e à sociedade o dever de defender e preservar o meio ambiente, do que se pode defluir o princípio da intervenção estatal obrigatória na defesa do meio ambiente.[461]

A exigibilidade de contratos administrativos sustentáveis é também inerente aos princípios constitucionais da: a) eficiência (CF, art. 37), o qual "determina que a Administração Pública cumpra bem as suas tarefas, empregando, em tempo razoável, os meios apropriados e pertinentes",[462] b) eficácia (CF, art. 74), que estabelece o respeito a "qualidade das metas estipuladas constitucionalmente";[463] e c) da economicidade (CF, art. 70), a demandar a "otimização da intervenção pública, no sentido de fazer o mais com o menor custo (direto e indireto), vedado qualquer desperdício".[464]

Igual respaldo se retira do Direito Internacional, como, por exemplo: a) o enfoque no planejamento para compatibilizar desenvolvimento e defesa do meio ambiente, disposto na Declaração de

---

[459] FREITAS, Juarez. *O Controle dos Atos Administrativos e os Princípios Fundamentais*. 5. ed. São Paulo: Malheiros, 2013. p. 227.

[460] FENSTERSEIFER, Tiago; SARLET, Ingo Wolfgang. *Direito Constitucional Ambiental*: Constituição, Direitos Fundamentais e Proteção do Ambiente. 2. ed. São Paulo: Revista dos Tribunais, 2012. p. 40-2.

[461] O princípio 17 da Declaração de Estocolmo de 1972 assim dispõe: "Deve-se confiar às instituições nacionais competentes a tarefa de planejar, administrar ou controlar a utilização dos recursos ambientais dos estados, com o fim de melhorar a qualidade do meio ambiente". A respeito: BERTOGNA, Veridiana. Princípios constitucionais ambientais aplicáveis às licitações sustentáveis. In: SANTOS, Murillo Giordan; VILLAC, Teresa (Coords.). *Licitações e Contratações Públicas Sustentáveis*. 2. ed. Belo Horizonte: Fórum, 2015. p. 90.

[462] FREITAS, *op. cit.*, p. 110.

[463] *Ibid.*, p. 221.

[464] FREITAS, Juarez. *O Controle dos Atos Administrativos e os Princípios Fundamentais*. 5. ed. São Paulo: Malheiros, 2013. p. 110.

Estocolmo de 1972;[465] b) a previsão de responsabilidade ambiental dos Estados na exploração dos seus recursos, bem assim nas atividades sob sua jurisdição e controle, como se extrai da Declaração do Rio de 1992;[466] c) as previsões do capítulo 4 da Agenda 21 para mudanças nos padrões de produção e consumo e o papel de liderança dos governos nacionais para a sustentabilidade global;[467] d) o incentivo às autoridades competentes para que levem em consideração as questões do desenvolvimento sustentável na tomada de decisões, inclusive no planejamento do desenvolvimento nacional e local, nos investimentos em infraestrutura, no desenvolvimento empresarial e nas compras públicas, consoante "Plano de Implementação de Joanesburgo", decorrente da Cúpula Mundial sobre Desenvolvimento Sustentável (Joanesburgo 2002, África do Sul);[468] e) a recente previsão, como um dos 17 objetivos do desenvolvimento sustentável, aprovado em 2015 no âmbito das Nações Unidas, consubstanciado em "assegurar padrões

---

[465] No princípio 13, a Declaração de Estocolmo exigiu que os Estados adotem um enfoque integrado e coordenado de planejamento de seu desenvolvimento, de modo a que fique assegurada a compatibilidade entre o desenvolvimento e a necessidade de proteger e melhorar o meio ambiente humano. Conforme o princípio 14, o planejamento racional constitui um instrumento indispensável para conciliar as diferenças que possam surgir entre as exigências do desenvolvimento e a necessidade de proteger e melhorar o meio ambiente. O princípio 17 estatuiu que se deve confiar às instituições nacionais competentes a tarefa de planejar, administrar ou controlar a utilização dos recursos ambientais dos estados, com o fim de melhorar a qualidade do meio ambiente.

[466] Princípio 02 da Declaração do Rio de 1992: "Os Estados, de acordo com a Carta das Nações Unidas e com os princípios do direito internacional, têm o direito soberano de explorar seus próprios recursos segundo suas próprias políticas de meio ambiente e de desenvolvimento, e a responsabilidade de assegurar que atividades sob sua jurisdição ou seu controle não causem danos ao meio ambiente de outros Estados ou de áreas além dos limites da jurisdição nacional".

[467] Com a Conferência das Nações Unidas sobre Meio Ambiente e Desenvolvimento de 1992 (Rio/92), foi preparada pelos participantes uma agenda de sustentabilidade para o século XXI: Agenda 21. Conforme consta no capítulo 4.23: "Os próprios Governos também desempenham um papel no consumo, especialmente nos países onde o setor público ocupa uma posição preponderante na economia, podendo exercer considerável influência tanto sobre as decisões empresariais como sobre as opiniões do público. Consequentemente, esses Governos devem examinar as políticas de aquisição de suas agências e departamentos de modo a aperfeiçoar, sempre que possível, o aspecto ecológico de suas políticas de aquisição, sem prejuízo dos princípios do comércio internacional".

[468] Conforme consta no capítulo 3, item 19 do referido Plano, para se conquistar um desenvolvimento sustentável em nível mundial, é indispensável: "Incentivar as autoridades competentes de todos os níveis para que levem em consideração as questões do desenvolvimento sustentável na tomada de decisões, inclusive no planejamento do desenvolvimento nacional e local, nos investimentos em infraestrutura, no desenvolvimento empresarial e nas compras públicas" (BRASIL. Ministério do Meio Ambiente. *Plano de Implementação da Cúpula Mundial sobre Desenvolvimento Sustentável*. Disponível em: <http://www.mma.gov.br/port/sdi/ea/documentos/convs/plano_joanesburgo.pdf>. Acesso em. 01 fev. 2016).

CONTROLE JUDICIAL DE SUSTENTABILIDADE DAS LICITAÇÕES E CONTRATAÇÕES PÚBLICAS | 137

de produção e de consumo sustentáveis" (objetivo 12), em especial por meio de "compras públicas sustentáveis, de acordo com as políticas e prioridades nacionais" (objetivo 12.7).[469]

No Direito Comparado, as contratações públicas sustentáveis nos Estados Unidos receberam um impulso em outubro de 2009 quando o Presidente Obama emitiu a *Executive Order* n. 13.514, determinando que 95% de todos os novos contratos públicos atendessem a critérios ecológicos. Para criar uma economia de energia limpa e salvaguardar a saúde e o meio ambiente, refere o texto, o Governo Federal deve liderar pelo exemplo. Estabelece, dentre as políticas a serem seguidas pelas agências, a alavancagem de aquisições para fomentar os mercados em favor de tecnologias sustentáveis e materiais, produtos e serviços ambientalmente limpos.[470] Mais recentemente, foi emitida, em março de 2015, a *Executive Order* n. 13693, intitulada *"Planning for Federal Sustainability in the Next Decade"*. O documento traz, na Seção 3, metas de sustentabilidade para as agências administrativas e determinações para os diretores das agências a iniciar no ano de 2016, como promover aquisições e contratações públicas sustentáveis, assegurando que a performance ambiental e fatores de sustentabilidade sejam incluídos à máxima extensão possível em toda contratação nas fases do planejamento, adjudicação e execução.[471]

De qualquer sorte, em que pese a legitimidade e obrigatoriedade da sustentabilidade dos ajustes públicos, notadamente das licitações, derivarem do próprio sistema jurídico, qualquer dúvida a respeito foi definitivamente suplantada com a nova redação do art. 3º da Lei nº 8.666/93, conferida pela Lei nº 12.349/2010,[472] e a determinação do

---

[469] PNUD – Programa das Nações Unidas para o Desenvolvimento. *Transformando Nosso Mundo*: A Agenda 2030 para o Desenvolvimento Sustentável, 2015. Disponível em: <http://www.pnud.org.br/Docs/TransformandoNossoMundo.pdf>. Acesso em: 31 jan. 2016.

[470] UNITED STATES. The White House. *Executive Order – federal leadership in environmental, energy, and economic performance*. 05 out. 2009. Disponível em: <https://www.whitehouse.gov/assets/documents/2009fedleader_eo_rel.pdf>. Acesso em: 11 jan. 2016.

[471] UNITED STATES. The White House. *Executive Order – Planning for Federal Sustainability in the Next Decade*. 19 mar. 2015. Disponível em: <https://www.whitehouse.gov/the-press-office/2015/03/19/executive-order-planning-federal-sustainability-next-decade>. Acesso em: 11 jan. 2016.

[472] Art. 3º A licitação destina-se a garantir a observância do princípio constitucional da isonomia, a seleção da proposta mais vantajosa para a administração *e a promoção do desenvolvimento nacional sustentável* e será processada e julgada em estrita conformidade com os princípios básicos da legalidade, da impessoalidade, da moralidade, da igualdade, da publicidade, da probidade administrativa, da vinculação ao instrumento convocatório, do julgamento objetivo e dos que lhes são correlatos (grifou-se).

art. 4º, inc. III, e §§1º e 2º da Lei do Regime Diferenciado de Contratações (Lei nº 12.462/2011).[473] Aliás, a Lei da Política Nacional sobre Mudança do Clima (Lei nº 12.187/09, art. 6º, inc. XII) já previa critérios de preferência nas licitações públicas para propostas que propiciem maior economia de energia, água e outros recursos naturais. No mesmo passo, a Lei da Política Nacional de Resíduos Sólidos (Lei nº 12.305/10, art. 6º, inc. XI) estabelece como objetivos a prioridade, nas aquisições e contratações governamentais, para produtos reciclados e recicláveis e para bens, serviços e obras que considerem critérios compatíveis com padrões de consumo social e ambientalmente sustentáveis. Igualmente, o art. 4º, inc. VII da Lei nº 11.079/04, ao dispor que, na contratação de parceria público-privada, seja observada, dentre outras diretrizes, a sustentabilidade financeira e vantagens socioeconômicas dos projetos de parceria.

Alterou-se, assim, a avaliação da vantajosidade das propostas nos certames, de modo que a "licitação será orientada não apenas a selecionar a proposta mais vantajosa sob o prisma econômico em sentido estrito (por exemplo, o menor preço), mas também envolverá a promoção do desenvolvimento nacional sustentável".[474] A vantagem para a Administração também tem de ser compreendida pela ótica dos benefícios de prazo mais longo e das futuras gerações. O que o Poder Público pretende, em última análise, é atender ao interesse público e promover os direitos fundamentais, o que nem sempre ocorre com a consideração isolada do menor custo financeiro imediato.

---

[473] Art. 4º: Nas licitações e contratos de que trata esta Lei serão observadas as seguintes diretrizes: (...) III - busca da maior vantagem para a administração pública, considerando custos e benefícios, diretos e indiretos, de natureza econômica, social ou ambiental, inclusive os relativos à manutenção, ao desfazimento de bens e resíduos, ao índice de depreciação econômica e a outros fatores de igual relevância. (...) §1º As contratações realizadas com base no RDC devem respeitar, especialmente, as normas relativas à: I - disposição final ambientalmente adequada dos resíduos sólidos gerados pelas obras contratadas; II - mitigação por condicionantes e compensação ambiental, que serão definidas no procedimento de licenciamento ambiental; III - utilização de produtos, equipamentos e serviços que, comprovadamente, reduzam o consumo de energia e recursos naturais; IV - avaliação de impactos de vizinhança, na forma da legislação urbanística; V - proteção do patrimônio cultural, histórico, arqueológico e imaterial, inclusive por meio da avaliação do impacto direto ou indireto causado pelas obras contratadas; e VI - acessibilidade para o uso por pessoas com deficiência ou com mobilidade reduzida. §2º O impacto negativo sobre os bens do patrimônio cultural, histórico, arqueológico e imaterial tombados deverá ser compensado por meio de medidas determinadas pela autoridade responsável, na forma da legislação aplicável.

[474] JUSTEN FILHO, Marçal. *Curso de Direito Administrativo*. 10. ed. São Paulo: Revista dos Tribunais, 2014. p. 505.

CONTROLE JUDICIAL DE SUSTENTABILIDADE DAS LICITAÇÕES E CONTRATAÇÕES PÚBLICAS | 139

Analisado no contexto dos custos, benefícios e externalidades e da sustentabilidade, a autoridade pública deve optar pelo melhor preço ou pelo *"the best value procurement"*.[475] Como afirmou Juarez Freitas, "importa que a proposta mais vantajosa seja considerada aquela que causa, direta ou indiretamente, o menor impacto negativo e, simultaneamente, os maiores benefícios econômicos, sociais e ambientais". Vale dizer, "o menor preço imediato revela-se, insofismavelmente, o pior preço".[476]

Prestigia-se, assim, o princípio da economicidade, na medida em que os benefícios duradouros superam eventual aumento de preço nas aquisições de produtos e serviços.[477] Demais disso, importante mencionar a função regulatória das licitações e contratações públicas, para que o Estado assuma o papel de fomentador do desenvolvimento sustentável,[478] por meio de instrumentos econômicos e de incentivos, ao invés dos tradicionais métodos de "comando-e-controle".[479] As licitações e contratações também são consideradas como políticas públicas,[480] na medida em que empregadas para efetivar os programas e ações do Poder Público, priorizados pela Constituição Federal e concretizadores dos princípios e direitos fundamentais.

---

[475] "Best value is the expected outcome of an acquisition that provides the government the greatest overall benefit in response to the requirement" (ABERNATHY IV, Thomas E. et al. *Smith, Currie & Hancock's Federal Government construction contracts:* a practical guide for the industry professional. 2. ed. New Jersey: John Wiley & Sons, 2010. p. 89). Vide também em: MOLENAAR, Keith R.; SOBIN, Nathaniel; ANTILLÓN, Eric I. A synthesis of best-value procurement practices for sustainable design-build projects in the public sector. *Journal of Green Public*, nov. 2010. Disponível em: <https://www.researchgate.net/publication/274775066_A_Synthesis_of_Best-Value_Procurement_Practices_for_Sustainable_Design-Build_Projects_in_the_Public_Sector>. Acesso em: 18 jan. 2016.

[476] FREITAS, Juarez. *O Controle dos Atos Administrativos e os Princípios Fundamentais.* 5. ed. São Paulo: Malheiros, 2013. p. 231.

[477] "Outrora, os exegetas mais conservadores poderiam argumentar que a incorporação da variável ambiental às licitações não atenderia ao princípio da economicidade. Todavia, tal argumento não mais se sustenta, vez que a adoção da variável ambiental às licitações atende a economicidade. Eventual aumento imediato de custo de produtos e serviços pode ser compensado, a médio e longo prazo, pela redução dos danos ambientais" (BARCESSAT, Lena. Papel do Estado Brasileiro na Ordem Econômica e na defesa do meio ambiente: necessidade de opção por contratações públicas sustentáveis. In: SANTOS, Murillo Giordan; VILLAC, Teresa (Coords.). *Licitações e Contratações Públicas Sustentáveis.* 2. ed. Belo Horizonte: Fórum, 2015. p. 78).

[478] *Ibid.,* p. 69-81.

[479] BLIACHERIS, Marcos Weiss. Licitações sustentáveis: política pública. In: SANTOS, Murillo Giordan; VILLAC, Teresa (Coords.). *Licitações e Contratações Públicas Sustentáveis.* 2. ed. Belo Horizonte: Fórum, 2015. p. 147.

[480] PEREIRA JÚNIOR, Jessé Torres; DOTTI, Marinês Restelatto. *Políticas Públicas nas Licitações e Contratações Administrativas.* Belo Horizonte: Fórum, 2009; BLIACHERIS, Marcos Weiss. Licitações sustentáveis: política pública. In: *ibid.,* p. 145-6.

A sustentabilidade das licitações pode ser alcançada por ocasião da própria especificação técnica do produto ou serviço, definida no edital, na fase interna preparatória do certame,[481] muito embora tenha repercussões em diversas fases do processo de contratação de compras, obras e serviços.[482]

Todavia, é necessário que a definição do objeto a ser licitado, embora sucinta, seja clara[483] e devidamente motivada, e os custos indiretos objetivamente mensuráveis,[484] a fim de evitar direcionamento[485]

---

[481] Carlos Eduardo Lustosa da Costa ressalta a possibilidade de "incluir a variável ambiental quando da definição das características do bem a ser adquirido, descrevendo-a como qualidade do produto que a administração deseja comprar. Desse modo, não há que se falar em inovação, mas apenas adaptação da forma de especificar e definir os atributos dos produtos que o poder público entende serem os mais adequados para atingir o interesse público. Vê-se que o próprio critério de julgamento permanecerá o mesmo, qual seja, menor preço. Todavia, a escolha da proposta mais vantajosa se dará entre aqueles bens e serviços oferecidos pelos licitantes que satisfazem o interesse da administração cuja definição e justificativa constavam previamente do edital do certame. Assim, desde que as decisões sejam devidamente motivadas com a definição adequada pertinente, não haverá óbice quanto à legalidade das licitações verdes" (In: As licitações sustentáveis na ótica do controle externo. *Interesse Público – IP*, Belo Horizonte, v. 14, n. 71, p. 243-78, jan./fev. 2012).

[482] Como afirma Jessé Torres Pereira Júnior, as repercussões da cláusula geral obrigatória de sustentabilidade das licitações "sobre as várias fases do processo administrativo das contratações de compras, obras e serviços se prenunciam intensas, em extensão e profundidade. Serão por ela alcançadas a especificação de materiais e produtos, a elaboração de projetos básicos de obras e serviços, a estimativa dos preços de mercado, a definição dos critérios de julgamento de propostas, o exercício do juízo de aceitabilidade de preços, a análise de impugnações a atos convocatórios de licitações, o julgamento de recursos administrativos, a adjudicação do objeto e a homologação do procedimento competitivo" (In: Desenvolvimento sustentável: a nova cláusula geral das contratações públicas brasileiras. *Interesse Público – IP*, Belo Horizonte, ano 13, n. 67, p. 65-96, maio/jun. 2011).

[483] O art. 40, inc. I da Lei nº 8.666/93 determina que, no edital de licitação, o objeto seja descrito de forma sucinta e clara. Consoante súmula nº 177 do TCU: "A definição precisa e suficiente do objeto licitado constitui regra indispensável da competição, até mesmo como pressuposto do postulado de igualdade entre os licitantes, do qual é subsidiário o princípio da publicidade, que envolve o conhecimento, pelos concorrentes potenciais, das condições básicas da licitação, constituindo, na hipótese particular da licitação para compra, a quantidade demandada uma das especificações mínimas e essenciais à definição do objeto do pregão".

[484] O art. 19, §1º da Lei do Regime Diferenciado de Contratações (Lei nº 12.462/11) prescreve que: "Os custos indiretos, relacionados com as despesas de manutenção, utilização, reposição, depreciação e impacto ambiental, entre outros fatores, poderão ser considerados para a definição do menor dispêndio, sempre que objetivamente mensuráveis, conforme dispuser o regulamento".

[485] Na observação de Lustosa da Costa, "ao gestor cabe mais um desafio: conciliar no procedimento licitatório o menor preço, sem restringir a competitividade, avaliando o impacto ambiental da aquisição além de verificar a viabilidade por meio da disponibilidade no mercado de produtos com as características definidas nos termos de referência" (In: As licitações sustentáveis na ótica do controle externo. *Interesse Público*, Belo Horizonte, v. 14, n. 71, p. 243-78, jan./fev. 2012).

e frustração do caráter competitivo da licitação.[486] Igualmente, a obrigatoriedade de aquisições públicas sustentáveis não autoriza qualquer compra ou o pagamento de qualquer preço.[487] Ao administrador se impõe inevitável sopesamento dos valores em conflito em cada situação concreta.

O Governo, por ser grande comprador e consumidor de serviços, principalmente de obras de grande porte, pode atuar como indutor, em larga escala, de práticas sustentáveis pelo mercado, além, é claro, de colaborar com a sustentabilidade quanto aos seus próprios contratos. Segundo o relatório final do Programa das Nações Unidas para o Meio Ambiente (*United Nations Environment Programme* – UNEP) sobre contratações públicas sustentáveis de 2013, intitulado *"Sustainable Public Procurement: a global review"*, os governos são responsáveis por significativa porção dos gastos nacionais (acima de 30% do PIB em alguns casos), de modo que a promessa por "aquisições verdes" (*"greening" spending*) pode fazer com que os formuladores de políticas públicas "liderem pelo exemplo" para o desenvolvimento sustentável. Com isso, podem conduzir vastas cadeias de suprimentos a implementarem práticas sustentáveis, alcançando objetivos ambientais, sociais e econômicos.[488] Na mesma linha, o "Manual de contratos públicos ecológicos" da Comissão Europeia assevera que:

> As autoridades públicas estão entre os grandes consumidores a nível europeu, despendendo mais de 16% do produto interno bruto da UE (o equivalente a metade do PIB da Alemanha). Utilizando o seu poder de compra para optar por bens e serviços que também respeitem o

---

[486] O art. 3º, inc. I da Lei nº 8.666/93 estabelece ser vedado aos agentes públicos "admitir, prever, incluir ou tolerar, nos atos de convocação, cláusulas ou condições que comprometam, restrinjam ou frustrem o seu caráter competitivo, inclusive nos casos de sociedades cooperativas, e estabeleçam preferências ou distinções em razão da naturalidade, da sede ou domicílio dos licitantes ou de qualquer outra circunstância impertinente ou irrelevante para o específico objeto do contrato, ressalvado o disposto nos §§5º a 12 deste artigo e no art. 3º da Lei nº 8.248, de 23 de outubro de 1991". O art. 2º, parágrafo único do Decreto nº 7.746/2012, por seu turno, estabelece que a "adoção de critérios e práticas de sustentabilidade deverá ser justificada nos autos e preservar o caráter competitivo do certame".

[487] BIM, Eduardo Fortunato. Considerações sobre a juridicidade e os limites da licitação sustentável. In: SANTOS, Murillo Giordan; VILLAC, Teresa (Coords.). *Licitações e Contratações Públicas Sustentáveis*. 2. ed. Belo Horizonte: Fórum, 2015. p. 186.

[488] UNEP – United Nations Environment Programme. *Sustainable Public Procurement: a global review*. Final Report. Dec. 2013. Disponível em: <http://www.unep.org/resourceefficiency/Portals/24147/SPP_Full_Report_Dec2013_v2%20NEW%20(2).pdf>. Acesso em: 01 nov. 2015.

ambiente, elas podem dar um contributo importante para o desenvolvimento sustentável. (...) A aquisição de produtos ecológicos serve também para dar o exemplo e influenciar o mercado. Ao promoverem contratos ecológicos, as autoridades públicas podem dar à indústria verdadeiros incentivos para desenvolverem tecnologias ecológicas. (...) Finalmente, se considerar os custos do ciclo de vida de um contrato, os contratos públicos ecológicos permitir-lhe-ão poupar dinheiro e proteger o ambiente em simultâneo. Através de aquisições judiciosas, poderá poupar materiais e energia, reduzir os resíduos e a poluição, e promover padrões de comportamento sustentáveis.[489]

Paulatinamente, no Brasil, o Poder Público agasalhou as novas diretrizes legais e contemplou medidas de sustentabilidade na gestão pública, nas licitações e nas contratações. Todavia, apesar da adoção de inúmeras providências inovadoras,[490] está ainda distante o "esverdear"

---

[489] COMISSÃO EUROPEIA. *Comprar ecológico!* Manual de contratos públicos ecológicos, Luxemburgo: Serviço das Publicações Oficiais das Comunidades Europeias, 2005. Disponível em: <http://ec.europa.eu/environment/archives/gpp/buying_green_handbook_pt.pdf>. Acesso em: 02 nov. 2015.

[490] Antes ainda daquelas alterações legislativas, o TRF da 4ª R. adotou a Portaria nº 145, de 12.09.2003, que determinou a adoção progressiva de papel não clorado no âmbito daquele Tribunal. O Estado de São Paulo, com a edição da Lei Estadual nº 11.878/2005, instituiu o "selo verde oficial", inovando acerca da sustentabilidade nas contratações públicas. Em 15.05.2008, foi editada a Portaria Ministerial nº 61, de, sobre práticas de sustentabilidade ambiental a serem observadas pelo Ministério do Meio Ambiente e suas entidades vinculadas quando das compras públicas. Posteriormente, foi lançada a IN 1, de 19.01.2010, que estabeleceu critérios de sustentabilidade ambiental na aquisição de bens, contratação de serviços ou obras na Administração Pública Federal. Importante mencionar, também, o Guia Prático de Licitações Sustentáveis da AGU de São Paulo (BRASIL. Advocacia-Geral da União. *Guia Prático de Licitações Sustentáveis.* 3. ed. 25 mar. 2013. Disponível em: <http://www.agu.gov.br/page/content/detail/id_conteudo/138067>. Acesso em: 25 out. 2015), bem como o recentemente lançado Guia Nacional de Licitações Sustentáveis da AGU, de abril de 2016 (BRASIL. Advocacia-Geral da União. *Guia Nacional de Licitações Sustentáveis.* Abr. 2016. Disponível em: <www.agu.gov.br/page/download/index/id/33743204>. Acesso em: 01 maio 2016) e o Decreto nº 7746/2012, que regulamenta o art. 3º da Lei nº 8.666/93, para estabelecer critérios, práticas e diretrizes para a promoção do desenvolvimento nacional sustentável nas contratações realizadas pela Administração Pública federal, e institui a Comissão Interministerial de Sustentabilidade na Administração Pública. Mais recentemente, no âmbito do Judiciário, o CNJ publicou a Resolução nº 201, de 03.03.2015, que dispõe sobre a criação e competências das unidades ou núcleos socioambientais nos órgãos e conselhos do Poder Judiciário e implantação do respectivo Plano de Logística Sustentável. Digno de nota o recebimento, pelo TRF da 4ª R, do Selo A3P de Sustentabilidade na Administração Pública, em virtude da utilização de somente processos eletrônicos dispensando o papel, reciclagem do seu lixo, promoção de licitações sustentáveis, utilização de lâmpadas com menor gasto de energia, realização de uma gestão responsável da água e oferecimento de alimentos orgânicos no seu restaurante (BRASIL. Justiça Federal (4ª Região). *TRF4 Recebe Selo A3P de Sustentabilidade na Administração Pública.* 23 set. 2015. Disponível em: <http://www2.trf4.jus.br/trf4/controlador.php?acao=noticia_visualizar&id_noticia=11325>. Acesso em: 25 out. 2015).

dos contratos administrativos,[491] já que a sustentabilidade não é atendida por grande parte dos órgãos públicos em suas aquisições de produtos e serviços.[492]

É no campo das obras públicas de infraestrutura que emergem os maiores desafios à sustentabilidade nas decisões administrativas, em função do largo espectro de interesses envolvidos e dos efeitos duradouros para o desenvolvimento socioeconômico e ambiental de determinada região (ou mesmo do País), bem como em virtude do expressivo montante de recursos públicos normalmente despendidos. Principalmente após o lançamento do Plano de Aceleração do Crescimento (PAC)[493] pelo Governo Federal, ampliaram-se consideravelmente os valores desembolsados para a construção de portentosos empreendimentos, com intensos impactos sociais, econômicos e ambientais, de modo que o planejamento e a execução de inúmeras obras resultaram em diversos conflitos e atraíram maior atenção dos órgãos de controle. Ademais, a escolha do Brasil para sediar os Jogos Olímpicos e Paraolímpicos de 2016, a Copa das Confederações de 2013 e a Copa do Mundo de Futebol de 2014 acendeu a discussão a respeito da enorme injeção de recursos públicos para a construção de grandes estádios,[494] cuja utilidade após os eventos é amplamente questionada.

---

[491] De acordo com relatório de auditoria realizada pelo TCU acerca das ações de uso racional adotadas pela Administração Pública Federal, das 71 instituições entrevistadas, 73% admitiram que não realizam licitações sustentáveis (TCU, Plenário, Acórdão n. 1752/2011) (LUSTOSA DA COSTA, Carlos Eduardo. As licitações sustentáveis na ótica do controle externo. *Interesse Público – IP*, Belo Horizonte, v. 14, n. 71, p. 243-78, jan./fev. 2012).

[492] *Ibid.*

[493] O primeiro PAC foi lançado em 28.01.2007, no segundo mandato do Presidente Lula (2007-2010). Consistiu em um conjunto de políticas econômicas, planejadas para os quatro anos seguintes, com o objetivo de acelerar o crescimento econômico do Brasil, mediante vultosos investimentos. Uma das prioridades do PAC reside no investimento em infraestrutura, em áreas como saneamento, habitação, transporte, energia e recursos hídricos, entre outros. Essa primeira fase do programa previu investimentos na ordem de R$ 503,9 bilhões (BRASIL. Tribunal de Contas da União. *Relatório e Parecer Prévio sobre as Contas do Governo da República, Exercício de 2011*. Rel. Min. José Múcio. Disponível em: <http://portal.tcu.gov. br/tcu/paginas/contas_governo/contas_2011/fichas/CG%202011%20Relat%C3%B3rio%20 Sess%C3%A3o.pdf>. Acesso em: 30 mar. 2016). Posteriormente, novas ações foram agregadas ao programa e, ao final de 2010, o PAC atingiu o valor de R$ 1,4 trilhão, com um horizonte de investimentos até 2021, compreendendo 13,6 mil ações. Em 2010 foi lançado o PAC 2, sucessor do PAC 1, com objetivos semelhantes, incorporando, entretanto, mais ações de infraestrutura social e urbana, que estariam voltadas para o enfrentamento dos problemas das grandes aglomerações urbanas brasileiras, com previsão de dispêndios da ordem de R$ 955 bilhões até 2014 (BRASIL. Tribunal de Contas da União. *Macroavaliação Governamental*: Programa de Aceleração do Crescimento – PAC. Disponível em: <http:// portal2.tcu.gov.br/portal/page/portal/TCU/comunidades/macroavaliacao_governamental/ area_de_atuacao/PAC>. Acesso em: 05 jul. 2014).

[494] Cabe citar, *e.g.*, o impressionante orçamento do Estádio Mané Garrincha, em Brasília, que, incluídos os contratos de serviços complementares, que não faziam parte do escopo da

Apesar da inegável importância dos investimentos em infraestrutura para alavancar o desenvolvimento socioeconômico do País, a complexidade e variedade das obras geram dificuldades no cumprimento dos prazos e oportunizam o cometimento de irregularidades. No ponto, o TCU identificou inconsistências na apuração da execução de ações do PAC e atraso na realização de algumas obras[495] e constatou inúmeras irregularidades como sobrepreço, superfaturamento, projetos deficientes e ausência de estudos de viabilidade.[496]

O desejo de imprimir maior flexibilidade e velocidade na execução desses empreendimentos recebeu um reforço legislativo com a Lei nº 12.462/11, a qual instituiu o regime diferenciado de contratações públicas, inicialmente para licitações e contratos necessários à realização da Olimpíada e da Copa do Mundo e, posteriormente, estendido a outras finalidades.

---

contratação inicial, chega a R$ 1,7 bilhão, com diversas falhas na execução do projeto e superfaturamento (BRASIL. Tribunal de Contas do Distrito Federal. *Relatório Analítico e Parecer Prévio sobre as Contas do Governo do Distrito Federal, Exercício de 2013*. Rel. Cons. Manoel Paulo de Andrade Neto, p. 203-205. Disponível em: <http://www.tc.df.gov.br/ice5/contas/2013/contas2013.pdf>. Acesso em: 30 mar. 2016).

[495] Segundo o relatório do TCU, já citado, o setor de Habitação de Mercado, por exemplo, representa quase metade da execução total do Programa e tem característica de inversão financeira, e não de investimento. Caso não sejam consideradas na comparação, o percentual de execução acumulada do PAC 1 se reduz a 55%. Embora o PAC tenha sido adotado como principal instrumento de incentivo do Governo Federal, há problemas significativos na operacionalização dos financiamentos, que causam atrasos de algumas das ações mais estruturantes ligadas ao programa. As conclusões da usina hidrelétrica de Belo Monte e do Trem de Alta Velocidade, por exemplo, inicialmente previstas para 2014, passaram para 2019. Esses atrasos não são isolados nem restritos aos grandes empreendimentos. No eixo Transportes, a diferença média entre os prazos repactuados no PAC 2 e os prazos previstos ao final do PAC 1 é de 437 dias por ação. Os problemas são causados por um amplo conjunto de fatores. Um deles é a pouca capacidade das entidades responsáveis para gerir grandes obras de engenharia e projetos complexos. Outra dificuldade é a baixa qualidade dos projetos básicos elaborados como referência para os processos licitatórios, o que ocasiona a necessidade de revisões durante as obras e afeta o cronograma e o custo (BRASIL. Tribunal de Contas da União. *Relatório e Parecer Prévio sobre as Contas do Governo da República, Exercício de 2011*. Rel. Min. José Múcio. Disponível em: <http://portal.tcu.gov.br/tcu/paginas/contas_governo/contas_2011/fichas/CG%202011%20Relat%C3%B3rio%20Sess%C3%A3o.pdf>. Acesso em: 30 mar. 2016).

[496] Conforme informações do "Fiscobras 2015" do TCU, das 97 obras públicas auditadas, 61 apresentaram indícios de irregularidades graves, incluindo ausência de estudo de viabilidade técnica e econômica, superfaturamento, restrições à competitividade e sobrepreço (BRASIL. *Tribunal de Contas da União*. Disponível em: <http://portal.tcu.gov.br/lumis/portal/file/fileDownload.jsp?fileId=8A8182A250C885960150CD7694B146CC&inline=1>. Acesso em: 09 jan. 2016). Além disso, o Tribunal de Contas do Distrito Federal constatou sobrepreço e outras inadequações nas obras do Estádio Mané Garrincha, em Brasília (BRASIL. Tribunal de Contas do Distrito Federal. *Relatório traz Dados Atualizados da Auditoria realizada na Arena de Brasília*. Disponível em: <http://www.tc.df.gov.br/c/document_library/get_file?uuid=f5882215-f785-422a-b78c-2996a18d42c8&groupId=429614>. Acesso em: 12 maio 2014).

Considerando, pois, o insistente descaso do Poder Público em respeitar o princípio da sustentabilidade nas contratações públicas, a atenção dos controladores deve ser redirecionada para a *fase interna* do procedimento de contratação, ou etapa pré-contratual, mais crítica e vulnerável à corrupção. Apropriada, pois, a observação de Juarez Freitas no sentido de que a "fase interna da contratação pública (antecedente do instrumento convocatório) é a mais perigosa e vulnerável aos desvios morais e/ou cognitivos", pelo que é essencial aperfeiçoar os controles "com sindicabilidade robustecida de congruência, consistência, eficiência, eficácia e legalidade das motivações inaugurais", de modo que "a avaliação prospectiva de impactos passa a ser peça obrigatória no escrutínio da contratação".[497] É este, ademais, o momento apropriado para identificar a viabilidade socioeconômica e apreciar os custos e benefícios, diretos e indiretos, de determinado empreendimento.

Na expressão de Justen Filho, a "contratação administrativa deve ser antecedida de um procedimento prévio, o qual poderá ou não configurar uma licitação", onde seriam, por exemplo, identificadas as necessidades da Administração, concebidas soluções técnicas para o seu atendimento, determinada a viabilidade econômica e jurídica da contratação, elaborada a minuta do instrumento contratual e verificada a possibilidade de competição e a necessidade de licitação. A etapa interna, assim,

> será orientada a promover o levantamento das informações necessárias e a modelar a solução contratual cabível. Cumpridas todas as exigências, a Administração Pública poderá concluir pelo descabimento da contratação (seja por razões de legalidade, seja por motivos de conveniência). Se for viável e conveniente realizar a contratação, caberá apurar a necessidade de uma licitação ou a possibilidade de uma contratação direta.[498]

Cabe, neste ponto, refazer a pergunta: *o Judiciário detém competência para aferir a sustentabilidade das licitações e contratos administrativos e a viabilidade socioeconômica e ambiental de determinada obra pública?*

Uma visão limitada e purista do papel do Judiciário apontaria para a impossibilidade da interferência judicial no que diz respeito à avaliação da sustentabilidade e viabilidade das contratações públicas,

---

[497] FREITAS, Juarez. Sustentabilidade e projetos de infraestrutura: para um quadro atraente de investidores. *Crise Econômica e Soluções Jurídicas*, n. 3, nov. 2015.

[498] JUSTEN FILHO, Marçal. *Curso de Direito Administrativo*. 10. ed. São Paulo: Revista dos Tribunais, 2014. p. 491-2.

ao fundamento de que a decisão neste caso dependeria da oportunidade e conveniência do administrador. De fato, cabe ao Estado promover o desenvolvimento socioeconômico, o desenvolvimento regional e a redução das desigualdades (CF, arts. 6º; 21, inc. IX; 23, incs. IX, X, XX; 43; art. 170, *caput* e incs. VII e VIII) e, como agente normativo e regulador da atividade econômica, exercer as funções de fiscalização, incentivo e planejamento, sendo este determinante para o setor público e indicativo para o setor privado (CF, art. 174).

No entanto, a atribuição constitucional de entabular as contratações necessárias para a manutenção do aparato estatal e promoção do desenvolvimento socioeconômico não confere ao Estado liberdade para afrontar os princípios e direitos fundamentais, sobretudo o princípio da sustentabilidade e o direito ao meio ambiente ecologicamente equilibrado. Dito de outro modo, o Poder Público tem o dever de impulsionar o desenvolvimento sustentável do País, nas suas dimensões social, econômica e ambiental. A contratação insustentável é, por definição, inconstitucional e representa demérito do ato administrativo, que será, sempre, exposto a invalidação,[499] seja pelo Tribunal de Contas, seja pelo Judiciário.

Especificamente em relação às obras de infraestrutura, potencialmente geradoras de maiores conflitos, é crucial que os controladores atentem para o projeto básico,[500] o qual precisa contemplar os elementos essenciais e suficientes, com nível de precisão adequado, para caracterizar a obra ou serviço, elaborado com base nas indicações dos estudos técnicos preliminares que assegurem a viabilidade técnica e o adequado tratamento do impacto ambiental do empreendimento e possibilitem a avaliação do custo da obra e a definição dos métodos e do prazo de execução.[501]

---

[499] Segundo Jessé Torres Pereira Júnior, "toda contratação de obra, serviço ou compra pela Administração Pública deve ser capaz, doravante, de contribuir para promover o desenvolvimento sustentável. Descumprirá essa cláusula geral e padecerá de vício de ilegalidade o contrato inepto para promover desenvolvimento sustentável, ou, pior, que, além de não o promover, o comprometa, a demandar a invalidação da avença e a responsabilização de quem lhes haja dado causa" (In: Desenvolvimento sustentável: a nova cláusula geral das contratações públicas brasileiras. *Interesse Público – IP*, Belo Horizonte, ano 13, n. 67, p. 65-96, maio/jun. 2011).

[500] Consoante art. 2º da Resolução CONFEA nº 361/91, o "Projeto Básico é uma fase perfeitamente definida de um conjunto mais abrangente de estudos e projetos, precedido por estudos preliminares, anteprojeto, estudos de viabilidade técnica, econômica e avaliação de impacto ambiental, e sucedido pela fase de projeto executivo ou detalhamento".

[501] Art. 6º, inc. IX da Lei nº 8.666/93: "Projeto Básico – conjunto de elementos necessários e suficientes, com nível de precisão adequado, para caracterizar a obra ou serviço, ou

A realização das etapas seguintes – projeto executivo e execução das obras e serviços (art. 7º da Lei nº 8.666/93) – é sempre precedida do projeto básico (art. 7º, §1º, da Lei nº 8.666/93), previsto como formalidade essencial para as licitações (art. 7º, §2º, da Lei nº 8.666/93), sob pena de nulidade dos atos ou contratos realizados e a responsabilidade de quem lhes tenha dado causa (art. 7º, §7º, da Lei nº 8.666/93), aplicando-se também aos casos de dispensa e inexigibilidade de licitação (art. 7º, §9º, da Lei nº 8.666/93). Essas disposições, como mencionam Campelo e Cavalcante,

> têm o claro objetivo de evitar o desperdício de recursos públicos, em prestígio à economicidade e à eficiência administrativa. As obras e serviços a serem licitados devem ser precedidos de estudo de viabilidade prévio, bem como da disponibilidade de recursos orçamentários para a sua *total* execução. Almeja-se evitar o emprego de recursos em investimentos de pouca ou nenhuma eficácia, a exemplo das obras inacabadas (...).[502]

Sendo assim, os elementos[503] incorporados ao projeto básico fornecem importante material para estimar a viabilidade socioeconômica do empreendimento a ser licitado, os impactos ambientais, os custos, benefícios e externalidades, e as alternativas que foram priorizadas. "Em todas as situações, o benefício de um ou outro empreendimento deve ser comparado e priorizado. Tal avaliação é obrigatória e a sua ausência tem sido recorrentemente reprovada pelo TCU".[504]

A realização de projeto básico satisfatório e que contemple de forma ampla todas essas questões não se encontra no campo de livre apreciação do administrador. Trata-se de exigência legal, vinculante e cuja ausência ou deficiência[505] pode ensejar a nulidade do certame e a responsabilidade do gestor público.

---

complexo de obras ou serviços objeto da licitação, elaborado com base nas indicações dos estudos técnicos preliminares, que assegurem a viabilidade técnica e o adequado tratamento do impacto ambiental do empreendimento, e que possibilite a avaliação do custo da obra e a definição dos métodos e do prazo de execução, devendo conter os seguintes elementos (...)".

[502] CAMPELO, Valmir; CAVALCANTE, Rafael Jardim. *Obras Públicas:* comentários à jurisprudência do TCU. 3. ed. Belo Horizonte: Fórum, 2014. p. 252.

[503] O inc. IX do art. 6º da Lei nº 8.666/93 arrola os elementos que precisam constar no projeto básico.

[504] CAMPELO, *op. cit.,* p. 252.

[505] O TCU tem se debatido, há bastante tempo, com a "falta de planejamento adequado, com a falta de estudos técnicos consistentes, mormente os que tratam da viabilidade técnica e

O que se pretende, como salienta Juarez Freitas, não é paralisar ou retardar o processo, mas "prevenir e evitar graves males futuros. Ou seja, avulta o dever de cobrar justificação (de fato e de direito) demonstrativa dos benefícios líquidos, não apenas econômicos, em todo projeto de infraestrutura". Prossegue o jurista gaúcho ao propor que, primeiramente, seja analisada a própria necessidade da contratação. "Por incrível que pareça, constatam-se projetos de infraestrutura que não passam nesse crivo de partida. Existem equipamentos que são monumentos ao desperdício escabroso". Na sequência, devem ser checados a prioridade, o alinhamento dos projetos de infraestrutura com os planos estratégicos de Estado e o exame pertinente de viabilidade "lato sensu" do projeto. "Em segunda etapa, cuida-se de incorporar os definidos critérios de sustentabilidade social, ambiental e econômica aos contratos de infraestrutura". Com isso, conclui Juarez Freitas que, da fase interna ao monitoramento de execução da avença, "só pode haver contratação hígida se as licitações nascerem sustentáveis. Torna-se, pois, essencial apertar os controles desde a fase interna".[506]

A fiscalização da legitimidade das contratações públicas é realizada, preferencialmente, pelas Cortes de Contas, as quais dispõem de instrumentos preventivos de atuação, como acompanhamento de editais de licitações e contratos administrativos (Lei nº 8.443/92, art. 41, inc, I, al. "b"), realização de inspeções e auditorias (arts. 38, incs. I e IV, 41, inc, II) ou concessão de prazo para adoção de providências necessárias ao cumprimento da lei,[507] assim como a possibilidade de adotar medidas cautelares[508] imprescindíveis à neutralização imediata de situações de lesividade ao interesse público ou à garantia da utilidade prática de suas deliberações finais.

---

econômica dos empreendimentos (...). Tal prática leva, inexoravelmente, a sobrepreços, superfaturamento e toda sorte de desvios contra o Erário e, de conseguinte, causa perdas irreparáveis à sociedade brasileira, que sente falta de serviços públicos adequados, e os desvios levam à paralisação futura ou atraso das obras e serviços em andamento" (Plenário, Acórdão nº 1947/2007, Rel. Raimundo Carreiro). Em outra decisão, a Corte de Contas Federal assentou a "necessidade de elaboração de estudos de viabilidade técnica e econômica para obras de engenharia (...). Assim sendo, a utilização de um EVTEA deficiente não permite realizar estimativa sobre a sua viabilidade" (Plenário, Acórdão nº 2411/2010, Rel. André Luís Carvalho).

[506] FREITAS, Juarez. Sustentabilidade e projetos de infraestrutura: para um quadro atraente de investidores. *Crise Econômica e Soluções Jurídicas*, n. 3, nov. 2015.

[507] TCU, Plenário, Acórdão n. 2582/2010, Rel. Benjamin Zymler. Previsto expressamente no art. 45 da Lei nº Lei nº 8.443/92.

[508] O poder geral de cautela do TCU, previsto no art. 44 da Lei nº 8.443/92, foi considerado constitucional pelo STF (2ª T., MS 33092, Rel. Min. Gilmar Mendes, j. 24.03.2015, DJE 17.08.2015; Pleno, MS 24510, Rel. Min. Ellen Gracie, j. 19.11.2003, DJ 19.03.2004).

Isso, contudo, não afasta o controle judicial das licitações e contratos públicos, até porque a manifestação do Tribunal de Contas é de caráter administrativo, não forma coisa julgada material e não vincula o Poder Judiciário, que poderá, inclusive, revisar suas decisões.[509] A apreciação pela Corte de Contas, de qualquer forma, ostenta forte carga persuasiva, em razão de sua *expertise* no conhecimento dos fatos que subjazem as licitações e contratações públicas. Sendo assim, eventual procedimento existente naquele âmbito deve ser levado em consideração pelos juízes, integrar a fundamentação da decisão judicial e, se for o caso, receber deferência, principalmente em virtude da qualidade do material probatório levantado e do respeito ao devido processo administrativo. Por outro lado, se o julgador discordar das conclusões do órgão técnico, tem de apresentar motivação suficiente para afastá-las.

Em outra perspectiva, é relevante mencionar que os extensos impactos socioambientais dos empreendimentos públicos demandam a realização de licenciamento ambiental,[510] sendo que a licença prévia[511] deve anteceder o projeto básico e servir de parâmetro para sua elaboração.[512] Considerando, ademais, que, em regra, as obras

---

[509] A jurisprudência pátria é remansosa nesse sentido: "O controle exercido pelos Tribunais de Contas não é jurisdicional e, por isso mesmo, as decisões proferidas pelos órgãos de controle não retiram a possibilidade de o ato reputado ímprobo ser analisado pelo Poder Judiciário, por meio de competente ação civil pública. Isso porque a atividade exercida pelas Cortes de Contas é meramente revestida de caráter opinativo e não vincula a atuação do sujeito ativo da ação civil de improbidade administrativa. Precedentes: REsp 285.305/DF, Relatora Ministra Denise Arruda, Primeira Turma, DJ 13.12.2007; REsp 880.662/MG, Relator Ministro Castro Meira, Segunda Turma, DJ 1.3.2007; e REsp 1.038.762/RJ, Relator Ministro Herman Benjamin, Segunda Turma, DJe 31.8.2009. 4. O mister desempenhado pelos Tribunais de Contas, no sentido de auxiliar os respectivos Poderes Legislativos em fiscalizar, encerra decisões de cunho técnico-administrativo e suas decisões não fazem coisa julgada, justamente por não praticarem atividade judicante. Logo, sua atuação não vincula o funcionamento do Poder Judiciário, o qual pode, inclusive, revisar as suas decisões por força do Princípio Constitucional da Inafastabilidade do Controle Jurisdicional (art. 5º, XXXV, da Constituição)" (STJ, 1ª T., REsp 1032732/CE, Rel. Min. Benedito Gonçalves, j. 25.08.2015, DJe 08.09.2015).

[510] Conforme o art. 2º, inc. I da LC nº 140/2011, licenciamento ambiental é considerado o "procedimento administrativo destinado a licenciar atividades ou empreendimentos utilizadores de recursos ambientais, efetiva ou potencialmente poluidores ou capazes, sob qualquer forma, de causar degradação ambiental".

[511] Consoante dispõe a Resolução nº 237/97 do CONAMA, no art. 8º, a licença prévia é "concedida na fase preliminar do planejamento do empreendimento ou atividade aprovando sua localização e concepção, atestando a viabilidade ambiental e estabelecendo os requisitos básicos e condicionantes a serem atendidos nas próximas fases de sua implementação".

[512] CAMPELO, Valmir; CAVALCANTE, Rafael Jardim. *Obras Públicas*: comentários à jurisprudência do TCU. 3. ed. Belo Horizonte: Fórum, 2014. p. 375-6. Nesse sentido, considerou o TCU como irregularidade grave: "a contratação de obras com base em projeto básico

públicas podem causar significativa degradação do meio ambiente, o licenciamento precisa ser instruído com estudo de impacto ambiental, acompanhado do Relatório de Impacto Ambiental (EIA/RIMA) (CF, art. 225, §1º, inc. IV). O EIA/RIMA representa um "profundo diagnóstico do empreendimento a ser licenciado pelo órgão ambiental, confrontando-o com as prováveis modificações das diversas características socioeconômicas e biofísicas do meio ambiente".[513] Trata-se de estudo ordenado a contemplar os efeitos globais da obra ou serviço e o ciclo de vida, que transcende o mero custo da execução da obra e abrange a "sua manutenção e operação, incluindo ainda eventual desativação/desmobilização e geração de resíduos".[514] Outrossim, não podem ser ignorados os impactos sobre as comunidades tradicionais, o que, aliás, é determinado pelo Decreto nº 95.773/88.[515] Consoante Mariana Almeida Passos de Freitas e Vladimir Passos de Freitas, dentre os aspectos a serem considerados no EIA/RIMA se destacam: o enfoque sociológico, ao envolver o problema da população afetada, os resultados econômicos, a preservação da fauna, diretamente atingida, *v.g.*, nos projetos de construção de grandes barragens, bem assim questões culturais, impactos sobre a vegetação, a água, o ar e o solo. "Todos estes fatores deverão ser abordados, a fim de que a decisão final possa ser baseada em elementos concretos e convincentes".[516]

As diversas questões que devem ser analisadas no Estudo de Impacto Ambiental reúnem elementos essenciais para estimar a viabilidade socioeconômica e ambiental de determinado empreendimento, aquilatar os custos, benefícios e externalidades das atividades a serem licenciadas e comparar as alternativas tecnológicas e de

---

elaborado sem a existência da licença prévia, conforme art. 7º, §2º, inciso I e art. 12, ambos da Lei nº 8.666/93, c/c. o art. 8º, inciso I, da Resolução Conama nº 237/97", e "o início de obras sem a devida licença de instalação, bem como o início das operações do empreendimento sem a licença de operação com base nas Resoluções Conama nº 237/97 e 06/87" (Plenário, Acórdão 516/2003, Rel. Walton Rodrigues).

[513] CAPPELLI, Sílvia; MARCHESAN, Ana Maria Moreira; STEIGLEDER, Annelise Monteiro. *Direito Ambiental.* 7. ed. Porto Alegre: Verbo Jurídico, 2013. p. 118-9.

[514] BIM, Eduardo Fortunato. Considerações sobre a juridicidade e os limites da licitação sustentável. In: SANTOS, Murillo Giordan; VILLAC, Teresa (Coords.). *Licitações e Contratações Públicas Sustentáveis.* 2. ed. Belo Horizonte: Fórum, 2015. p. 198.

[515] O art. 1º do referido decreto assim dispõe: "No planejamento de projetos e obras, de médio e grande porte, executados total ou parcialmente com recursos federais, serão considerados os efeitos de caráter ambiental, cultural e social, que esses empreendimentos possam causar ao meio considerado".

[516] FREITAS, Mariana Almeida Passos de; FREITAS, Vladimir Passos de. *Direito Administrativo e Meio Ambiente.* 5. ed. Curitiba: Juruá, 2014. p. 91-2.

CONTROLE JUDICIAL DE SUSTENTABILIDADE DAS LICITAÇÕES E CONTRATAÇÕES PÚBLICAS | 151

localização do projeto, confrontando-as com a hipótese de não execução da obra.[517] Vale dizer, o EIA/RIMA é instrumento de crucial importância para que possa ser aferida a sustentabilidade multidimensional de determinado projeto de obra pública, afigurando-se de grande utilidade: a) para o órgão ambiental apreciar a possibilidade de concessão do licenciamento; b) para o Tribunal de Contas verificar a regularidade da licitação; c) para os cidadãos e legitimados ao ajuizamento de ação civil pública fiscalizarem a legitimidade do projeto; d) enfim, para o Judiciário controlar a sustentabilidade da licitação e contratação pública.

A Constituição Federal, no art. art. 225, §1º, inc. IV, exige o EIA/RIMA para instalação de obra ou atividade potencialmente causadora de "significativa degradação do meio ambiente". O art. 2º da Resolução nº 01/86 do CONAMA[518] contempla atividades em que o significativo impacto ambiental é presumido. Nos casos relacionados nesse ato normativo, a elaboração do estudo é obrigatória. Contudo, por se tratar de rol exemplificativo, constatado que a obra ou atividade é potencialmente causadora de "significativa degradação" ambiental, ainda que não prevista naquele dispositivo, poderá ser exigido do empreendedor o EIA/RIMA para obtenção do licenciamento.[519]

A expressão "significativa degradação" encerra um conceito jurídico indeterminado, cuja presença somente poderá ser verificada conforme as circunstâncias do caso concreto.[520] Aventou-se anteriormente que, independentemente da posição que se acolha quanto à existência de discricionariedade junto aos conceitos indeterminados, esses podem

---

[517] Conforme diretrizes dos arts. 5º e 6º da Resolução nº 01/86 do CONAMA.

[518] Constam nesse dispositivo inúmeras obras de infraestrutura, como: estradas de rodagem com duas ou mais faixas de rolamento, ferrovias, portos e terminais de minério, petróleo e produtos químicos, aeroportos, barragem para fins hidrelétricos, acima de 10MW, de saneamento ou de irrigação, abertura de canais para navegação, drenagem e irrigação, retificação de cursos d'água, abertura de barras e embocaduras, transposição de bacias, diques, usinas de geração de eletricidade, qualquer que seja a fonte de energia primária, acima de 10MW, dentre outros.

[519] O caráter meramente exemplificativo do art. 2º da Res. nº 01/1986 do CONAMA encontra amparo em copiosa manifestação doutrinária, *v.g.*: MILARÉ, Édis. *Direito do Ambiente*: gestão ambiental em foco. 7. ed. São Paulo: Revista dos Tribunais, 2011. p. 480-1; CAPPELLI, Silvia. O estudo de impacto ambiental na realidade brasileira. *Revista do Ministério Público do Estado do Rio Grande do Sul*, Porto Alegre, n. 27, p. 54, 1992; SIRVINSKAS, Luis Paulo. *Manual de Direito Ambiental*. 8. ed. São Paulo: Saraiva, 2010. p. 220-1. Ademais, prevalece o entendimento de que as hipóteses de atividades estabelecidas pela Resolução nº 01/1986 do CONAMA devem obrigatoriamente ser antecedidas de EIA, o que exclui a discricionariedade do administrador. Milaré, contudo, entende como relativa a presunção de gravidade do impacto extraída do referido ato normativo (*Ibid.*, p. 482-4).

[520] FIORILLO, Celso Antônio Pacheco. *Curso de Direito Ambiental Brasileiro*. 14. ed. São Paulo: Saraiva, 2013. p. 228-9.

sempre se submeter ao controle judicial. Logo, se demonstrado que a instalação e operação do empreendimento tenham capacidade de produzir consequências negativas extraordinárias ao meio ambiente, eventual ausência ou mesmo deficiência do EIA estará sujeita à sindicabilidade judicial, a desaguar na invalidade do licenciamento concedido.[521]

Em conclusão, é possível afirmar que, no sistema jurídico brasileiro, *o Judiciário dispõe de competência para avaliar a sustentabilidade multidimensional das licitações e contratações administrativas, assim como poderá aferir a viabilidade socioeconômica e ambiental dos empreendimentos públicos.*

Os elementos que instruem os projetos básico e executivo (como memorial justificativo, os estudos técnicos preliminares de viabilidade do empreendimento e avaliação do custo da obra), as informações levantadas por ocasião do licenciamento, termo de referência e estudo de impacto ambiental, inclusive as evidências trazidas em eventual procedimento instaurado perante o Tribunal de Contas fornecem rico

---

[521] Nesse sentido, o STJ assentou que: "se é verdade que ao Ibama compete avaliar a necessidade de realização de EIA/Rima, não é menos verdade que qualquer conclusão a que chegue a referida autarquia é sindicável na via judicial. 8. É de pelo menos muito duvidosa a afirmação, feita peremptoriamente no acórdão recorrido em corroboração ao que disse o DNIT, ora recorrido, de que os atos praticados no âmbito do licenciamento ambiental são marcados por alta discricionariedade administrativa. Se isso é correto em face de alguns atos, trata-se de conclusão inteiramente inadequada em face de outros. É que o simples utilização de conceitos indeterminados não é suficiente para conferir a qualquer escolha administrativa a correção. Ao contrário, a utilização deste tipo de técnica de construção normativa tem por escopo possibilitar que a Administração identifique, na análise casuísticas, qual é a melhor escolha – que, por ser a melhor, é única. 9. Mesmo que se admitisse se estar diante de um ato eminentemente discricionário, alegar que o confronto judicial do mesmo seria inviável equivale a sustentar, em última linha, que a legislação vigente retirou do Poder Judiciário a possibilidade de analisar impugnações aos mais diversos atos administrativos, o que é inconstitucional, em face do que dispõe o art. 5º, inc. XXXV, da Constituição da República. 10. Nesse contexto de ideias, o acórdão recorrido merece reforma: não para asseverar que, na hipótese, o EIA/Rima é pura e simplesmente de realização compulsória, mas para que o Tribunal Regional avalie o agravo de instrumento interposto para dizer se concorda ou não com a necessidade de realização do estudo de impacto ambiental no caso concreto (em lugar do RCA), como sustenta o MPF, afastando-se a conclusão de que os aportes do Ibama na esfera administrativo-ambiental não são sindicáveis em face do Judiciário" (STJ, REsp 1279607/PR, 2ª T., Rel. Min. Mauro Campbell Marques, j. 06.12.2011, DJe 13.12.2011). Em outro acórdão, decidiu-se que: "O órgão estadual afastou a necessidade de realização do estudo prévio de impacto ambiental no caso, decisão passível de análise pelo Poder Judiciário, diante do princípio da inafastabilidade da jurisdição. Precedente. 3. Não foi somente a potencial degradação ambiental da atividade mineradora que ensejou a determinação de que se realize novo procedimento de licença ambiental, mas o descumprimento dos Termos de Compromisso de Recuperação Ambiental e a já constatada lesão ao meio ambiente" (REsp 1330841/SP, 2ª T., Rel. Min. Eliana Calmon, j. 06.08.2013, DJe 14.08.2013).

material probatório para que os magistrados possam proferir decisões mais bem informadas, baseando-se no conhecimento técnico dos diversos órgãos da Administração Pública, de forma a proporcionar uma atuação jurisdicional cooperativa com os demais entes públicos.

Para definir a deferência a ser conferida às conclusões técnicas de setores especializados do Estado os juízes devem observar, na linha da proposta antes aventada,[522] a competência específica do órgão público em questão, como também a força persuasiva e a confiabilidade da decisão administrativa. Assim, por exemplo, as conclusões do Tribunal de Contas, apoiadas em auditorias e laudos bem elaborados, acompanhadas de rigorosa motivação e antecedidas de contraditório e ampla defesa normalmente recebem acatamento judicial.

Da mesma forma, um estudo de impacto ambiental sério, profundo e propiciador de ampla participação da comunidade certamente merece deferência, o que, ao contrário, não sucede com estudos insuficientes, parciais ou instruídos com exames superficiais. Os "gargalos"[523] do licenciamento ambiental no Brasil afetam a qualidade das avaliações de impacto e contribuem para a excessiva judicialização. Deficiências como a apresentação de termos de referência genéricos ou insuficientes, falta de competência e independência da equipe que elabora o EIA, carência de interação entre os envolvidos, pouca participação da comunidade ou incompatibilização do empreendimento com planos e programas governamentais[524] podem debilitar a confiabilidade do material levantado perante os órgãos de controle. Daí a importância de se fazer um Relatório de Impacto Ambiental completo, claro e didático, para facilitar a compreensão dos interessados e controladores.[525]

---

[522] Tópico 2.2.2.4.

[523] HOFMANN, Rose Mirian. *Gargalos do Licenciamento Ambiental Federal no Brasil*. Brasil, Câmara dos Deputados, jul. 2015. Disponível em:<http://www2.camara.leg.br/documentos-e-pesquisa/publicacoes/estnottec/areas-da-conle/tema14/2015_1868_licenciamentoambien tal_rose-hofmann>. Acesso em: 10 jan. 2016.

[524] ALMEIDA, Alexandre Nascimento de et al. Determinantes da qualidade dos Estudos de Impacto Ambiental. *Revista Eletrônica em Gestão, Educação e Tecnologia Ambiental*, Santa Maria, v. 19, n. 2, p. 442-50, maio/ago. 2015. O Ministério Público Federal realizou estudo sobre as deficiências do EIA e apresentou sugestões para melhoria da sua qualidade: BRASIL. Ministério Público da União, 4ª Câmara de Coordenação e Revisão. *Deficiências em Estudos de Impacto Ambiental*: síntese de uma experiência. Escola Superior do Ministério Público da União, 2004. Disponível em: <http://escola.mpu.mp.br/linha-editorial/outras-publicacoes/impacto_ambiental3.pdf>. Acesso em: 18 jan. 2016.

[525] O art. 9º da Resolução nº 01/1986 do CONAMA estabelece que o RIMA "refletirá as conclusões do estudo de impacto ambiental" e, no parágrafo único, dispõe que o "RIMA deve ser apresentado de forma objetiva e adequada a sua compreensão. As informações devem ser traduzidas em linguagem acessível, ilustradas por mapas, cartas, quadros,

Avulta, aqui, a importância da motivação das decisões administrativas proferidas nos atos preparatórios das licitações e contratações públicas,[526] sobre a qual incidirá a fiscalização judicial, e o emprego inevitável do princípio da proporcionalidade, para possibilitar a ponderação dos custos e benefícios, de um lado, da realização da obra ou serviço público tal como pretende a Administração, e, de outro, da intervenção judicial.

Ademais, o Judiciário tem de respeitar as funções próprias de cada esfera governamental, pois o que se admite é o controle judicial das decisões administrativas, e não a substituição dos administradores pelos juízes na condução dos serviços públicos. Na prática, isso denota a inconveniência de que o procedimento licitatório, o licenciamento ou o estudo de impacto ambiental sejam trazidos para dentro de um processo judicial, ou que políticas públicas sejam submetidas a perícia judicial.[527]

Por conseguinte, as particularidades do processo civil permitem ao julgador, exemplificativamente: a) a anulação de uma licitação ou licenciamento por ausência ou defeito de formalidade essencial (como o EIA/RIMA ou projeto básico deficiente), ou ainda pela pouca participação da sociedade, como se verificou, *e.g.*, na suspensão dos efeitos da licitação para exploração do "gás de xisto" pelo TRF da 4ª R., em razão dos efeitos deletérios gravíssimos do método a ser praticado;[528]

---

gráficos e demais técnicas de comunicação visual, de modo que se possam entender as vantagens e desvantagens do projeto, bem como todas as consequências ambientais de sua implementação". Assim, a "existência de um relatório de impacto ambiental tem por finalidade tornar compreensível para o público o conteúdo do EIA, porquanto este é elaborado segundo critérios técnicos. Assim, em respeito ao princípio da informação ambiental, o RIMA deve ser claro e acessível, retratando fielmente o conteúdo do estudo, de modo compreensível e menos técnico" (FIORILLO, Celso Antônio Pacheco. *Curso de Direito Ambiental Brasileiro*. 14. ed. São Paulo: Saraiva, 2013. p. 228).

[526] "Na licitação, como procedimento formal, qualquer ato – inclusive os da fase preparatória – deve ter como fundamento memorial justificativo próprio; como também a execução contratual dela decorrente" (CAMPELO, Valmir; CAVALCANTE, Rafael Jardim. *Obras Públicas*: comentários à jurisprudência do TCU. 3. ed. Belo Horizonte: Fórum, 2014. p. 434).

[527] A respeito, o STJ rechaçou a tentativa de provar, com perícia, que as normas que proíbem, categoricamente, a importação de pneus usados são inválidas (2ª T., REsp 1129785/PR, Rel. p/ Ac. Min. Herman Benjamin, j. 15.12.2009, DJe 04.05.2011).

[528] "DIREITO AMBIENTAL. EXPLORAÇÃO DE GÁS DE FOLHELHO ("GÁS DE XISTO") PELA TÉCNICA DO FRATURAMENTO HIDRÁULICO (FRACKING) NA BACIA DO RIO PARANÁ. LICITAÇÃO DOS BLOCOS DE EXPLORAÇÃO, ANTERIORMENTE À REALIZAÇÃO DOS ESTUDOS APROFUNDADOS SOBRE A TÉCNICA E SOBRE AS JAZIDAS. PRINCÍPIO 10 DA DECLARAÇÃO DO RIO. PRINCÍPIO DA PRECAUÇÃO. A 12ª rodada de licitações, promovida pela Agência Nacional de Petróleo, ofereceu à licitação blocos de exploração de jazidas de gás natural, com possibilidade de exploração de gás não-convencional (gás de folhelho) pela técnica de fraturamento hidráulico. Ocorre que, no momento, é escasso o conhecimento, tanto sobre a técnica (particularmente, sobre

b) a imposição de obrigação de fazer e não fazer, tal qual a exigência de medidas preventivas, reparatórias ou compensatórias ao meio ambiente, inclusive de forma cumulativa;[529] c) a definição de parâmetros para que a licitação, contratação ou licenciamento a serem realizados observem a sustentabilidade, como, por exemplo, a necessidade de estudo de viabilidade técnica, a vedação de intervenção em área de preservação permanente ou o emprego de determinada tecnologia.

Desse modo, a profundidade e a amplitude da intervenção judicial são matizadas pelos pedidos formulados nas ações coletivas. Assim, o autor coletivo poderá impugnar aspectos formais das decisões

---

os impactos ambientais que ela pode provocar), como sobre as jazidas a serem exploradas. Diante de tecnologias novas e pouco conhecidas, que não podem ser desprezadas em face da crescente demanda por energia e por bens de consumo, a melhor atitude é aquela sugerida pelo Princípio 10 da Declaração do Rio: informação, participação social e acesso à Justiça. Judicializada a questão do fraturamento hidráulico, percebe-se claramente a fragilidade da forma de condução do processo de implantação da técnica promovida pela ANP no atendimento aos dois outros princípios do tripé do Princípio 10. Com efeito, pouco se sabe sobre o fraturamento hidráulico e sobre suas consequência ambientais, apenas antevendo-se que podem ser muito graves, como a contaminação de aquíferos subterrâneos (no caso, o Aquífero Guarani) e abalos sísmicos, dentre diversos outros. Pouco se sabe também sobre as jazidas de gás cuja exploração está sendo licitada. A realização da licitação da exploração nessas circunstâncias, transferindo ao empreendedor a tarefa de produzir o conhecimento necessário, significa atrelar indevidamente a pesquisa científica ao interesse econômico, comprometendo a credibilidade deste saber, sob o prisma ambiental. A participação da sociedade civil na definição da política energética para o gás de folhelho também tem sido precária, estando sendo desconsideradas pelo órgão licitante manifestações de diversas entidades acadêmicas e científicas nacionais importantes (Sociedade Brasileira para o Progresso da Ciência, Academia Brasileira de Ciências), que têm expressado sua preocupação com os possíveis efeitos ambientais deletérios gravíssimos do fracking de que se tem conhecimento e, por isso, têm-se posicionado contra a licitação. Nessa perspectiva, tendo em vista o princípio da precaução, confirma-se a decisão agravada, que determinou a suspensão dos efeitos da 12ª rodada de licitações promovida pela ANP" (TRF4, AG 5020999-46.2014.404.0000, Quarta Turma, Relator p/ Acórdão Candido Alfredo Silva Leal Junior, juntado aos autos em 02.12.2014).

[529] A propósito: "A jurisprudência do STJ está firmada no sentido da viabilidade, no âmbito da Lei 7.347/85 e da Lei 6.938/81, de cumulação de obrigações de fazer, de não fazer e de indenizar (REsp 1.145.083/MG, Rel. Ministro Herman Benjamin, Segunda Turma, DJe 4.9.2012; REsp 1.178.294/MG, Rel. Ministro Mauro Campbell Marques, Segunda Turma, DJe 10.9.2010; AgRg nos EDcl no Ag 1.156.486/PR, Rel. Ministro Arnaldo Esteves Lima, Primeira Turma, DJe 27.4.2011; REsp 1.120.117/AC, Rel. Ministra Eliana Calmon, Segunda Turma, DJe 19.11.2009; REsp 1.090.968/SP, Rel. Ministro Luiz Fux, Primeira Turma, DJe 3.8.2010; REsp 605.323/MG, Rel. Ministro José Delgado, Rel. p/ Acórdão Ministro Teori Albino Zavascki, Primeira Turma, DJ 17.10.2005; REsp 625.249/PR, Rel. Ministro Luiz Fux, Primeira Turma, DJ 31.8.2006, entre outros). 3. Recurso Especial parcialmente provido para reconhecer a possibilidade de cumulação de indenização pecuniária com as obrigações de fazer e não fazer voltadas à recomposição in natura do bem lesado, devolvendo-se os autos ao Tribunal de origem para que fixe, in casu, o quantum debeatur reparatório do dano já reconhecido no acórdão recorrido" (STJ, 2ª T., REsp 1328753/MG, Rel. Min. Herman Benjamin, j. 28.05.2013, DJe 03.02.2015).

administrativas que culminarem em contratações insustentáveis, tal qual a ausência ou deficiência de projeto básico, licenciamento ou EIA/RIMA. Também será cabível, em nosso modelo de unicidade da jurisdição, questionar a dimensão substancial da escolha pública, ou seja, a decisão de realizar determinada aquisição ou empreendimento. Aqui se cogita do controle judicial da viabilidade socioeconômica e ambiental e da sustentabilidade das decisões administrativas. É preciso romper com o vetusto dogma da insindicabilidade judicial da análise dos custos e benefícios das medidas estatais, ou a tese da imunidade das apreciações sobre a necessidade e economicidade da decisão pública. O ordenamento jurídico não tolera desperdícios, nem condutas insustentáveis.

Portanto, é perfeitamente possível que o Judiciário atinja conclusão diversa da Administração Pública (ou do próprio Tribunal de Contas), e, a título ilustrativo: a) entenda pela ilegitimidade da construção de um estádio que absorva imensos recursos públicos e represente pouca utilidade duradoura para a comunidade; b) decida que não são justificados os benefícios de uma obra de grande porte em uma cidade pequena;[530] c) repute que os impactos socioambientais de determinado empreendimento não superam os benefícios econômicos pretendidos;[531] d) considere desatendida a exigência de sustentabilidade para aquisições públicas. Em todas essas e outras situações, de acordo

---

[530] O TCU, *v.g.*, já decidiu nesse sentido: "Por fim, quanto à Vila Olímpica de Parnaíba/PI, trata-se de outra obra para construção de um conjunto esportivo, com estádio, quadras poliesportivas, piscina e outras instalações. O maior problema identificado foi a ausência de adequado estudo de viabilidade técnica e econômico-financeira. Isso por se tratar de um empreendimento de grande porte, orçado em aproximados R$ 180 milhões, a ser implantado em uma cidade de pequeno porte, sem comprovação de que haverá demanda para uso das instalações" (Plenário, Acórdão n. 2969/2013, Rel. Walton Rodrigues).

[531] A propósito, é importante manter viva a lembrança de um dos maiores desastres ecológicos relacionados à construção de obras de infraestrutura: a construção da Hidrelétrica de Balbina, no Amazonas, no final da década de 1980. Com capacidade prevista para 250mw, para abastecer na época 60% do consumo de energia elétrica de Manaus, atualmente produz apenas 100mw e responde por apenas 10% do consumo daquela cidade. Inundou cerca de 2.360km² e gera dez vezes mais gases de efeito estufa que uma termelétrica. Como se concluiu em relevante estudo 1990: "Inadequada em seus aspectos técnicos, exageradamente cara até mesmo em relação a obras de grande porte como Itaipu e Tucuruí, profundamente perturbadora para a vida das populações localizadas nas margens do rio Uatumã e desastrosa sob o ponto de vista ecológico, a usina hidrelétrica de Balbina, construída em meio à floresta, trouxe apenas um benefício: a lição sobre o que deve ser evitado no planejamento do desenvolvimento da Amazônia" (FEARNSIDE, Philip Martin. Balbina: lições trágicas na Amazônia. *Ciência Hoje*, 11(64), p. 34-40, 1990). O controle jurisdicional de sustentabilidade dos contratos e licitações públicas, portanto, é essencial para evitar que novas "balbinas" sejam construídas no País.

com as provas trazidas aos autos, as cortes têm o dever de ordenar a anulação da licitação ou do contrato público, ou providenciar, ainda que liminarmente,[532] a imediata suspensão das compras insustentáveis ou das obras públicas não justificadas intertemporalmente.

É salutar, no ponto, que os juízes se valham de uma interpretação teleológica da Constituição e das leis que regem a matéria, bem como que considerem as consequências das condutas administrativas e das suas decisões. Igualmente, diante da inafastável colisão de princípios nos litígios em concreto, é de rigor o emprego do princípio da proporcionalidade para verificar, *v.g.*, se é razoável a anulação de determinada licitação que não obedeceu a critérios de sustentabilidade, de acordo com o "estado da técnica" e os custos da aquisição.[533]

Enfim, o controle de sustentabilidade das licitações e contratos públicos é também um mecanismo apto a mitigar os desvios cognitivos que embaraçam a visão sistêmica e de longo prazo dos gestores públicos. Sobretudo em razão da pressa em apresentar resultados eleitoreiros e construir sem pensar no planejamento, com consequente desprezo aos requisitos essenciais para empreendimentos justificados intertemporalmente, como estudos de viabilidade, projeto básico, licenciamento e estudo de impacto ambiental. O controle jurisdicional independente e imparcial, como foi dito,[534] é imprescindível nas situações em que o processo político carece de incentivos para cumprir os princípios constitucionais e proteger os direitos fundamentais. Essa realidade é comum quando discutida a viabilidade ou a celeridade na construção de determinadas obras públicas, que até podem encontrar justificativas imediatistas e aparentes, mas muitas vezes não subsistem à análise dos custos, benefícios e externalidades derivados do projeto.

De notar que, lamentavelmente, parcela da classe política insiste em conferir uma visão burocrática ao licenciamento e aos estudos

---

[532] Sobre a determinação judicial liminar de suspensão de atividades lesivas, vide capítulo 6.

[533] Eduardo Fortunato Bim menciona que há limitação à caracterização da licitação sustentável como direito subjetivo exigível: "a) no *estado da técnica*, uma vez que o Estado não é obrigado a seguir modismos, estudos científicos novos e não amadurecidos na comunidade científica; b) na *vedação de custo excessivo*. O Estado pode até ser obrigado a adotar uma técnica cara, mas desde que não seja exorbitante. O princípio do BATNEEC (*Best Available Technology Not Entailing Excessive Cost* ou *Best Available Techniques Not Exceeding Excessive Cost*) é uma evidente analogia para tal configuração" (BIM, Eduardo Fortunato. Considerações sobre a juridicidade e os limites da licitação sustentável. In: SANTOS, Murillo Giordan; VILLAC, Teresa (Coords.). *Licitações e Contratações Públicas Sustentáveis*. 2. ed. Belo Horizonte: Fórum, 2015. p. 219).

[534] Tópico 2.2.1.

ambientais, como se fossem meros obstáculos a serem superados para atingirem seus objetivos eleitorais. Exemplo disso é a tentativa de descaracterizar o próprio licenciamento mediante a PEC 65/2012, idealizada para impedir a suspensão ou cancelamento, inclusive judicial de obra pública.[535]

Em uma frase: o controle jurisdicional de sustentabilidade das licitações e contratações públicas é crucial para a tutela dos direitos fundamentais, inclusive das futuras gerações, e do valor intrínseco do meio ambiente, normalmente descartados do jogo eleitoral e subvalorizados na cena política.

---

[535] A PEC 65/2012 pretende inserir o §7º ao art. 225 da Constituição Federal, com a seguinte redação: "A apresentação do estudo prévio de impacto ambiental importa autorização para a execução da obra, que não poderá ser suspensa ou cancelada pelas mesmas razões a não ser em face de fato superveniente". A justificativa apresentada é quase uma admissão de que o que importa mesmo é o curto prazo do mandato eleitoral, consoante o seguinte trecho: "Um chefe de Poder Executivo, como um prefeito municipal, tem quatro anos de mandato. Caso não consiga tornar ágeis as gestões administrativas respectivas, inclusive as licitações, licenças ambientais e demais requisitos para a realização de uma obra pública de vulto, encerrará o seu mandato sem conseguir realizar as medidas que preconizara em seu programa de governo, por maior que seja a boa vontade que o anima" (BRASIL. Senado Federal. *PROPOSTA DE EMENDA À CONSTITUIÇÃO nº 65, de 2012*. Disponível em: <http://legis.senado.leg.br/mateweb/arquivos/mate-pdf/120446.pdf>. Acesso em: 27 dez. 2016).

5

CONTROLE JUDICIAL DE SUSTENTABILIDADE DA REGULAÇÃO

A regulação, tomada no sentido administrativista,[536] configura mecanismo de intervenção indireta do Estado na ordem econômica, financeira e social,[537] por meio da qual o Poder Público cumpre sua função de restringir e condicionar o exercício dos direitos de liberdade e propriedade, bem como de fiscalizar a prestação dos serviços públicos, com a finalidade de assegurar o respeito aos princípios e direitos fundamentais.[538]

---

[536] Como referiu Juarez Freitas, o termo "regulação" é considerado aqui em seu "sentido administrativista (sem desconsiderar que a expressão pode ter acepção mais ampla, abarcando a regulação legal), ou seja, como elemento do poder/dever de restringir o exercício dos direitos de liberdade e de propriedade, além de zelar pela eficaz e eficiente prestação de serviços públicos na esfera administrativa" (In: *O controle dos atos administrativos e os princípios fundamentais*. 5. ed. São Paulo: Malheiros, 2013. p. 318). Outrossim, como adverte Marçal Justen Filho, não se pode confundir o vocábulo "regulação" com "regulamentação". Esta corresponde ao "desempenho de função normativa infraordenada". Já o "conceito de *regulação* é muito mais amplo e qualitativamente distinto. Eventualmente, a *regulação* pode se traduzir em atos de regulamentação" (In: *Curso de Direito Administrativo*. 10. ed. São Paulo: Revista dos Tribunais, 2014. p. 669).

[537] A regulação da ordem econômica, financeira e social coincide com os títulos VII e VIII da Constituição Federal de 1988, a indicar a possibilidade de conceber, por exemplo, a regulação financeira, ambiental, das relações de consumo, dos serviços públicos delegados, da exploração mineral, das atividades de seguro e previdência, saúde, educação dentre outras. Conforme será adiante analisado, a regulação atual não se limita à disciplina de interesses econômicos ou ao combate às falhas de mercado, mas também alcança outros valores imateriais e não sujeitos à lógica mercantilista.

[538] Marçal Justen Filho conceitua a regulação econômico-social como a "atividade estatal de intervenção indireta sobre a conduta dos sujeitos públicos e privados, de modo permanente e sistemático, para implementar as políticas de governo e a realização dos direitos fundamentais" (*op. cit.*, p. 669). Fernando Quadros da Silva entende a regulação como a "atividade estatal de intervenção na ordem econômica com o fim de limitar e condicionar a atuação dos agentes que desempenham atividades nesse segmento da vida social" (In: *Controle Judicial das Agências Reguladoras*: Aspectos doutrinários e jurisprudenciais. Porto Alegre: Verbo Jurídico, 2014. p. 27).

A atuação do Estado na economia pode ser direta, nos casos em que o Poder Público participa da atividade econômica, seja de forma exclusiva em regime de monopólio, seja mediante constituição de empresas estatais a competirem com os demais agentes econômicos privados. A intervenção indireta refere-se à atuação do Estado como agente normativo e regulador da atividade econômica e encontra fundamento no art. 174 da Constituição Federal.

Pela regulação, pois, o Estado não participa de forma direta da ordem econômica, mas emprega instrumentos de repressão, incentivo, indução, consenso, normatização, planejamento, participação e solução de conflitos. Essa função é concebida na acepção mais ampla, incluindo não apenas a atividade econômica em sentido estrito como também os serviços públicos prestados em regime de delegação.

A regulação estatal é multifacetada[539] e pode assumir diversas modalidades, apropriadas às variadas atividades a serem reguladas.[540] Quanto aos instrumentos regulatórios de que pode o Estado lançar mão, McCrudden cita: a taxação corretiva, a imposição administrativa e a competição entre os particulares, sanções e persuasão e a adoção de regras e princípios.[541] No sistema norte-americano, Breyer e outros enumeram: o controle de preços; a seleção e o licenciamento; o estabelecimento de padrões (como limites de emissões, p. ex.); as taxas, remunerações, subvenções e subsídios para encorajar ou desestimular certas atividades; a provisão de informação; a cooperação, persuasão, diretrizes, assistência técnica, declarações de melhores práticas, prêmios entre outras.[542] No Brasil, Justen Filho alude como instrumentais jurídicos da regulação: comandos normativos proibitivos e mandatórios, competição, consenso e incentivo.[543] A análise das inúmeras formas que

---

[539] "As regulações estatais da economia são dotadas de grande multifacetariedade. O seu dinamismo e a forma com que os mais diversos instrumentos de regulação e intervenção do Estado se sucederam ao longo do tempo, não foi um processo substitutivo, mas acumulativo" (ARAGÃO, Alexandre Santos de. *Agências reguladoras e a evolução do direito administrativo econômico.* 3. ed. Rio de Janeiro: Forense, 2013. p. 120).

[540] "Each of the foregoing rationales for regulation may suggest different remedy (though, as we mentioned with regard to information, a particular rationale might support multiple types of responses). Identification of the most appropriate rationale will assist in choosing the regulatory tool best suited to the problem at hand" (BREYER, Stephen et al. *Administrative Law and Regulatory Policy:* problems, text, and cases. 7. ed. New York: Wolters Kluwer Law & Business, 2011. p. 12).

[541] MCCRUDDEN, Christopher. *Regulation and Deregulation:* Policy and practice in the utilities and financial services industries. New York: Oxford University Press, 1999. p. 5-8.

[542] BREYER, *op. cit.*, p. 12-5.

[543] JUSTEN FILHO, Marçal. *Curso de Direito Administrativo.* 10. ed. São Paulo: Revista dos Tribunais, 2014. p. 681-5.

CONTROLE JUDICIAL DE SUSTENTABILIDADE DA REGULAÇÃO | 161

a regulação pode assumir revela a ampla abrangência dos distintos modelos que configuram a intervenção estatal regulatória, composta não apenas por comandos e proibições, mas também por incentivos, orientações e sugestões.[544]

Oportuno mencionar que a delegação de serviços públicos a entes privados decorreu da tendência mundial de "privatização"[545] de empresas que antes eram pertencentes ao Estado, por meio da transferência para a iniciativa privada da execução dos serviços, assumindo o Poder Público a regulação da prestação das atividades delegadas mediante concessão, permissão ou autorização. A remodulação do tamanho do Estado e o aumento da participação da sociedade na prestação de serviços públicos, na observação de Juarez Freitas, "exige(m), em contrapartida, o alargamento da dimensão estatal fiscalizadora das parcerias em sentido amplo".[546]

A regulação é função ínsita do Poder Público, de modo que, embora seja possível imaginar um governo sem agências reguladoras, é inconcebível um Estado sem regulação.[547] Nessa linha, é correta a observação de Justen Filho no sentido de que sempre se "reconheceram poderes de natureza *regulatória* ao Estado, uma vez que a natureza do direito se relaciona diretamente com o conceito de regulação. Mas as expressões *regulação* e *Estado regulador* têm conteúdo muito específico".[548]

A consagração do Estado regulador é inspirada na tradição norte-americana, cuja origem repousa no desenvolvimento da regulação administrativa ocorrida na segunda metade do século XIX, que evoluiu de um sistema normalmente considerado como de política econômica de *laissez-faire*, embora mesmo no período pós-revolucionário o governo tenha desempenhado papel substancial na economia.[549] Iniciado em nível estadual, o movimento teve um passo decisivo em 1887, quando foi criada a primeira grande agência reguladora na esfera federal daquele

---

[544] *Ibid.*, p. 684.

[545] WALD, Arnoldo. O direito das privatizações. *Revista dos Tribunais*, v. 763/1999, p. 47-55, maio 1999.

[546] FREITAS, Juarez. *O Controle dos Atos Administrativos e os Princípios Fundamentais*. 5. ed. São Paulo: Malheiros, 2013. p. 264-5.

[547] "One can imagine a government without agencies, but no government can avoid 'regulation'" (BREYER, Stephen et al. *Administrative Law and Regulatory Policy*: problems, text, and cases. 7. ed. New York: Wolters Kluwer Law & Business, 2011. p. 4).

[548] JUSTEN FILHO, Marçal. *Curso de Direito Administrativo*. 10. ed. São Paulo: Revista dos Tribunais, 2014. p. 671.

[549] BREYER, *op. cit.*, p. 16-7.

país, o *Interstate Commerce Comission* (ICC),[550] pelo *Interstate Commerce Act* de 1887, para regular transportes e garantir tarifas justas e não discriminatórias, o qual serviu de modelo para as agências instituídas posteriormente nos Estados Unidos.[551]

Após a Grande Depressão de 1929 e a política econômica do *New Deal*, cunhada pelo então Presidente Roosevelt como *"Second Bill of Rights"*, foram incorporadas à estrutura constitucional preexistente novas garantias sociais e econômicas em resposta ao colapso da economia e à desconfiança da sociedade na capacidade de o mercado, por si só, assegurar o bem-estar da população. Nessa época expandiu-se a extensão da intervenção estatal na economia e foram lançadas as bases do Estado de Bem-Estar Social (*National Welfare State*).[552]

No período de 1965 a 1975, com a expansão do movimento de direitos civis ou *rights revolution*, foram criadas novas agências reguladoras para promoção de direitos sociais e coletivos, como igualdade racial, sexual e econômica e proteção do meio ambiente, dos trabalhadores e dos consumidores. O foco da regulação ampliou-se para além da mera recuperação e estabilização da economia, e alcançou a proteção social contra riscos decorrentes do desemprego, da poluição ou dos vícios dos produtos no mercado de consumo, e contra a discriminação de determinados grupos desfavorecidos.[553]

Após 1980 e mais recentemente, pode-se afirmar que o sistema norte-americano encampou uma supervisão presidencial mais formal e minuciosa do desempenho das instituições administrativas e uma análise mais cuidadosa dos custos e benefícios das iniciativas das agências (*era of "Presidential Administration and the Cost-Benefit State"*). Ademais, percebem-se importantes evoluções decorrentes de inovações tecnológicas que proporcionam uma nova era de participação democrática, cooperação e maior informação sobre as decisões das agências.[554]

O modelo de regulação mediante agências independentes, com ampla delegação de poderes normativos, executivos e judiciais,

---

[550] *Ibid.*, p. 17.

[551] SILVA, Fernando Quadros da. Agências Reguladoras: um modelo em constante aperfeiçoamento. In: FREITAS, Vladimir Passos de; SILVA, Fernando Quadros da (Coords.). *Agências Reguladoras no Direito Brasileiro*: teoria e prática. São Paulo: Revista dos Tribunais, 2014. p. 24.

[552] BREYER, Stephen et al. *Administrative Law and Regulatory Policy:* problems, text, and cases. 7. ed. New York: Wolters Kluwer Law & Business, 2011. p. 19-20.

[553] *Ibid.*, p. 24.

[554] *Ibid.*, p. 27, 29.

CONTROLE JUDICIAL DE SUSTENTABILIDADE DA REGULAÇÃO | 163

influenciou outros ordenamentos a adotarem concepção semelhante,[555] com diferenças e nuances peculiares a cada sistema jurídico.

Na Europa continental, como relata Giandomenico Majone, a regulação não foi precedida de um regime de *laissez-faire* puro, mas de "outro Estado regulador", baseado na nacionalização de indústrias-chave e no Estado de Bem-Estar Social. Todavia, diversas falhas desse regime emergiram, com a percepção de que o consumidor europeu estava menos protegido em face das corporações públicas que o americano frente aos "monopólios privados sujeitos a controles legais impostos por órgãos regulatórios independentes, apoiados por um sistema judicial poderoso". A falha da propriedade pública como modo de regulação, prossegue Majone,

> favoreceu a difusão de um modo alternativo pelo qual indústrias consideradas importantes ao interesse público (como as empresas de serviços públicos) são abandonadas ou devolvidas para mãos privadas, porém estão sujeitas a regras desenvolvidas e aplicadas por agências ou comissões especializadas sobre o fundamento de um mandato legislativo específico: regulação legislativa.[556]

No regime do Estado-Providência e do Estado Socialista, em que as empresas estatais encarnavam o próprio governo na prestação direta de serviços públicos e no exercício de atividades econômicas, considerava-se, consoante Moreira Neto, "supérfluo e redundante manter controles estatais específicos sobre seu desempenho".[557] A adoção do Estado regulador coincide com a tendência de redução da atuação direta do Poder Público no domínio econômico, ou de "declínio dos modelos de Mega-Estado",[558] sobretudo em razão dos crescentes *déficits* públicos e consequente necessidade de racionalização da prestação de serviços públicos e aperfeiçoamento da responsabilidade fiscal. Apesar da disputa ideológica sobre o tamanho considerado adequado

---

[555] SILVA, Fernando Quadros da. Agências Reguladoras: um modelo em constante aperfeiçoamento. In: FREITAS, Vladimir Passos de; SILVA, Fernando Quadros da (Coords.). *Agências Reguladoras no Direito Brasileiro*: teoria e prática. São Paulo: Revista dos Tribunais, 2014. p. 27.

[556] MAJONE, Giandomenico. As transformações do Estado regulador. *Revista de Direito Administrativo*, Belo Horizonte, ano 2013, n. 262, jan./abr. 2013.

[557] MOREIRA NETO, Diogo de Figueiredo. *Mutações do Direito Administrativo*. 3. ed. Rio de Janeiro: Renovar, 2007. p. 198.

[558] *Ibid.*, p. 198.

ao Estado contemporâneo,[559] é inegável a ascensão de mecanismos de regulação e intervenção pública indireta na economia, em lugar da atuação oficial direta, o que, contudo, não significa a abdicação do dever de proteção aos direitos fundamentais pelo Estado. "Somente se admite a *privatização* na medida em que existam instrumentos que garantam que os mesmos valores buscados anteriormente pelo Estado serão realizados por meio da atuação da iniciativa privada".[560] Em outras palavras, o que se concebe com a regulação não é o absenteísmo público, mas apenas uma mudança de perfil do Estado, em algumas atividades, de prestador direto para regulador.[561]

A assunção pelo Estado de funções regulatórias, sem que se confunda com o dirigismo estatal,[562] está em consonância com as exigências da sociedade contemporânea e instrumentos do novo Direito Administrativo,[563] como: a) a substituição parcial (não completa) de medidas de "comando-e-controle" por fórmulas consensuais; b) a ampliação da participação pública na tomada de decisões administrativas; c) a concepção de providências de longo prazo, oriundas de políticas de Estado, mais do que de governo, que transcendem a

---

[559] Marçal Justen Filho assevera que o "modelo do Estado Regulador ainda está sendo produzido. Há um ponto comum nas diversas propostas encontradas: a redução da atuação direta do Estado. Mas existem divergências de grande extensão. Num extremo encontram-se os defensores do absenteísmo estatal, partidários de concepções qualificadas como neoliberais, Antagonicamente, posicionam-se os que propugnam por uma intervenção estatal exaustiva, mesmo que regulatória. Os excessos de ambas as posições devem ser atenuados. A democracia exige a garantia da autonomia individual e da sociedade civil, mas a realização dos valores fundamentais a um Estado Social impõe a participação de todos os segmentos sociais. Portanto, é necessário promover a redução da intervenção direta do Estado, porque o custo econômico pode tornar-se insuportável para a sociedade. Mas essa redução somente pode ser admitida quando acompanhada da *funcionalização* de poderes reconhecidos à iniciativa privada" (In: *Curso de Direito Administrativo*. 10. ed. São Paulo: Revista dos Tribunais, 2014. p. 673-4).

[560] *Ibid.*, p. 674.

[561] "Houve uma mudança do perfil de Estado, de intervencionista para Estado regulador, que agora repassa aos particulares a execução concreta das atividades e reserva a si a regulação, que permite verificar se alguns objetivos estão sendo assegurados. As concepções estatizantes, em maior ou menor grau, perderam de certa forma a importância" (SILVA, Fernando Quadros da. *Controle Judicial das Agências Reguladoras:* aspectos doutrinários e jurisprudenciais. Porto Alegre: Verbo Jurídico, 2014. p. 30).

[562] "O dirigismo consiste na supressão da autonomia empresarial privada (senão na eliminação da própria empresa privada), assumindo o Estado competências amplas e ilimitadas no setor econômico. Esse modelo caracterizava-se pelo planejamento centralizado e rejeitava espaços alheios ao Estado para a implantação de projetos com outra configuração" (JUSTEN FILHO, Marçal. *Curso de Direito Administrativo*. 10. ed. São Paulo: Revista dos Tribunais, 2014. p. 671-2).

[563] Tópico 2.1.

temporariedade dos mandatos eletivos;[564] d) a superação da noção de "Estado onipresente", resguardada a intervenção estatal direta apenas para assegurar o núcleo essencial dos serviços públicos;[565] e) a influência do princípio da subsidiariedade das relações administrativas na atualidade, pelo qual cabe primariamente à sociedade a decisão e atuação para satisfazer seus próprios interesses, remanescendo ao Poder Público a responsabilidade apenas por demandas que por sua natureza não podem ser atendidas pela comunidade;[566] f) a concepção de novos paradigmas da Administração Pública, a ampliação do controle dos resultados das ações estatais[567] e, enfim, a juridicização dos princípios da eficiência, eficácia e economicidade.

A regulação mediante agências independentes passou a ser utilizada de forma generalizada em diversos países,[568] por variadas razões: a) a autonomia em relação aos governantes de ocasião, à agenda partidária e a interesses eleitoreiros de curto prazo permite decisões mais adequadas tecnicamente em virtude da *expertise* e especialidade das agências em determinados setores,[569] assim como intervenções sintonizadas com todas as variáveis envolvidas na política regulatória e os custos e benefícios, diretos e indiretos, decorrentes da escolha a ser efetuada; b) o relativo isolamento das agências de pressões conjunturais desenvolve um campo fértil para adoção de políticas públicas

---

[564] Enfatiza Juarez Freitas que "o vínculo regulador há de ser o institucional, uma vez que as considerações regulatórias são eminentemente de Estado e precisam ser independentes em relação às pressões conjunturais. Por outras palavras, o modelo proposto passa a ser o da regulação de Estado, em sinergia com os demais controles (Tribunal de Consta e controle interno, por exemplo), mais do que de 'governo'" (In: *Direito Fundamental à boa Administração Pública*. 3. ed. São Paulo: Malheiros, 2014. p. 162).

[565] *Idem. O Controle dos Atos Administrativos e os Princípios Fundamentais*. 5. ed. São Paulo: Malheiros, 2013. p. 32.

[566] MOREIRA NETO, Diogo de Figueiredo. *Mutações do Direito Administrativo*. 3. ed. Rio de Janeiro: Renovar, 2007. p. 20.

[567] *Ibid.*, p. 189.

[568] SILVA, Fernando Quadros da. Agências Reguladoras: um modelo em constante aperfeiçoamento. In: FREITAS, Vladimir Passos de; SILVA, Fernando Quadros da (Coords.). *Agências Reguladoras no Direito Brasileiro*: teoria e prática. São Paulo: Revista dos Tribunais, 2014. p. 24.

[569] "O ponto central que fundamentou historicamente a criação das agências e a discricionariedade técnica a elas atribuída é sua notória *expertise* em relação aos demais órgãos do Estado, para regular áreas específicas da atividade econômica. (...) As agências reguladoras surgiram com escopo próprio e específico de regular adequadamente a economia. A sua independência é justificada pela possibilidade de atribuir a um órgão técnico e dotado de notória especialização, a realização de uma intervenção adequada e melhor possível" (SILVA, Fernando Quadros da. Agências Reguladoras: um modelo em constante aperfeiçoamento. In: FREITAS, Vladimir Passos de; SILVA, Fernando Quadros da (Coords.). *Agências Reguladoras no Direito Brasileiro*: teoria e prática. São Paulo: Revista dos Tribunais, 2014. p. 25).

duradouras e sustentáveis, garantia de maior segurança jurídica[570] para os parceiros privados e proteção mais efetiva aos consumidores e usuários de serviços públicos; c) a "estabilidade institucional duradoura, em meio à mutabilidade típica da política volátil"[571] e o cogente vínculo institucional ou estatutário[572] dos agentes públicos que desempenham atividades reguladoras asseguram maior imparcialidade na tomada de decisões administrativas e compromisso com a eficácia, eficiência e economicidade, ao invés de favorecer desejos partidários, populistas ou espúrios, imediatistas e desconectados das prioridades constitucionais e das exigências legais; d) em razão da especialização e conhecimento técnico dos servidores e da competência discricionária a eles conferida, as decisões regulatórias das agências independentes apresentam maior sensibilidade, flexibilidade e adaptabilidade ao mundo volátil e dinâmico da atualidade.

O mesmo movimento se verificou no Brasil, após o fracasso da centralização e estatização da economia que se presenciou no século XX,[573] com a consequente adoção, a partir da década de 1980, de sucessivos planos de desestatização e desburocratização[574] e posterior introdução de dispositivos constitucionais a partir do ano de 1995, prevendo a criação de agências reguladoras,[575] sendo as demais agências não previstas na Carta Fundamental, mas positivadas pelo legislador infraconstitucional. Conquanto já existissem entidades

---

[570] FREITAS, Juarez. *O Controle dos Atos Administrativos e os Princípios Fundamentais*. 5. ed. São Paulo: Malheiros, 2013. p. 35.

[571] *Ibid.*, p. 321.

[572] O Min. Marco Aurélio, em decisão liminar, suspendeu os arts. 1º e 2º da Lei nº 9.986/2000, na redação original, que determinavam a aplicação do regime celetista e de emprego público para os funcionários das agências reguladoras, ao entendimento de que os seus servidores deveriam ostentar vínculo estatutário (STF, ADI 2310-MC, j. 19/12/2000, DJ 01.02.2001). Posteriormente, a Lei nº 10.871/04 revogou o art. 1º e alterou o art. 2º daquele diploma legal, a qual, diversamente, cria carreiras e cargos efetivos para as agências reguladoras. O STF, após, decidiu pela extinção da ADI 2310 em face da perda de objeto.

[573] MOREIRA NETO, Diogo de Figueiredo. *Direito Regulatório*: a alternativa participativa e flexível para a administração pública de relações setoriais complexas no estado democrático. Rio de Janeiro: Renovar, 2003. p. 189.

[574] CINTRA, Fernando Pimentel; MENEZES, Paulo Lucena de. "Privatização". *Revista Tributária e de Finanças Públicas*, v. 14/1996, p. 238-63, jan./mar. 1996.

[575] Assim ocorreu por meio da Emenda Constitucional nº 8, de 16.08.1995, a qual determinou a criação de um órgão regulador para a disciplina dos serviços de telecomunicações. A Lei nº 9.472/97 criou a Agência Nacional de Telecomunicações (ANATEL). Após, a Emenda Constitucional nº 9, de 10.11.1995, alterou o §2º do art. 177 da Carta Política e previu a criação de órgão regulador para o setor de hidrocarbonetos monopolizados pela União. O dispositivo foi concretizado pela Lei nº 9.478/97, que criou a Agência Nacional do Petróleo (ANP).

com competência regulatória, como o INMETRO[576] e a CVM,[577] na percepção de Moreira Neto "autênticas agências reguladoras dotadas das características mínimas para o desempenho da função reguladora, foram todas instituídas no Brasil a partir do último lustro do século vinte", com o pioneirismo da ANEEL para o setor elétrico.[578] Fernando Quadros da Silva, do mesmo modo, ressalta que a "existência de órgãos especializados, dotados de alguma autonomia e com funções regulatórias não é novidade", tendo sido criadas, a partir dos anos 1930, diversas entidades às quais foram atribuídas funções reguladoras importantes.[579] Todavia, o doutrinador destaca que a "similaridade entre esses antigos órgãos reguladores e as agências criadas a partir de 1996 é mínima", sendo o grande diferencial das atuais agências a "concentração num único órgão das diversas características que existiam isoladamente e dispersas em alguns órgãos autárquicos federais".[580]

A Constituição não adotou a terminologia "agência reguladora", nem definiu a independência e demais atributos dessas entidades. À legislação ordinária coube a tarefa de instituir autarquias especiais independentes e especificar as respectivas competências.

A instituição da regulação no ordenamento jurídico brasileiro, apesar de florescer em meio a diversas críticas, consolidou-se "por opção do legislador e pelos imperativos práticos decorrentes do fenômeno regulatório", de modo que as "agências reguladoras passaram a fazer parte do cotidiano dos cidadãos brasileiros e são agora protagonistas de importantes políticas públicas".[581]

A evolução da regulação iniciou-se com a chamada "primeira onda regulatória", que "se caracterizou como a intervenção estatal

---

[576] O Instituto de Metrologia, Normatização e Qualidade Industrial (INMETRO) foi concebido pela Lei nº 5.966/73.

[577] A Comissão de Valores Mobiliários (CVM) tem como base legal a Lei nº 6.385/76.

[578] A Lei nº 9.427/96 criou a Agência Nacional de Energia Elétrica (ANEEL).

[579] Fernando Quadros da Silva exemplifica com o Departamento Nacional do Café, posteriormente denominado Instituto Brasileiro do Café; o Instituto do Açúcar e do Álcool (1933); o Instituto Nacional do Mate (1938); Instituto Nacional do Sal (1940) e Instituto Nacional do Pinho (1941). Mais tarde foram criados a Comissão Nacional de Energia Nuclear (1956), o Conselho Administrativo de Defesa Econômica (1966) e o Banco Central do Brasil (1964) (SILVA, Fernando Quadros da. Agências Reguladoras: um modelo em constante aperfeiçoamento. In: FREITAS, Vladimir Passos de; SILVA, Fernando Quadros da (Coords.). *Agências Reguladoras no Direito Brasileiro*: teoria e prática. São Paulo: Revista dos Tribunais, 2014. p. 29-30).

[580] *Ibid.*, p. 30.

[581] FREITAS, Vladimir Passos de; SILVA, Fernando Quadros da (Coords.). *Agências Reguladoras no Direito Brasileiro*: teoria e prática. São Paulo: Revista dos Tribunais, 2014. p. 27-29.

destinada *exclusivamente* a suprir as deficiências e as insuficiências do mercado".[582] Trata-se, portanto, de concepção afinada com o liberalismo econômico e a Escola Econômica, a qual nega qualquer fundamento de interesse público na regulação, cujo objetivo seria a substituição ou correção do mercado. Segundo leciona Salomão Filho, para essa teoria, "baseada na crença cega no mercado", a "regulação só será necessária enquanto não existir solução de mercado mais eficiente", encontrando-se nela "o sêmen dos movimentos desregulatórios".[583]

O receio com a captura das agências reguladoras pelos sujeitos regulados resultou em discussões sobre o escopo apropriado da regulação[584] e lançou as bases da "teoria econômica da regulação", atribuída a George Stigler.[585] Para o economista da Escola de Chicago, a regulação, como regra, é designada e operada primariamente para o próprio benefício da indústria regulada.[586] O temor de captura foi também estudado por Richard Posner, por meio da "teoria da falha regulatória" (*Regulatory Failure* ou *Perverted Public Interested Theory*),[587] para quem a regulação, mesmo criada com fundamento em interesses públicos, seria deturpada para favorecer interesses privados.

As falhas regulatórias, como a captura das agências pelo mercado ou mesmo a captura pelo governo, existem e devem ser combatidas. Isso, contudo, não pode justificar a completa desregulação e autorregulação,[588] com seus efeitos nefastos para a economia e os

---

[582] JUSTEN FILHO, Marçal. *Curso de Direito Administrativo*. 10. ed. São Paulo: Revista dos Tribunais, 2014. p. 693.

[583] SALOMÃO FILHO, Calixto. *Regulação da Atividade Econômica*: princípios e fundamentos jurídicos. 2. ed. São Paulo: Malheiros, 2008. p. 27-8.

[584] "The appropriate scope of government regulation is of course strongly contested. This is in part because well-organized private groups often seek, and obtain, regulation for their own selfish" (BREYER, Stephen *et al*. *Administrative Law and Regulatory Policy*: problems, text, and cases. 7. ed. New York: Wolters Kluwer Law & Business, 2011. p. 4).

[585] Segundo Salomão Filho, porém, não se pode prescindir da leitura de dois importantes precursores da teoria econômica da regulação. O autor cita artigo de autoria de Stigler e Friedland (What can regulators regulate? The case of eletricity. *Journal of Law & Economics* 5, 1962) e de H. Demstz (Why regulate utilities. *Journal of Law & Economics* 11), em que se demonstra ceticismo em relação à regulação (SALOMÃO FILHO, *op. cit.*, p. 28).

[586] "Regulation may be actively sought by an industry, or it may be thrust upon it. A central thesis of this paper is that, as a rule, regulation is acquired by the industry and is designed and operated primarily for its benefit" (STIGLER, George. The theory of economic regulation. *The Bell Journal of Economics and Management Science*, v. 2, p. 3-21, 1971).

[587] POSNER, Richard. A. Theories of economic regulation. *The Bell Journal of Economics and Management Science*, v. 5, p. 338, 1974.

[588] A propósito da teoria econômica, Salomão Filho registra que se "o mercado é a solução considerada ideal e sua reprodução teórica não é possível, então, o melhor é fazer com que o mercado funcione por si só. Surge naturalmente, da *ratio* da regulação liberal, a desregulação. Ambas têm a mesma origem e a mesma inspiração. Assim, o neoclassicismo da

direitos sociais. A mais recente crise financeira mundial, gerada, na visão de Amartya Sen, em parte pela sobrevalorização da capacidade do mercado de corrigir a si mesmo e pela insuficiência de controle sobre o mercado de capitais,[589] reforça a necessidade de uma regulação econômica equilibrada.

A finalidade econômica da regulação, sem desprezar outras questões que podem justificá-la,[590] demanda a correção de falhas de mercado, categorizadas de modo geral em quatro grupos: a) *externalidades negativas*, para proporcionar a compensação pelo fato de o preço de um produto não refletir os custos que a produção e o consumo impõem à sociedade.[591] O exemplo mais evidente de externalidade negativa está relacionado à poluição, e o fenômeno justifica a adoção do princípio do poluidor-pagador no Direito Ambiental;[592] b) problema

---

Escola de Chicago está, evidentemente, por trás dos movimentos de desregulamentação ou desregulação. Por essa mesma origem histórica e ideológica, a desregulação vem geralmente acompanhada da auto-regulação. A desregulação faz-se através de mecanismos de auto-regulação, exatamente porque é através da auto-regulação que se pretende criar condições ideais para tornar efetiva a 'mão invisível' do mercado" (SALOMÃO FILHO, Calixto. *Regulação da Atividade Econômica*: princípios e fundamentos jurídicos. 2. ed. São Paulo: Malheiros, 2008. p. 29-30).

[589] "The implicit faith in the ability of the market economy to correct itself, which is largely responsible for the removal of established regulations in the United States, tended to ignore the activities of prodigals and projectors in a way that would have shocked Adam Smith. The present economic crisis is partly generated by a huge overestimation of the wisdom of market processes, and the crisis is now being exacerbated by anxiety and lack of trust in the financial market and in businesses in general – responses that have been evident in the market reactions to the sequence of stimulus plans, including the \$787 billion plan signed into law in February by the new Obama administration. As it happens, these problems were already identified in the eighteenth century by Smith, even though they have been neglected by those who have been in authority in recent years, especially in the United States, and who have been busy citing Adam Smith in support of the unfettered market" (SEN, Amartya. Capitalism beyond the crisis. *The New York Review of Books*, v. 56, n. 5, 2009).

[590] É possível identificar outros argumentos que subjazem a regulação estatal, como o controle de lucros inesperados (*windfall profits*), a eliminação de competição excessiva, o alívio da escassez ou problemas das agências (BREYER, Stephen et al. *Administrative Law and Regulatory Policy*: problems, text, and cases. 7. ed. New York: Wolters Kluwer Law & Business, 2011. p. 8-9).

[591] "Regulation is frequently justified by the need to compensate for the fact that the price of a product does not reflect the costs that its production and use imposes on society. (...) Environmental regulation is the most obvious example of regulation designed to deal with externality problems or transaction costs" (*Ibid.*, p. 5).

[592] Consoante Édis Milaré, o princípio do poluidor-pagador assenta-se "na vocação redistributiva do Direito Ambiental e se inspira na teoria econômica de que os custos sociais externos que acompanham o processo produtivo (*v.g.*, o custo resultante dos danos ambientais) precisam ser internalizados, vale dizer, que os agentes econômicos devem levá-los em conta ao elaborar os custos de produção e, consequentemente, assumi-los" (In: *Direito do Ambiente*: gestão ambiental em foco. 7. ed. São Paulo: Revista dos Tribunais, 2011. p. 1074).

das *ações coletivas*, relacionado com os danos públicos ou coletivos produzidos por comportamentos individuais. As pessoas, atuando em seu próprio benefício, criam problemas que apenas podem ser evitados se garantida a cooperação mútua. A regulação governamental seria uma forma de cooperação em grupo.[593] O tema envolve a questão dos bens coletivos, os quais, segundo Justen Filho, são "necessários à satisfação das necessidades essenciais comuns e essenciais de todos os integrantes da sociedade", de modo que essas necessidades não são atendidas de modo satisfatório pelas regras do mercado. "Assim se passa nas áreas de saúde, educação e assim por diante. Os mais desvalidos não dispõem de condições para obter essas utilidades por meio do funcionamento espontâneo do mercado". Por isso exige-se sua regulação ou transformação em serviço público,[594] ou, ainda, o reconhecimento de se tratar de setor não regulamentável, a impor a prestação direta pelo Estado;[595] c) *assimetria de informação*, a ser compensada pela atuação regulatória;[596] d) *poder dominante ou monopólio*, vício tradicional do mercado.[597]

Contudo, a evolução do Direito Administrativo passou a admitir justificativas não econômicas para a regulação. A "segunda onda regulatória", ou fase da regulação social, partiu da constatação de que "o mercado, ainda que em funcionamento perfeito, pode conduzir à não realização de certos fins de interesse comum".[598] Com preleciona Juarez Freitas:

> Para além das falhas de mercado, impende contemplar justificativas não econômicas para desempenhar as regulações protetivas de interesses individuais e transindividuais, tais como a integridade do ecossistema, o acesso à segurança social e à longevidade ativa, evitando – sem

---

[593] "Sometimes, individually rational private behavior will produce collective or public harm. Individuals, acting in their rational self-interest, will create a problem that can be avoided if and only if they can ensure mutual cooperation. Government regulation is a form of group cooperation" (BREYER, Stephen et al. *Administrative Law and Regulatory Policy*: problems, text, and cases. 7. ed. New York: Wolters Kluwer Law & Business, 2011. p. 5-6).

[594] JUSTEN FILHO, Marçal. *Curso de Direito Administrativo*. 10. ed. São Paulo: Revista dos Tribunais, 2014. p. 694.

[595] SALOMÃO FILHO, Calixto. *Regulação da Atividade Econômica*: princípios e fundamentos jurídicos. 2. ed. São Paulo: Malheiros, 2008. p. 33-5.

[596] "For competitive markets to work well, consumers need information with which to evaluate competing products. If consumers lack important information, markets will fail" (BREYER, *op. cit.*, p. 6-7).

[597] *Ibid.*, p. 7-8.

[598] JUSTEN FILHO, *op. cit.*, p. 696.

CONTROLE JUDICIAL DE SUSTENTABILIDADE DA REGULAÇÃO | 171

procrastinação inconstitucional – o fundamentalismo de mercado, com os antecipáveis danos materiais e morais (individuais e coletivos) que acarreta.[599]

O dever de proteção e a vinculação do Estado aos direitos fundamentais requer uma regulação que desborde de objetivos meramente mercadológicos e alcance a promoção de direitos socioambientais. A regulação não econômica, pois, pode ser realizada mediante: a) redistribuição de recursos; b) tutela de valores coletivos ou não monetizáveis, como educação e meio ambiente; c) superação de desigualdades de classe; d) planejamento econômico, como ocorreu com a nacionalização de indústrias na Europa; e) paternalismo, para proteger os indivíduos de sua própria confusão e irresponsabilidade.[600]

O Estado regulador, por conseguinte, precisa garantir a correção tempestiva das falhas de mercado, de governo e da sociedade,[601] o que inclui a devida orientação para evitar que desvios cognitivos afetem a tomada de decisão dos cidadãos, como defendem Sunstein e Thaler.[602] Contudo, na acepção de Juarez Freitas, a regulação tem de ser emancipatória, não apenas paternalista libertária, tampouco autoritária.[603]

O reconhecimento do escopo socioambiental, além do financeiro e econômico, permite também incorporar a *sustentabilidade da regulação*. Já foi sublinhado anteriormente[604] que o princípio da sustentabilidade multidimensional é vinculante para o Poder Público, a ensejar a eficácia direta e imediata do direito ao futuro.[605]

---

[599] FREITAS, Juarez. *Direito Fundamental à Boa Administração Pública*. 3. ed. São Paulo: Malheiros, 2014. p. 151.

[600] BREYER, Stephen et al. *Administrative Law and Regulatory Policy*: problems, text, and cases. 7. ed. New York: Wolters Kluwer Law & Business, 2011. p. 10-2.

[601] FREITAS, Juarez. *Direito Fundamental à Boa Administração Pública*. 3. ed. São Paulo: Malheiros, 2014. p. 145-6.

[602] "We have seen that people perform amazing feats but also commit ditzy blunders. What's the best response? Choice architecture and its effects cannot be avoided, and so the short answer is an obvious one, call it the golden rule of libertarian paternalism: offer nudges that are most likely to help and least likely to inflict harm. A slightly longer answer is that people will need nudges for decisions that are difficult and rare, for which they do not get prompt feedback, and when they have trouble translating aspects of the situation into terms that they can easily understand" (SUNSTEIN, Cass R.; THALER, Richard H. *Nudge*: improving decisions about health, wealth, and happiness. New York: Yale University Press, 2008. p. 72).

[603] FREITAS, *op. cit.*, p. 150.

[604] Vide tópicos 2.5.1 e 2.5.2.

[605] FREITAS, Juarez. *Sustentabilidade*: direito ao futuro. 3. ed. Belo Horizonte: Fórum, 2016. p. 43 e 123.

A autonomia dos entes regulatórios e o vínculo institucional dos agentes públicos que os integram propiciam escolhas públicas mais adequadas aos princípios constitucionais que norteiam o setor fiscalizado. De fato, porque possibilita decisões administrativas descontaminadas dos interesses econômicos e partidários de curto prazo e desvinculadas de políticas populistas e demagógicas, a regulação é potencialmente ordenada à adoção de medidas intertemporalmente justificadas, que contemplam os interesses das presentes e futuras gerações e consideram os custos e benefícios, diretos e indiretos, das opções realizadas.

A sustentabilidade da regulação guarda íntima relação com a tutela do meio ambiente pelas agências reguladoras. Vladimir Passos de Freitas esclarece que pouco se discute sobre o papel que as agências devem desempenhar na proteção do meio ambiente, aspecto ao qual estão vinculadas por mandamento expresso do art. 225 da Constituição Federal.[606] A regulação ambiental nos Estados Unidos é exercida por uma entidade especializada nessa função. A *Environmental Protection Agency* (EPA), criada no ano de 1970, detém amplos poderes de regulação e fiscalização para a proteção da saúde e do meio ambiente. No Brasil, a ausência de uma agência exclusiva não significa desatenção ao tema, uma vez que "todas as agências acabam tendo preocupações e obrigações ambientais em suas atividades e tratando do assunto, ainda que em menor ou maior grau, conforme sua especialidade".[607] Nessa linha, o STJ decidiu que, no ordenamento jurídico brasileiro, o poder de polícia ambiental é prerrogativa dos órgãos de proteção do meio ambiente, o que, porém, não impede a atribuição dessa função a outras entidades públicas, considerando o fato de o dano ambiental exigir, pela sua complexidade e múltiplas facetas, a conjugação da *expertise* de toda a Administração Pública. Com isso, entendeu que a ANP detém poderes de fiscalização ambiental, conferindo uma noção abrangente ao SISNAMA.[608]

Ao depois, afigura-se conveniente enumerar, a título ilustrativo, os principais requisitos para aferir se o ato regulatório afina-se com o princípio da sustentabilidade:

---

[606] FREITAS, Vladimir Passos de. O papel das agências reguladoras frente à proteção do meio ambiente. *Revista de Direito Ambiental*, v. 76/2014, p. 213-35, out./dez. 2014.

[607] FREITAS, *op. cit.*

[608] STJ, REsp 1.142.377/RJ, 2.ª T., rel. Min. Herman Benjamin, j. 18.03.2010, DJe 28.02.2012.

a) a decisão do agente regulador deve sempre estar acompanhada de *motivação* explícita, clara, verdadeira, coerente e suficiente, que contemple os fundamentos fáticos e jurídicos da escolha realizada. Cabe lembrar que a motivação válida é requisito da decisão administrativa como regra, e sua ausência ou deficiência expõe o ato praticado à invalidação, inclusive judicial.

b) ademais, para uma decisão administrativa mais informada e democrática, sugere Sunstein que sejam catalogados os custos e benefícios das alternativas disponíveis de cada ação e escolhida a abordagem que poderia trazer mais benefícios do que prejuízos.[609]

Nos Estados Unidos, a eleição de Ronald Reagan no ano de 1980 deflagrou o período de supervisão presidencial mais acurada sobre a administração e de críticas sobre o desempenho da regulação, ao constatar-se que os custos da atuação administrativa não superariam os benefícios. Foi então promulgada a *Executive Order 12.291*, para revisão da regulação, mediante cuidadosa análise dos custos e benefícios das iniciativas propostas. Particularmente nos anos 1990 verificou-se um substancial movimento contrário ao *New Deal*, em direção a uma renovada ênfase no mercado, com a redução do entusiasmo na discricionariedade das políticas regulatórias, que passaram a ser limitadas por exigências de equilíbrio no custo-benefício e de seleção das soluções menos dispendiosas.[610]

Segundo Sunstein, a análise dos custos e benefícios da ação estatal foi mantida na administração Obama, com ênfase também na criação de medidas para facilitar e orientar as escolhas da população (*nudges*) e na importância da dignidade humana,[611] bem como a defesa da um governo mais simples, sem desprezar a complexidade (não, porém, ausência de governo),[612] o que indica a necessidade de maior racionalização das ações regulatórias e supressão de "burocratismos inúteis".[613] A análise de custo-benefício (*cost-benefit analysis),* contudo, tem de considerar as consequências humanas das decisões administrativas, incluindo os interesses das gerações futuras, considerações distributivas e de

---

[609] SUNSTEIN, Cass R. *Simpler*: the future of government. New York: Simon & Schuster. p. 33.

[610] BREYER, Stephen et al. *Administrative Law and Regulatory Policy*: problems, text, and cases. 7. ed. New York: Wolters Kluwer Law & Business, 2011. p. 27-28; SUNSTEIN, Cass R. *Simpler*: the future of government. New York: Simon & Schuster. p. 9-10.

[611] SUNSTEIN, *op. cit.*, p. 22-3.

[612] *Ibid.*, p. 8.

[613] FREITAS, Juarez. *Direito Fundamental à Boa Administração pública*. 3. ed. São Paulo: Malheiros, 2014. p. 151.

equidade, e não apenas questões econômicas.[614] Ademais, é mister que as ações administrativas sejam baseadas em fatos e evidências,[615] o que reforça a importância de opinião especializada de cientistas e técnicos.[616] No entanto, adverte Juarez Freitas que a tese de Sunstein, apesar de assumir o fator da dignidade e admitir objetivos não econômicos, não enfoca o "papel da regulação intertemporalmente indutora de novos modos de produção e consumo", ou, ainda, que Sunstein não explora o bastante "o fato de que a regulação voltada para os benefícios líquidos de longo prazo não pode ser confundida com aquela que almeja benefícios líquidos de curto prazo".[617]

Nessa linha, o Direito Administrativo, cada vez mais, terá de incorporar os avanços das chamadas ciências comportamentais ("*Behavioral Sciences*"), relacionadas ao processo de tomada da decisão, fato que foi tratado pelo governo norte-americano em importante *Executive Order* emitida em setembro de 2015, a qual reconhece a possibilidade de serem utilizados esses conhecimentos para definir políticas governamentais em benefício da população.[618]

c) a regulação, para ser sustentável, demanda um planejamento sério, apoiado em adequada *análise de impacto regulatório*, que permite a avaliação dos custos, benefícios e efeitos das medidas previstas, a fim de evitar que a decisão tomada produza mais impactos negativos do que positivos, ou que os benefícios líquidos não sejam justificados pelos custos e danos causados à sociedade. Como enfatiza Justen Filho, a "ausência da Análise de Impacto Regulatório revela a carência de meditação e ponderação sobre as providências pretendidas. Traduz uma decisão subjetiva, desvinculada de fundamentos técnico-

---

[614] SUNSTEIN, Cass. Humanizing Cost-benefit analysis. *Remarks prepared for American University's Washington College of Law. Administrative Law Review Conference*. Washington, Feb. 17th, p. 23, 2010. Disponível em: <https://www.whitehouse.gov/sites/default/files/omb/assets/inforeg/cost_benefit_analysis_02172010.pdf>. Acesso em: 18 set. 2015.

[615] "I promoted a disciplined emphasis on costs and benefits, in an effort to ensure that the actions of government are based on facts and evidence, not intuitions, anecdotes, dogmas, or the views of powerful interest groups" (SUNSTEIN, Cass R. *Simpler*: the future of government. New York: Simon & Schuster. p. 12).

[616] *Ibid,*, p. 15.

[617] FREITAS, Juarez. *Direito Fundamental à Boa Administração pública*. 3. ed. São Paulo: Malheiros, 2014. p. 152-3.

[618] UNITED STATES. The White House. *Executive Order – Using Behavioral Science Insights to Better Serve the American People*. 15 set. 2015. Disponível em: <https://www.whitehouse.gov/the-press-office/2015/09/15/executive-order-using-behavioral-science-insights-better-serve-american>. Acesso em: 17 jan. 2016.

científicos".[619] Esta ferramenta, consoante Kélvia Albuquerque e Francisco Gaetani, é capaz de conferir "estrutura, consistência, rigor e transparência à revisão regulatória", bem como pavimentar uma prática regulatória eficiente, eficaz e econômica, que "não distorça desnecessariamente a concorrência, que seja simples, proporcional, consistente e transparente, ou seja, que atenda os objetivos de política a que ela se destina, ao menor custo possível para a sociedade".[620] Essa análise não pode desprezar o princípio da sustentabilidade, de modo a permitir a realização de uma autêntica *avaliação de impacto de sustentabilidade (sustainability impact assessment)*, assim considerada o instrumento que permite explorar a combinação dos efeitos econômicos, sociais e ambientais de uma gama de políticas, programas, estratégias e planos de ação.[621] O material levantado pode revelar-se de grande utilidade para estimar a sustentabilidade e aferir as consequências de longo prazo da decisão regulatória, assim também para subsidiar a motivação do ato administrativo e auxiliar em eventual controle da sustentabilidade da conduta do órgão regulador pelo Tribunal de Contas e pelo Judiciário.

d) sem *informação* e *participação* da sociedade a sustentabilidade da regulação tende a ser desconsiderada. As condutas das agências reguladoras sofrem de insuficiência democrática que precisa ser suprida. Como adverte Aragão, o "ponto jurídico-político mais tormentoso dos amplos poderes, mormente os de natureza normativa, das agências reguladoras é o seu déficit democrático",[622] uma vez que seus dirigentes detêm estabilidade e não podem ser exonerados *ad nutum* pelos agentes políticos, e suas decisões são proferidas por órgãos técnicos, e não por representantes eleitos. Logo, é salutar o emprego de mecanismos de participação popular no processo de tomada de decisões das agências, sobretudo consultas e audiências públicas, inclusive prévias à emissão

---

[619] JUSTEN FILHO, Marçal. *Curso de Direito Administrativo*. 10. ed. São Paulo: Revista dos Tribunais, 2014. p. 678-9.

[620] ALBUQUERQUE, Kélvia; GAETANI, Francisco. Análise de impacto regulatório e melhoria regulatória. In: RAMALHO, Pedro Ivo Sebba. *Regulação e Agências Reguladoras*: governança e análise de impacto regulatório. Brasília: Anvisa, 2009, p. 195. Disponível em: <http://www.biblioteca.presidencia.gov.br/publicacoes-oficiais-1/catalogo/orgao-essenciais/casa-civil/programa-de-fortalecimento-da-capacidade-institucional-para-gestao-em-regulacao-pro-reg/regulacao-e-agencias-reguladoras-governanca-e-analise-de-impacto-regulatorio/view>. Acesso em: 06 dez. 2015.

[621] OECD. *Guidance on sustainability impact assessment*, 2010. Disponível em: <http://www.oecd.org/greengrowth/46530443.pdf>. Acesso em: 10 out. 2016.

[622] ARAGÃO, Alexandre Santos de. *Agências Reguladoras e a Evolução do Direito Administrativo Econômico*. 3. ed. Rio de Janeiro: Forense, 2013. p. 465.

de atos normativos,[623] controle social e composição de representantes de usuários de serviços públicos nos órgãos de fiscalização.[624] Além disso, cabe às agências reguladoras promover a solução consensual dos conflitos ou emprego da arbitragem, sem abdicar, "quando impositivo, do poder-dever de sancionar sem tibieza, inércia ou procrastinação".[625] A resolução de litígios pela arbitragem pode ser prevista, *v.g.*, nos contratos de concessão.[626]

e) ademais, é indispensável boa dose de independência dos reguladores, sem significar ausência de controle, para possibilitar imparcialidade nas decisões. Somente assim a regulação estará apta a enfrentar, simultaneamente, as "falhas de mercado, de governo e, com especial ênfase, da própria sociedade".[627] Por isso, na dicção de Juarez Freitas, para "evitar conflitos de interesse, os reguladores precisam se abster de qualquer ligação com a agenda partidária".[628] Os riscos de

---

[623] O art. 19 da Lei nº 9.478/97, que instituiu a ANP, assim dispõe: "As iniciativas de projetos de lei ou de alteração de normas administrativas que impliquem afetação de direito dos agentes econômicos ou de consumidores e usuários de bens e serviços das indústrias de petróleo, de gás natural ou de biocombustíveis serão precedidas de audiência pública convocada e dirigida pela ANP". Do mesmo modo, o art. 4º, §3º, da Lei nº 9.427/96, que instituiu a ANEEL, consigna que o "processo decisório que implicar afetação de direitos dos agentes econômicos do setor elétrico ou dos consumidores, mediante iniciativa de projeto de lei ou, quando possível, por via administrativa, será precedido de audiência pública convocada pela ANEEL". Também a Lei nº 9.472/97 estabeleceu para a ANATEL a obrigação de realizar consultas públicas prévias aos atos a serem praticados, inclusive de natureza normativa (arts. 19, inc. III; 39; 42; 89, inc. II; 195). O art. 68 da Lei nº 10.233/01, que criou a ANTT e a ANTAQ, estatuiu que as "iniciativas de projetos de lei, alterações de normas administrativas e decisões da Diretoria para resolução de pendências que afetem os direitos de agentes econômicos ou de usuários de serviços de transporte serão precedidas de audiência pública". O art. 32 do Decreto nº 3.327/00, que regulamenta a Lei nº 9.61/00, estabelece a obrigatoriedade de a ANS realizar audiências públicas prévias à formulação de anteprojetos de lei. No mesmo sentido o Decreto nº 3.029/99 em relação à ANVISA. Por fim, o art. 27 da Lei nº 11.182/05 prevê que as "iniciativas ou alterações de atos normativos que afetem direitos de agentes econômicos, inclusive de trabalhadores do setor ou de usuários de serviços aéreos, serão precedidas de audiência pública convocada e dirigida pela ANAC".

[624] Consoante dispõe o art. 30, parágrafo único da Lei nº 8.987/95, a "fiscalização do serviço será feita por intermédio de órgão técnico do poder concedente ou por entidade com ele conveniada, e, periodicamente, conforme previsto em norma regulamentar, por comissão composta de representantes do poder concedente, da concessionária e dos usuários"; e o art. 29, inc. XII, sobre a obrigação do Poder Concedente de estimular a formação de associações de usuários para a defesa dos seus interesses.

[625] FREITAS, Juarez. *Direito Fundamental à Boa Administração pública*. 3. ed. São Paulo: Malheiros, 2014. p. 165.

[626] Vide: art. 23-A da Lei nº 8.987/95, incluído pela Lei nº 11.196/2005; Lei nº 10.233/01 art. 35, inc. XVI; e art. 43, inc. XVI da Lei nº 9.478/97.

[627] FREITAS, *op. cit.*, p. 146.

[628] *Ibid.*, p. 163-4.

CONTROLE JUDICIAL DE SUSTENTABILIDADE DA REGULAÇÃO | 177

"captura" não podem ser subestimados, mas apenas são "amplificados quando não há verdadeira autonomia administrativa e financeira da regulação".[629]

A obrigatoriedade legal e constitucional da sustentabilidade da regulação deságua, necessariamente, na viabilidade de se estabelecer o controle jurisdicional do cumprimento desse dever impostergável. Até porque a autonomia reforçada das agências reguladoras não as torna imunes aos controles interno, externo, social e judicial. Consoante aventado, nosso ordenamento acolheu o sistema da unicidade da jurisdição, de modo que o direito fundamental à tutela judicial efetiva e adequada (CF, art. 5º, inc. XXXV) proporciona o controle pelo Judiciário de qualquer ação ou omissão atribuída às agências reguladoras. No Brasil, por conseguinte, não é possível conferir a órgãos administrativos o exercício da função jurisdicional em sentido próprio. Por outro lado, deve-se evitar, na visão de Fernando Quadros da Silva, uma intervenção judicial excessiva, que possa levar a desequilíbrio e insegurança no setor regulado, aumento dos custos e das tarifas ou mesmo a própria supressão das vantagens derivadas da criação de agências independentes.[630]

De fato, é essencial aos magistrados atuação parcimoniosa quando chamados a intervir em políticas regulatórias, considerando que as agências receberam delegação do legislador para fiscalizar determinado setor socioeconômico, inclusive mediante emissão de atos normativos. Para tanto, não se pode prescindir do princípio da proporcionalidade para se aquilatar a legitimidade da atuação judicial em cada caso concreto. Cumpre ao julgador verificar, pois, a adequação e necessidade de sua interferência na opção do ente regulador, bem assim estimar os custos e os benefícios da alteração ou afastamento da decisão administrativa.

O controle judicial permite a revisão da motivação fática e jurídica das decisões administrativas regulatórias. A ausência ou insuficiência de fundamentação expõe o ato à invalidação. De qualquer sorte, ainda que presente motivação adequada, não estará de todo afastada a possibilidade de intervenção judicial quanto à substância da opção regulatória, observados, contudo, alguns limites, porque, como bem salientou Fernando Quadros da Silva, "os juízes e tribunais devem,

---

[629] *Ibid.*, p. 162.

[630] SILVA, Fernando Quadros da. *Controle Judicial das Agências Reguladoras:* Aspectos doutrinários e jurisprudenciais. Porto Alegre: Verbo Jurídico, 2014. p. 61-3, 251-3.

como regra, evitar a interferência nas decisões das agências, tendo presente que esses órgãos receberam uma delegação do legislador para o desempenho de uma função relevante". Assim, prossegue o Desembargador paranaense, "não cabe ao Judiciário formular políticas públicas nem as diretrizes regulatórias dos órgãos", sendo que o "exercício do controle judicial não implica o afastamento da competência originária da agência", nem admite a assunção, pelo juiz, do lugar da autoridade reguladora, "que exige continuada vigilância e tomada de decisões diante da dinamicidade das atividades econômicas e da prestação de serviços públicos". Enfim, a preservação das atribuições das agências encontra respaldo na *expertise* por elas acumulada, até porque as complexidades da atividade regulatória não podem ser trazidas para o processo judicial.[631]

Diante da impugnação em juízo de determinada decisão regulatória, em que se questiona a legitimidade ou sustentabilidade das medidas, revela-se indispensável o exame da motivação apresentada pelo regulador, em especial o material produzido pela análise de impactos regulatórios ou pela avaliação de impactos de sustentabilidade. Conforme se extrai do relatório de auditoria realizada pelo TCU a respeito da governança regulatória no âmbito das agências de infraestrutura:

> A gestão de riscos e a análise do impacto regulatório – AIR propiciam às agências mecanismos para garantir a eficiência e a efetividade das atividades regulatórias. Tais ferramentas tem o condão de melhorar a governança regulatória, propiciando transparência para a tomada de decisão, conforme riscos e oportunidades identificadas; e decisões regulatórias justificadas e apropriadas, por meio da análise prévia do impacto de escolhas regulatórias.[632]

Desse modo, a análise de impacto regulatório, tanto *a priori* como *a posteriori*,[633] incluindo a avaliação de riscos, representa

---

[631] *Ibid.*, p. 251-3.

[632] Relatório extraído do Acórdão n. 2261/2009 do Plenário do TCU, Relator José Jorge.

[633] Consoante relatório da OCDE sobre reforma regulatória no Brasil: "A avaliação de desempenho pode ser realizada a priori ou a posteriori. Uma análise a priori consiste em uma Análise de Impacto Regulatório (AIR), tal como foi analisada no capítulo sobre a capacidade para regulação de qualidade. Uma análise a posteriori inclui a avaliação da consecução dos objetivos dos reguladores por meio de da avaliação do impacto social e econômico relativos aos poderes e recursos que lhes são designados" (OCDE. Relatório sobre a Reforma Regulatória. *BRASIL*: Fortalecendo a governança para o crescimento, Brasília, 2008. Disponível em: <http://portal2.tcu.gov.br/portal/pls/portal/docs/2064390.PDF>. Acesso em: 06 dez. 2015).

importante ferramenta para o controlador – seja o Tribunal de Contas, seja o Judiciário – averiguar a legitimidade, proporcionalidade e sustentabilidade da decisão regulatória. O grau de reserva que os tribunais poderão outorgar ao aludido estudo dependerá da sua qualidade ou do atendimento de requisitos mínimos, referidos por Natália Almeida Moreno como a definição do problema, a tomada de decisões baseada em critérios (e não simplesmente na vontade do regulador), a escolha de técnicas e instrumentos e a análise econômica das opções possíveis de serem implementadas.[634] Considerando, outrossim, a realidade dinâmica objeto de regulação e a incidência de variáveis diversas, não há garantia de que a medida adotada será sempre bem-sucedida, motivo pelo qual o monitoramento e a revisão constantes devem compor a análise de impacto regulatório.[635]

Já foi amplamente referido[636] que a deferência judicial à escolha do ente regulador não pode ser acrítica ou "cega", nem se compatibiliza com o *Chevron test* norte-americano. O controle judicial das agências é destinado a coibir medidas regulatórias ilegais, inconstitucionais, insustentáveis ou não motivadas adequadamente; todavia, a qualidade do material produzido pelas agências pode ensejar decisões administrativas com força persuasória o bastante para receber a deferência judicial. Cumpre aos juízes utilizar as informações e elementos acostados ao processo administrativo, inclusive, consoante propõe Kevin Stack, os fundamentos e propósitos (*basis and purposes*) da regulação expostos pelo próprio regulador.[637] Essas questões, exteriorizadas com clareza e seriedade, podem orientar as próprias cortes quanto ao grau de intervenção nas decisões regulatórias.[638]

A deferência às conclusões das agências reguladoras, no regime brasileiro, pois, depende da conjugação dos seguintes critérios:

a) *competência da agência reguladora* para a prática do ato questionado, o que impede que um ente invada as funções de outro. Isso nem sempre evita, é verdade, conflitos de competência, mormente entre as agências reguladoras e o CADE, responsável pela tutela da concorrência e da ordem econômica.

---

[634] MORENO, Natália de Almeida. Análise de impacto regulatório: que percurso adotar? *Revista dos Tribunais*, v. 951, p. 19-55, jan. 2015.

[635] *Ibid.*

[636] Tópico 2.2.2.4.

[637] STACK, Kevin M. Interpreting Regulations. *Michigan Law Review*, v. 111, issue 3, p. 355-422, 2012.

[638] WALKER, Christopher J. Inside regulatory interpretation: a research note. *Michigan Law Review First Impressions*, v. 114, p. 61-72, 2015.

b) *ausência de violação à lei, aos princípios e aos direitos fundamentais.* Cabe aqui mencionar que as agências, apesar de contar com larga possibilidade de editar atos normativos, não poderão contrariar as disposições legais. Independentemente da discussão a respeito da viabilidade ou não do fenômeno da "deslegalização",[639] o princípio da legalidade estrita a que se submetem as decisões administrativas não permite a emissão de "regulamentos autônomos" ou "independentes", salvo a previsão do art. 84, inc. VI da Carta Política, que em nada se relaciona com o tema da regulação.

O que poderá a agência fazer é detalhar e adaptar a lei ordinária às peculiaridades do setor regulado, com ampla margem de liberdade, em razão principalmente da complexidade e dinamicidade das questões que envolvem as atividades fiscalizadas. Conforme sublinha Bockmann Moreira:

> O que há de inaugural em nosso ordenamento são competências re-gulamentares amplas e dinâmicas, criadas por lei e por ela limitadas, dirigidas à disciplina jurídica de setores econômicos onde há o forte exercício do poder econômico por parte dos respectivos agentes, adi-cionado de características dinâmicas (tecnológicas, econômicas, sociais etc.). Logo, tais competências devem ser simultaneamente mais largas e mais rápidas do que aquela de simples execução dos comandos legais, alcançando a origem de novas hipóteses e mandamentos normativos.[640]

Todavia, a função normativa das agências, como ensina Moreira Neto, submete-se a limitações de ordem externa – pois não têm o poder de revogar atos legais de hierarquia superior, nem invadir a competência de outros órgãos – e de ordem interna, relacionadas com

---

[639] Para Juarez Freitas, a "inovação regulatória deve conter-se nos limites da juridicidade sistemática. Não há falar, ao menos nas presentes circunstâncias, em 'deslegalização', sequer de 'regulamentos autônomos' (em que pese a exceção trazida pela EC 32, que alterou o art. 84, VI, da CF, inaplicável à temática regulatória)" (In: *Direito Fundamental à Boa Administração pública*. 3. ed. São Paulo: Malheiros, 2014. p. 164). Na opinião de Aragão, ao contrário, "não há qualquer inconstitucionalidade na deslegalização, que não consistiria propriamente em uma transferência de poderes legislativos, mas apenas na adoção, pelo próprio legislador, de uma política legislativa pela qual transfere a uma outra sede normativa a regulação de determinada matéria" (ARAGÃO, Alexandre Santos de. *Agências Reguladoras e a Evolução do Direito Administrativo Econômico*. 3. ed. Rio de Janeiro: Forense, 2013. p. 454-5).

[640] BOCKMANN MOREIRA, Egon. Os limites à competência normativa das agências regu-ladoras. In: ARAGÃO, Alexandre Santos de (Coord.). *O Poder Normativo das Agências Reguladoras*. Rio de Janeiro: Forense, 2011. p. 141.

CONTROLE JUDICIAL DE SUSTENTABILIDADE DA REGULAÇÃO | 181

os parâmetros formais e materiais definidos na norma delegante.[641] Tem razão Bockmann Moreira ao referir que "o regulamento não pode *contrariar* a lei, esta compreendida de forma ampla. Ainda que implique criação autônoma de disposições normativas, não pode opor-se a qualquer lei, pois é impossível o regulamento *contra legem*".[642]

Seguindo o mesmo raciocínio, o STJ entendeu que a legislação não excluiu a possibilidade de revisão dos atos administrativos – quanto à legalidade e legitimidade – praticados pelas agências de regulação setorial, de modo que os litigantes em contendas administrativas podem usufruir de seu direito individual fundamental de recorrer a um terceiro imparcial – o Estado Juiz – para ver solucionados seus conflitos de interesses qualificados pela pretensão resistida.[643] E nem poderia, uma vez que o acesso pleno à Justiça é garantia constitucional e cláusula pétrea. Demais disso, o STF, em decisão proferida em medida cautelar na ADIn 1.668/DF, assentou que a competência da agência para expedir normas subordina-se aos preceitos legais e regulamentares que regem a outorga, prestação e fruição dos serviços.[644]

c) a opção regulatória não poderá ser insustentável, pois, refere Juarez Freitas, a "inserção primacial de objetivos constitucionais, na pauta regulatória, é obrigatória em face do art. 3º da Constituição, mas também para concretizar a sustentabilidade em toda aplicação normativa (de princípios e regras) e em toda gestão de processos". Dito de outro modo, a decisão da agência precisa considerar os direitos das presentes e futuras gerações, os custos, benefícios e externalidades de suas ações (ou omissões), o que evidencia a importância de uma análise de impacto regulatório completa o suficiente para demonstrar a qualidade, imparcialidade e proporcionalidade da medida a ser executada.

Portanto, atendidos esses pressupostos básicos, convém que os juízes e tribunais prestem deferência às decisões das agências, sobretudo quando presente matéria de alta complexidade técnica, ampla repercussão no setor regulado e de efeitos sistêmicos pouco conhecidos pelos magistrados – mas melhor apreendidos pelos órgãos

---

[641] MOREIRA NETO, Diogo de Figueiredo. *Direito Regulatório*: a alternativa participativa e flexível para a administração pública de relações setoriais complexas no estado demo-crático. Rio de Janeiro: Renovar, 2003. p. 219-20.

[642] BOCKMANN MOREIRA, *op. cit.*, p. 142.

[643] STJ, 2ª T., REsp 1275859/DF, Rel. Min. Mauro Campbell Marques, j. 27.11.2012, DJe 05.12.2012.

[644] STF, Pleno, ADI 1668 MC, Rel. Min. Marco Aurélio, j. 20.08.1998, DJ 16.04.2004.

reguladores. O STJ, por exemplo, já se manifestou pela preservação dos poderes de investigação da Secretaria de Direito Econômico, ao entender que merecem especial deferência em razão da alta complexidade da matéria e da especialização técnica do órgão.[645] Em outro caso, a mesma Corte Superior estendeu a solução arbitral no âmbito da ANATEL para outras operadoras de telefonia, fazendo deferência à decisão administrativa em face de matéria eminentemente técnica, que envolve aspectos multidisciplinares (telecomunicações, concorrência e direito de usuários de serviços públicos).[646]

---

[645] STJ, 2ª T., MC 13.103/SP, Rel. Min. Herman Benjamin, j. 07.08.2007, DJ 14.08.2007.

[646] STJ, 2ª T., REsp 1171688/DF, Rel. Min. Mauro Campbell Marques, j. 01.06.2010, DJe 23.06.2010.

CONTROLE JUDICIAL DA PREVENÇÃO E PRECAUÇÃO DAS DECISÕES ADMINISTRATIVAS PARA PRESERVAR A SUSTENTABILIDADE

Os princípios da prevenção e precaução, conquanto formulados inicialmente no âmbito do Direito Ambiental Internacional, atualmente são empregados para nortear todas as decisões sobre sustentabilidade multidimensional e aplicados a diversas relações administrativas. No dizer de Juarez Freitas, o direito fundamental à boa administração pública "acarreta o dever de observar, nas relações administrativas, a totalidade dos princípios constitucionais, entre os quais cumpre incluir, com ênfase, os princípios da prevenção e da precaução".[647]

Apesar da possibilidade de sustentar a autonomia dos princípios da prevenção e da precaução, cumpre ressaltar, de início, que ambos estão entrelaçados, "facetas teleológicas que são de uma só prudência".[648] Emergiram da percepção de que os danos ambientais são normalmente irreversíveis ou de difícil recuperação, pois, como asseverou Édis Milaré, "muitos danos ambientais são compensáveis, mas, sob a ótica da ciência e da técnica, irreparáveis".[649] Os dois princípios concernem

---

[647] FREITAS, Juarez. *O Controle dos Atos Administrativos e os Princípios Fundamentais*. 5. ed. São Paulo: Malheiros, 2013. p. 122. Nesse sentido, o STJ decidiu pela aplicabilidade do princípio da precaução ao Direito Administrativo como um todo, não restrito ao Direito Ambiental, ao reconhecer a responsabilidade civil do Estado por omissão no controle do sangue, em face da contaminação por HIV e Hepatite C em transfusões ocorridas na década de 1980 (REsp 1299900/RJ, 2ª T., Rel. Min. Humberto Martins, j. 03.03.2015, DJe 13.03.2015).

[648] FREITAS, Juarez. *Direito Fundamental à boa Administração Pública*. 3. ed. São Paulo: Malheiros, 2014. p. 125.

[649] MILARÉ, Édis. *Direito do Ambiente*: gestão ambiental em foco. 7. ed. São Paulo: Revista dos Tribunais, 2011. p. 1070.

à "prioridade que deve ser dada às medidas que evitem o nascimento de agressões ao ambiente, de modo a reduzir ou eliminar as causas de ações suscetíveis de alterar a sua qualidade".[650] A imposição de medidas preventivas e precautórias antes da implementação de qualquer empreendimento apto a causar degradação ambiental representa uma tentativa de superação do viés da preferência excessiva pelo presente e da "miopia temporal"[651] ainda predominante, em favor da ampliação do foco das políticas públicas para o longo prazo, para as gerações futuras, para a preservação do meio ambiente e para o combate ao desencadeamento da causalidade do dano ambiental na origem, antes da sua consumação. No ensinamento de Morato Leite, tais "princípios estão, decididamente, conectados ao objetivo da equidade intergeracional, que deles depende para a sua melhor relação com um futuro e com o bem ambiental de forma ecossistêmica".[652]

O princípio da *prevenção*, como esclarece Philippe Sands, requer que uma ação seja adotada em estágio precoce e, se possível, antes da ocorrência do dano.[653] Assim, o avanço do conhecimento científico a respeito das consequências nefastas da poluição e da degradação ambiental[654] incentivou a adoção de medidas para evitar prejuízos ambientais já conhecidos.

A prevenção foi endossada em diversos documentos internacionais, como, por exemplo, na Declaração de Estocolmo de 1972,[655] na Carta da Terra de 1987,[656] na Declaração do Rio de Janeiro de 1992,[657]

---

[650] *Ibid.*, p. 1070.

[651] Como referiu Eduardo Giannetti, duas "ameaças rondam a determinação dos termos de troca entre presente e futuro". A primeira é a "miopia temporal": "a atribuição de um valor demasiado grande ou intenso ao que está mais próximo de nós no tempo, em detrimento daquilo que se encontra mais afastado. A segunda é a 'hipermetropia' (...): a atribuição de um valor excessivo ao amanhã, em prejuízo de demandas e interesses correntes. Enquanto a miopia temporal nos leva a subestimar o futuro, a hipermetropia reflete uma subestimação do presente. O desafio é evitar simultaneamente esses dois tipos de excesso" (In: *O Valor do Amanhã*. São Paulo: Schwarcz, 2012. p. 223-4).

[652] LEITE, José Rubens Morato. Sociedade de Risco e Estado. In: CANOTILHO, José Joaquim Gomes; LEITE, José Rubens Morato (Org.). *Direito Constitucional Ambiental Brasileiro*. 4. ed. São Paulo: Saraiva, 2011. p. 193.

[653] SANDS, Philippe. *Principles of International Environmental Law*. 2. ed. Cambridge University Press, 2003. p. 247.

[654] FENSTERSEIFER, Tiago; SARLET, Ingo Wolfgang. *Princípios do Direito Ambiental*. São Paulo: Saraiva, 2014. p. 160.

[655] Princípio 7 da Declaração de Estocolmo.

[656] Princípio II.6: "Prevenir o dano ao ambiente como o melhor método de proteção ambiental e, quando o conhecimento for limitado, assumir uma postura de precaução".

[657] Princípio 14: "Os Estados devem cooperar de forma efetiva para desestimular ou prevenir

na Convenção sobre Diversidade Biológica de 1992[658] e em diversas passagens da Declaração do Rio de Janeiro de 2012 (Rio+20).

O princípio da *precaução*, por sua vez, tem sido utilizado para justificar a regulação ou o impedimento de atividades ou empreendimentos cujas consequências e extensão dos danos ambientais não são plenamente conhecidas ou comprovadas. Cabe observar, primeiramente, que ainda paira divergência a respeito da autonomia deste princípio e de sua diferença quanto à prevenção. Predomina o entendimento, assim sintetizado por Édis Milaré, no sentido de que

> a prevenção trata de riscos ou impactos já *conhecidos* pela ciência, ao passo que a precaução se destina a gerir riscos ou impactos *desconhecidos*. Em outros termos, enquanto a prevenção trabalha com o risco *certo*, a precaução vai além e se preocupa com o risco *incerto*. Ou ainda, a prevenção se dá em relação ao perigo *concreto*, ao passo que a precaução envolve o perigo *abstrato*.[659]

Milaré, num primeiro momento, adotava o princípio da prevenção como "fórmula que englobaria a precaução", mas passou a encampar a diferença referida.[660] Fiorillo entende que "o chamado 'princípio da precaução', se é que pode ser observado no plano constitucional, estaria evidentemente colocado dentro do princípio constitucional da prevenção".[661] Dessa orientação não destoa Sirvinskas, para quem o princípio da prevenção é gênero no qual se inclui a precaução ou cautela.[662] De qualquer sorte, na atual quadra, seja no Direito pátrio, seja no Direito Ambiental Internacional, a precaução tem sido tratada de forma independente da prevenção, embora inegável a existência de pontos de contato entre ambos.

---

a realocação e transferência, para outros Estados, de atividades e substâncias que causem degradação ambiental grave ou que sejam prejudiciais à saúde humana".

[658] No preâmbulo da Convenção sobre Diversidade Biológica, consta que "é vital prever, prevenir e combater na origem as causas da sensível redução ou perda da diversidade biológica" (Ministério do Meio Ambiente. *Convenção sobre Diversidade Biológica – CDB*. Brasília, 2000. Disponível em: <http://www.mma.gov.br/estruturas/sbf_chm_rbbio/_arquivos/cdbport_72.pdf>. Acesso em: 05 nov. 2015).

[659] MILARÉ, Édis. *Direito do Ambiente*: gestão ambiental em foco. 7. ed. São Paulo: Revista dos Tribunais, 2011. p. 1069.

[660] *Ibid.*, p. 1069.

[661] FIORILLO, Celso Antônio Pacheco. *Curso de Direito Ambiental Brasileiro*. 14. ed. São Paulo: Saraiva, 2013. p. 71.

[662] SIRVINSKAS, Luis Paulo. *Manual de Direito Ambiental*. 8. ed. São Paulo: Saraiva, 2010. p. 124.

Enquanto o princípio da prevenção remonta a tratados e outros atos internacionais desde ao menos a década de 1930, o princípio da precaução apenas começou a aparecer em instrumentos legais internacionais em meados da década de 1980,[663] embora antes disso estivesse previsto no Direito interno alemão.[664] O Princípio 15 da Declaração do Rio de Janeiro de 1992, por seu turno, estabelece que quando "houver ameaça de danos graves ou irreversíveis, a ausência de certeza científica absoluta não será utilizada como razão para o adiamento de medidas economicamente viáveis para prevenir a degradação ambiental". Embora mencione o termo "prevenir", o texto cuida do princípio da precaução. Ademais, indica a viabilidade econômica da medida como condição para a aplicação da precaução. O princípio também foi previsto na Convenção-Quadro das Nações Unidas sobre a Mudança do Clima de 1992,[665] na Convenção sobre Diversidade Biológica de 1992,[666] na Declaração do Rio de Janeiro de 2012,[667] dentre outros textos internacionais.[668]

---

[663] Segundo Gabriel Wedy, no "plano legislativo internacional, o princípio da precaução encontra a sua justificação inicial em um conjunto de diplomas legais, que embora não o definam exatamente, enfocam um conceito de precaução". Wedy alude à Declaração Universal dos Direitos do Homem da ONU, de 1948, ao assegurar o direito à vida e à segurança pessoal como relacionados a um "dever de precaução e de não-violação desses direitos fundamentais". Cita também o Pacto Internacional dos Direitos Econômicos, Sociais e Culturais da ONU, de 1966, dentre outros (In: *O Princípio Constitucional da Precaução*: como instrumento de tutela do meio ambiente e da saúde pública. Belo Horizonte: Fórum, 2009. p. 22-3).

[664] "Whereas the preventive principle can be traced back to international environmental treaties and other international acts since at least the 1930s, the precautionary principle only began to appear in international legal instruments in the mid-1980s, although prior to then it had featured as a principle in domestic legal systems, most notably that of West Germany" (SANDS, Philippe. *Principles of International Environmental Law*. 2. ed. Cambridge University Press, 2003. p. 267). Segundo noticia Carla Amado Gomes: "Este princípio ter-se-ia gerado, ao nível interno, na Alemanha, na BundesImissionsschutzgesetz de 1974 (artigo 5, §§1 e 2) e, no plano internacional, as suas primeiras aparições datam de 1987 – no Protocolo de Montreal à Convenção de Viena para a protecção da camada de ozono, e na Declaração de Londres (Declaração proferida na 2ª Conferência Ministerial do Mar do Norte)" (In: Dar o duvidoso pelo (in)certo? Jornada Luso-Brasileira de Direito do Ambiente, 1, 2002, Lisboa, *Anais*).

[665] Art. 3º, item 3.

[666] No preâmbulo da Convenção sobre Diversidade Biológica consta que "quando exista ameaça de sensível redução ou perda de diversidade biológica, a falta de plena certeza científica não deve ser usada como razão para postergar medidas para evitar ou minimizar essa ameaça".

[667] Na Declaração do Rio de 2012 consta que as partes se engajam em "aplicar eficazmente uma abordagem ecossistêmica e de precaução na gestão, em conformidade com o direito internacional de atividades impactantes sobre o ambiente marinho, para manter o compromisso das três dimensões do desenvolvimento sustentável".

[668] WEDY, Gabriel. *O Princípio Constitucional da Precaução*: como instrumento de tutela do meio ambiente e da saúde pública. Belo Horizonte: Fórum, 2009. p. 21-31.

No plano doméstico, a precaução, apesar de não indicada expressamente na Constituição Federal, tem sua "matriz constitucional"[669] no art. 225, §1º, que, no inc. IV exige estudo prévio de impacto ambiental para a instalação de obra ou atividade *potencialmente* causadora de significativa degradação do meio ambiente, e, no inc. V, ao determinar ao Estado o controle da produção, comercialização e emprego de técnicas, métodos e substâncias que comportem *risco* para a vida, a qualidade de vida e o meio ambiente.

A legislação infraconstitucional também contempla a precaução em diversos diplomas legais: a Lei nº 6.938/81, no art. 2º, inc. V, menciona como princípio da política nacional do meio ambiente o "controle e zoneamento das atividades *potencial* ou efetivamente poluidoras", e, no art. 9º, inc. IV, como instrumento da política nacional do meio ambiente o "licenciamento e a revisão de atividades efetiva ou *potencialmente* poluidoras"; a Lei nº 9.605/98, no art. 54, §3º,[670] define como crime de poluição a falta da adoção de medidas de precaução; enfim, a precaução também foi positivada na Lei nº 11.105/05, art. 1º (Lei de Biossegurança), Lei nº 11.428/06, art. 6º, parágrafo único (Lei da Mata Atlântica) e Lei nº 12.187/09, art. 3º (Lei sobre Mudança no Clima).

O amplo arcabouço legislativo, nacional e internacional, impondo aos particulares e poderes públicos que considerem a precaução na tomada de decisão, evidencia que o referido princípio ostenta *status* normativo vinculante, apto a restringir ou modular a discricionariedade administrativa, como será analisado a seguir.

O princípio da precaução é por muitos identificado com a expressão "é melhor prevenir do que remediar" ou *"better safe than sorry"*, sendo sua característica mais marcante a proteção do ambiente apesar da incerteza científica.[671] Todavia, afigura-se mais apropriado dizer que é melhor ser precavido do que esperar o resultado lesivo, ou ainda, é "melhor a precaução do que a indenização". Conforme menciona Carla Amado Gomes, a fórmula básica do princípio da

---

[669] FENSTERSEIFER, Tiago; SARLET, Ingo Wolfgang. *Princípios do Direito Ambiental*. São Paulo: Saraiva, 2014. p. 166.

[670] Art. 54. Causar poluição de qualquer natureza em níveis tais que resultem ou possam resultar em danos à saúde humana, ou que provoquem a mortandade de animais ou a destruição significativa da flora: Pena – reclusão, de um a quatro anos, e multa. (...) §3º Incorre nas mesmas penas previstas no parágrafo anterior quem deixar de adotar, quando assim o exigir a autoridade competente, medidas de precaução em caso de risco de dano ambiental grave ou irreversível.

[671] GOMES, Carla Amado. Dar o duvidoso pelo (in)certo? Jornada Luso-Brasileira de Direito do Ambiente, 1, 2002, Lisboa, *Anais*.

precaução reside na ideia de que a "necessidade de protecção dos bens ambientais proíbe a intervenção (ou impõe-a) ainda que não haja certeza científica, nem quanto aos seus efeitos, nem quanto à relação de causalidade entre aquela e estes".[672]

Juarez Freitas diferencia a prevenção da precaução conforme o "grau estimado de probabilidade da ocorrência do dano". Assim, para a prevenção, exige-se certeza (ou intensa probabilidade) de dano especial e anômalo; para a precaução, requer-se verossimilhança ou fundada convicção quanto ao risco de dano, se não for interrompido tempestivamente o nexo de causalidade.[673]

Gabriel Wedy afirma que o princípio da precaução é aplicado para impedir o "mero risco", e o da prevenção para "evitar diretamente o dano". O risco, prossegue Wedy, "pode ser entendido como a possibilidade de ocorrência de uma situação de perigo. Já o perigo nada mais é do que a possibilidade de ocorrência do dano". Utiliza o magistrado gaúcho de uma "reta causal", em que a "situação da precaução estaria antes da situação de aplicação do princípio da prevenção em face do hipotético dano". Também coloca a distinção entre ambos como a finalidade de evitar o perigo concreto (comprovado cientificamente) para a prevenção, e de obstar o perigo abstrato (não comprovado cientificamente, mas que seja verossímil a sua ocorrência) para a precaução.[674]

Em que pese o princípio da precaução encontrar supedâneo em copiosa legislação internacional e interna, ainda é bastante questionado por diversas razões. Cass Sunstein, embora reconheça que o princípio tem influenciado muitos sistemas jurídicos em todo o mundo, lança críticas à sua versão forte, ao argumento de que ele "não leva a lugar algum" e "ameaça ser paralisante, proibindo tanto a regulação quanto a inação e qualquer medida entre esses dois extremos". O professor norte-americano alega que o princípio parece atraente em função de desvios cognitivos, como a aversão à perda, o mito da natureza benevolente, a heurística da disponibilidade e a indiferença quanto à probabilidade e aos efeitos sistêmicos. Para Sunstein, as providências executadas "devem ser proporcionais ao nível de proteção escolhido"

---

[672] *Ibid.*

[673] FREITAS, Juarez. *Direito Fundamental à Boa Administração Pública.* 3. ed. São Paulo: Malheiros, 2014. p. 119-32.

[674] WEDY, Gabriel. *O Princípio Constitucional da Precaução*: como instrumento de tutela do meio ambiente e da saúde pública. Belo Horizonte: Fórum, 2009. p. 45-58.

e a regulação tem de ser apoiada em uma análise de custo-benefício, já que o risco raramente pode ser reduzido a zero, bem assim reconhecida a relevância de considerações não econômicas. Sunstein defende uma versão fraca do princípio, que permite uma calibragem mais refinada, e refuta a versão forte, que determina a regulação sempre que existir um risco possível à saúde, à segurança ou ao meio ambiente, ainda que os elementos de prova sejam especulativos e que os custos econômicos da regulação sejam elevados. Acrescenta que a versão forte "não oferece qualquer tipo de orientação", porque "proíbe todos os cursos de ação, incluindo a inação", e impõe um "ônus da prova que é impossível de ser superado". Alerta ainda que essa orientação poderá eliminar "benefícios de oportunidade" à sociedade, dar origem a "riscos substitutos" e trazer efeitos adversos em caso de regulação dispendiosa.[675]

Carla Amado Gomes também guarda reservas ao princípio da precaução, quer quanto à sua existência, quer quanto à sua operatividade. Compreende que a "ideia de precaução, tomada na sua formulação mais generosa/radical, torna-se impraticável", porque, como característica da sociedade de risco, é impossível prevenir todos os danos, já que os dados têm de rever-se continuamente. A jurista portuguesa adverte que o irrealismo na formulação estrita do princípio levaria à paralisação de muitos setores da economia, ao *déficit* de legitimação dos governos e à necessidade de, em virtude da incerteza, fazer depender a aplicação de parâmetros de proporcionalidade. Defende ela a inexistência da precaução enquanto princípio geral de Direito Internacional. O que subsiste seria o princípio da prevenção, em que a imposição de restrições às atuações potencialmente lesivas é modulada conforme a vontade política dos Estados e outros fatores. Por fim, Gomes aduz que a "precaução, por si só, é um conceito algo demagógico, que aposta na exploração do sentimento do risco que paira sobre as sociedades contemporâneas". Assim, "em face da multiplicação dos riscos, banaliza-se: a ser levado a sério, impede todo e qualquer desenvolvimento, perante a miríade de riscos possíveis".[676]

As críticas endereçadas ao princípio, apesar de fundadas em certa medida, não infirmam sua existência, obrigatoriedade e relevância no Direito Ambiental e nas relações administrativas em geral. Com efeito,

---

[675] SUNSTEIN, Cass R. Para além do princípio da precaução. *Revista de Direito Administrativo*, Belo Horizonte, ano 2012, n. 259, jan./abr. 2012.

[676] GOMES, Carla Amado. Dar o duvidoso pelo (in)certo? Jornada Luso-Brasileira de Direito do Ambiente, 1, 2002, Lisboa, *Anais*.

se tomado em sentido forte ou absoluto, o princípio da precaução poderá conduzir à paralisação do desenvolvimento econômico[677] (*"the paralyzing principle"*, nas palavras de Cass Sunstein),[678] à perda de oportunidades benéficas à sociedade, à "cegueira sistêmica" ou à negligência dos riscos substitutos. A precaução também tende a ser invocada com base em discursos populistas, aproveitando-se do "medo" da sociedade e de desvios cognitivos, como aversão à perda, heurística da disponibilidade[679] quanto a riscos familiares e proeminentes, com consequente indiferença em relação às probabilidades. A propósito, Juarez Freitas chama atenção para que não seja dada "resposta errônea aos medos da sociedade", pois o "populismo preocupa-se desmedidamente com riscos triviais e, com frequência inaudita, desconsidera os riscos graves".[680]

O princípio da precaução é amplamente veiculado em atos internacionais, configura princípio constitucional e encontra-se positivado na legislação doméstica, o que impõe sua aplicação aos casos concretos, matizada, porém, pela existência de outros direitos fundamentais que podem ser afetados e pelo princípio da proporcionalidade. Sendo assim, quando da execução de medidas de prevenção e precaução:

a) o administrador público deverá aferir a probabilidade do dano com base em juízo de verossimilhança, a partir de indícios e presunções, "não quimera simplista ou timorata".[681] A incerteza científica, para justificar decisões administrativas antecipatórias, precisa ser séria e efetiva, baseada em evidências, não bastando mera alegação, preferências ideológicas e políticas ou o clamor público.[682]

Alexandre Kiss e Dinah Shelton realçam que o princípio da precaução é baseado em probabilidades ou contingências, mas não podem ser eliminados todos os supostos riscos, o que careceria de qualquer

---

[677] WEDY, Gabriel. *O Princípio Constitucional da Precaução*: como instrumento de tutela do meio ambiente e da saúde pública. Belo Horizonte: Fórum, 2009. p. 107.

[678] SUNSTEIN, Cass R. The Paralyzing Principle. 25 *Regulation* 32, University of Chicago, 2003.

[679] A heurística da disponibilidade "substitui uma questão por outra: você deseja estimar o tamanho de uma categoria ou a frequência de um evento, mas comunica uma impressão da facilidade com que as ocorrências vêm à mente. A substituição de perguntas inevitavelmente produz erros sistemáticos" (KAHNEMAN, Daniel. *Rápido e Devagar*: duas formas de pensar. Trad. Cássio de Arantes Leite. Rio de Janeiro: Objetiva, 2012. p. 166).

[680] FREITAS, Juarez. *Direito Fundamental à Boa Administração Pública*. 3. ed. São Paulo: Malheiros, 2014. p. 125.

[681] *Ibid.*, p. 125.

[682] WEDY, p. 62-3.

base científica. Aos agentes públicos cabe decidir se a opinião científica é baseada em evidências dignas de credibilidade e em metodologia científica confiável, o que amplia o papel dos cientistas na proteção do meio ambiente. Ademais, é mister que a sociedade apoie as providências precautórias, de modo que nas atribuições dos cientistas está inserida a educação ambiental da população e daqueles que tomam as decisões públicas.[683]

b) com relação às medidas a serem implementadas, é indispensável que sejam sopesadas com outros direitos fundamentais eventualmente afetados, ou com os efeitos sistêmicos da decisão, o que atrai a aplicação do princípio da proporcionalidade. Cabe ao agente público, assim, verificar se está presente o propósito adequado (*proper purpose*) a justificar a limitação a um direito constitucional, bem assim se a providência restritiva é adequada, necessária e proporcional em sentido estrito.

Nesse sentido, tem razão Cass Sunstein quando afirma que o princípio da precaução, tomado em sentido absoluto, poderá gerar erros sistêmicos, desprezo em relação à produção de outros riscos e efeitos adversos, falha na apreciação dos benefícios de determinadas ações ou visibilidade de apenas um dos lados da questão. Urge superar as limitações cognitivas e garantir que os tomadores de decisões públicas tenham uma "noção mais completa, e não limitada, do que está em jogo. O resultado deve ser a redução das distorções cognitivas e o estabelecimento sensato de prioridades".[684] A proporcionalidade milita em favor de uma consideração sistêmica, de uma análise de custo-benefício da ação e da inação e da previsão das externalidades negativas e positivas, para assim orientar a Administração Pública a proferir a decisão mais adequada aos interesses em conflito.

De notar que a decisão que melhor promove os direitos fundamentais somente será conhecida no caso concreto, com emprego inafastável de uma interpretação tópico-sistemática. Diga-se a propósito, o caráter dinâmico e volátil da ciência, da tecnologia e do conhecimento ambiental[685] leva à inconveniência de serem preestabelecidas respostas padrões e abstratas a todas as situações que requeiram agir antecipado

---

[683] KISS, Alexandre; DINAH, Shelton. *Guide do International Environmental Law*. Leiden/Boston: Martinus Hijhoff Publishers, 2007. p. 95.

[684] SUNSTEIN, Cass R. Para além do princípio da precaução. *Revista de Direito Administrativo*, Belo Horizonte, ano 2012, n. 259, jan./abr. 2012.

[685] WEDY, Gabriel. *O Princípio Constitucional da Precaução*: como instrumento de tutela do meio ambiente e da saúde pública. Belo Horizonte: Fórum, 2009. p. 60.

em confronto com outros direitos, o que, por outro lado, não impede a consagração de orientações administrativas, legislativas ou jurisprudenciais em determinadas causas submetidas a debate democrático, contraditório ou produção probatória, dependendo do caso.

c) a decisão precautória proporcional sujeita-se, outrossim, não apenas à vedação de excesso, mas também à proibição de proteção insuficiente, diante de "imperativos de tutela"[686] dirigidos ao Estado. É mister, nas palavras de Gabriel Wedy, uma "ponderação de valores", para que o "aplicador do princípio da precaução proceda de modo a não violar os vetores do princípio da proporcionalidade – da vedação de excesso e de inoperância – evitando assim danos ao meio ambiente e à saúde pública".[687] Dessa feita, uma implementação exacerbada da precaução pode resultar em inércia geradora de prejuízos, diante da perplexidade derivada dos diversos riscos constatados. Como observou Juarez Freitas, "o excesso de controle equivale ao não controle", e a "paralisia irracional pode desencadear danos juridicamente injustos e indenizáveis".[688]

De outra parte, diante de evidências científicas suficientes que apontam para a probabilidade ou juízo de verossimilhança do dano, para além de temores excessivos ou desarrazoados, o Estado é obrigado a agir para interromper a relação de causalidade na origem, antes da consumação do resultado lesivo, sob pena de responsabilização. Vale dizer, o dano pode ser causado não apenas pela conexão com a ação, mas também pela desconexão com as omissões (*"causation by disconection"*).[689] Juarez Freitas, a respeito, sustenta a "responsabilidade proporcional do Estado no tocante às decisões omissivas (falta de precaução ou de prevenção) ou comissivas (excesso de precaução ou de prevenção)".[690] Não é outro o entendimento de Gabriel Wedy, ao defender a "responsabilidade civil do Estado por dano ambiental em face da aplicação excessiva ou inoperante do princípio da precaução".[691]

---

[686] CANARIS, Claus-Wilhelm. *Direitos Fundamentais e Direito Privado*. trad. SARLET, Ingo Wolfgang; PINTO, Paulo Mota. Coimbra: Almedina, 2012.

[687] WEDY, Gabriel. *O Princípio Constitucional da Precaução*: como instrumento de tutela do meio ambiente e da saúde pública. Belo Horizonte: Fórum, 2009. p. 128.

[688] FREITAS, Juarez. *Direito Fundamental à Boa Administração Pública*. 3. ed. São Paulo: Malheiros, 2014. p. 126.

[689] SCHAFFER, Jonathan. Causation by Disconnection. *Philosophy of Science*, v. 67, n. 2, p. 285-300, jun. 2000.

[690] FREITAS, *op. cit.*, p. 129.

[691] WEDY, *op. cit.*, p. 128-39.

CONTROLE JUDICIAL DA PREVENÇÃO E PRECAUÇÃO DAS DECISÕES ADMINISTRATIVAS... | 193

A jurisprudência, no Brasil, alinha-se a essa orientação. O STJ decidiu, *v.g.*, pela responsabilidade objetiva de todos os entes federativos por omissão do dever de fiscalização ambiental.[692] Assentou também que, na realização de obras e loteamentos, é o município responsável solidário pelos danos ambientais que possam advir do empreendimento, juntamente com o dono do imóvel.[693] Em outro precedente, definiu a responsabilidade solidária e objetiva do Poder Público, seja por ausência de exigência de Estudo de Impacto Ambiental quando da licença da atividade causadora de significativo impacto ambiental, seja por repasse de verbas pelo Estado ao município para a implementação do empreendimento irregularmente licenciado.[694] Mais recentemente, o STF assentou que a responsabilidade civil estatal, segundo a CF/1988, em seu art. 37, §6º, subsume-se à teoria do risco administrativo, tanto para as condutas estatais comissivas quanto paras as omissivas. Assim, a omissão do Estado reclama nexo de causalidade em relação ao dano sofrido pela vítima nas hipóteses em que o Poder Público ostenta o dever legal e a efetiva possibilidade de agir para impedir o resultado danoso, mas deixa de fazê-lo.[695]

Em razão disso, há um dever de implementação pelo Poder Público de medidas de proteção e preservação do equilíbrio ambiental, derivado diretamente do art. 225 da Constituição Federal. Conforme restou aventado em outro tópico,[696] a aplicação imediata e eficácia direta dos direitos fundamentais, sobretudo do direito ao meio ambiente ecologicamente equilibrado e do direito ao futuro,[697] tal como estabelece o art. 5º, §1º, da Constituição Federal, também vincula os poderes públicos – Executivo, Legislativo e Judiciário[698] – o que legitima o controle judicial não apenas das ações como também das omissões administrativas. Ao admitir o controle judicial de políticas públicas ambientais, por exemplo, o STF considerou possível determinação judicial para o Poder Público fazer obras para impedir a poluição de

---

[692] STJ, 2ª T., AgRg no REsp 1417023/PR, Rel. Min. Humberto Martins, j. 18.08.2015, DJe 25.08.2015.

[693] STJ, 2ª T., REsp 295.797/SP, Rel. Min. Eliana Calmon, j. 18.09.2001, DJ 12.11.2001, p. 140.

[694] STJ, 2ª T., REsp 604.725/PR, Rel. Min. Castro Meira, j. 21.06.2005, DJ 22.08.2005, p. 202.

[695] Referida decisão foi adotada ao reconhecer a responsabilidade civil do Estado em caso de morte de detento, em razão da inobservância do dever específico de proteção previsto no art. 5º, XLIX, da Constituição Federal (STF, Pleno, RE 841526/RS, Rel. Min. Luiz Fux, j. 03.03.2016).

[696] Tópico 2.4.2.

[697] Tópico 2.5.1.

[698] Tópico 2.2.2.1.

um rio.[699] Em outro caso, envolvendo saúde pública, o STJ impôs ao administrador público municipal a prestação continuada do serviço de coleta de lixo.[700]

Para se concluir pela legitimidade ou não da inação da Administração quanto à adoção de medidas preventivas ou precautórias, impende ser analisado se há determinação legal para tanto, provocação do interessado ou, ainda, se a obrigatoriedade de atuação deriva do sistema jurídico. As peculiaridades do caso concreto podem revelar que a não intervenção é a conduta mais adequada. Contudo, seja quando provocado formalmente, seja diante de situação que exija fiscalização ou regulação, o Poder Público deverá emitir uma decisão fundamentada, expondo as razões da opção pela inação. É dizer, terá de exteriorizar os motivos pelos quais a execução de providências cautelares se mostra desproporcional, ou ainda que os custos da ação superam os benefícios líquidos, não restritos a aspectos econômicos.

d) as medidas de precaução têm de ser economicamente viáveis, como consta no Princípio 15 da Declaração do Rio de Janeiro de 1992. Carla Amado Gomes, nesse sentido, esclarece que esse princípio "introduz o elemento da proporcionalidade da ponderação entre o custo da intervenção (ou desintervenção) e o benefício para o meio ambiente, ao apontar para a utilização de '*cost-effective measures*'".[701] Isso porque o Direito Ambiental Internacional tem consagrado o princípio das "responsabilidades comuns, porém diferenciadas" ("*common but differentiated responsabilities*"), já referido anteriormente, pelo qual, segundo Alexandre Kiss e Dinah Shelton, todos os países têm de atuar na solução dos problemas ambientais, mas a contribuição de cada um para iniciativas internacionais depende de suas capacidades e responsabilidades.[702]

---

[699] "Esta Corte já firmou a orientação de que é dever do Poder Público e da sociedade a defesa de um meio ambiente ecologicamente equilibrado para a presente e as futuras gerações, sendo esse um direito transindividual garantido pela Constituição Federal, a qual comete ao Ministério Público a sua proteção. 2. O Poder Judiciário, em situações excepcionais, pode determinar que a Administração pública adote medidas assecuratórias de direitos constitucionalmente reconhecidos como essenciais sem que isso configure violação do princípio da separação de poderes. 3. Agravo regimental não provido" (STF, 1ª T., RE 417408 AgR, Rel. Min. Dias Toffoli, j. 20.03.2012, DJ 26.04.2012).

[700] STJ, REsp 575.998/MG, Rel. Min. Luiz Fux, 1ª T., j. 07.10.2004, DJ 16.11.2004, p. 191.

[701] GOMES, Carla Amado. Dar o duvidoso pelo (in)certo? Jornada Luso-Brasileira de Direito do Ambiente, 1, 2002, Lisboa, *Anais*.

[702] KISS, Alexandre, DINAH, Shelton. *Guide do International Environmental Law*. Leiden/Boston: Martinus Hijhoff Publishers, 2007. p. 107.

No ponto, é apropriada a afirmação de Cass Sunstein de que "nossos recursos são limitados e que, se nós gastarmos grandes quantidades de recursos em danos altamente especulativos, não estaremos alocando-os sabiamente". Em outra passagem, sublinha que, se "tomarmos medidas dispendiosas para enfrentar todos os riscos possíveis, por mais improváveis que sejam, vamos empobrecer rapidamente".[703] Por conseguinte, na ótica de Juarez Freitas, o princípio da precaução "acarreta o dever de a administração pública motivadamente evitar, nos limites de suas atribuições e possibilidades orçamentárias, a produção do evento que supõe danoso". É certo que são "de elevada monta os custos sociais, econômicos e ambientais da inatividade".[704] A ação preventiva ou precautória, todavia, deverá guardar proporcionalidade com seus custos e a disponibilidade financeira do Poder Público. De qualquer sorte, recai sobre o Estado o ônus da prova excludente da "reserva do possível" ou outra excludente de causalidade.[705]

e) se as críticas ao princípio da precaução não bastam para eliminar sua existência, normatividade e obrigatoriedade, a Administração Pública, contudo, tem de orientar sua decisão com uso da melhor tecnologia disponível,[706] e a falta de informações sobre determinada ameaça pode ser compensada pelo melhor emprego do conhecimento científico a respeito do objeto sob risco.[707] Dito de outro modo, o princípio da precaução não necessariamente determina a proibição da instalação de determinado empreendimento, não é o *"paralyzing*

---

[703] SUNSTEIN, Cass R. Para além do princípio da precaução. *Revista de Direito Administrativo*, Belo Horizonte, ano 2012, n. 259, jan./abr. 2012.

[704] FREITAS, Juarez. *Direito Fundamental à Boa Administração Pública*. 3. ed. São Paulo: Malheiros, 2014. p. 125.

[705] *Idem. O Controle dos Atos Administrativos e os Princípios Fundamentais*. 5. ed. São Paulo: Malheiros, 2013. p. 123.

[706] "Treaties often contain a general obligation to apply the best available technology (BAT) or use the best practicable means. This requirement can be seen as deriving in part from the customary international obligation of 'due diligence' to prevent environmental harm" (KISS, Alexandre, DINAH, Shelton. *Guide do International Environmental Law*. Leiden/ Boston: Martinus Hijhoff Publishers, 2007. p. 120).

[707] Em recente estudo envolvendo potenciais danos a uma espécie de ave derivados da instalação de campos de energia eólica, Braunisch, Coppes, Bächle e Suchant concluíram que o princípio da precaução é elemento vital para a tomada de decisão na seara da conservação. Sustentam, pois, a inclusão de conhecimento científico na definição de medidas precautórias. Se este conhecimento não for disponível a respeito da própria ameaça, então que seja utilizada a informação sobre o objeto que está em risco (BRAUNISCH, Veronika et al. Underpinning the precautionary principle with evidence: A spatial concept for guiding wind power development in endangered species' habitats. *Journal for Nature Conservation*, 24, p. 31-40, jan. 2015).

principle" de Cass Sunstein. Antes, tem de ser interpretado como alerta sobre o "valor do amanhã"[708] e indicação a respeito das providências adequadas para assegurar a sustentabilidade multidimensional das decisões administrativas.

Outra consequência ou elemento[709] do princípio da precaução é a inversão do ônus da prova, de forma a atribuir àquele que pretende desenvolver uma atividade ou empreendimento o encargo de demonstrar a ausência de danos ao meio ambiente.[710] Considerando que a incerteza científica razoável e verossímil justifica a intervenção regulatória estatal, impende conferir ao empreendedor comprovar que sua atividade não causa prejuízos irreversíveis ao meio ambiente, ou que tem condições de implementar medidas aptas a evitar ou mitigar a degradação a patamares razoáveis ou autorizados pela legislação. A inversão também deflui da constatação de que os operadores econômicos, como escreve Carla Amado Gomes, "estão, na maioria das vezes, muito melhor posicionados, quer do ponto de vista técnico, quer económico, para fornecer a informação sobre os efeitos da actividade projectada".[711]

Na esteira de Ana Maria Moreira Marchesan e Annelise Steigleder, a inversão do ônus probatório encontra fundamento jurídico: a) na nova definição da função da responsabilidade civil, com a facilitação da prova e atenuação do nexo de causalidade; b) nos princípios da prevenção e da precaução; c) no princípio do poluidor-pagador, que inspira a internalização das externalidades negativas; e d) na aplicação do art. 6º, inc. VIII, do Código de Defesa do Consumidor às ações civis públicas voltadas à proteção do meio ambiente, em virtude da incidência das normas processuais deste diploma legal por força do art. 21 da Lei nº 7.347/85.[712]

---

[708] GIANNETTI, Eduardo. *O Valor do Amanhã*. São Paulo: Schwarcz, 2012.

[709] Gabriel Wedy reputa como elementos do princípio da precaução a incerteza científica, o risco de dano e a inversão do ônus da prova (In: *O Princípio Constitucional da Precaução*: como instrumento de tutela do meio ambiente e da saúde pública. Belo Horizonte: Fórum, 2009. p. 59-72).

[710] SANDS, Philippe. *Principles of International Environmental Law*. 2. ed. Cambridge University Press, 2003. p. 273.

[711] GOMES, Carla Amado. As providências cautelares e o princípio da precaução: ecos da jurisprudência. In: *Jus Scriptum*: Boletim do Núcleo de Estudantes Luso-brasileiros da Faculdade de Direito da Universidade de Lisboa, Lisboa, ano III, n. 06, p. 31-48, jan./jun. 2007.

[712] MARCHESAN, Ana Maria Moreira; STEIGLEDER, Annelise. Fundamentos Jurídicos para a inversão do ônus da prova nas ações civis públicas por danos ambientais. *Revista da Ajuris*, Porto Alegre, n. 90, AJURIS, 2003.

Gabriel Wedy, por sua vez, salienta que o "ônus, em verdade, não pode ser de a sociedade provar que determinada atividade causa riscos de danos e é potencialmente danosa, pois a coletividade não está a lucrar com ela e, sim, o provável poluidor". Ao depois, expõe que a inversão ostenta "especial relevância nos países de terceiro mundo em que as partes vítimas dos danos ao ambiente e à saúde pública têm menos condições de demonstrar efetivamente o potencial nocivo do empreendimento proposto". Mesmo os países desenvolvidos não devem desprezar a inversão, porque "importam alimentos a baixo custo dos países em desenvolvimento onde os riscos de danos são maiores",[713] o que Ulrich Beck denominou "efeito bumerangue".[714] No Brasil, o STJ consolidou a orientação no sentido da inversão do ônus da prova em matéria ambiental,[715] sem, contudo, atribuir ao empreendedor a obrigação de adiantamento dos honorários periciais nas ações judiciais.[716] A perícia, de todo modo, é essencial quando se contrasta em juízo a sustentabilidade das decisões administrativas.

A aplicação da inversão do ônus da prova, no entanto, há de passar pelo teste da proporcionalidade, sob pena de se exigir prova impossível ou "diabólica",[717] com consequente inviabilização de todo

---

[713] WEDY, Gabriel. *O Princípio Constitucional da Precaução*: como instrumento de tutela do meio ambiente e da saúde pública. Belo Horizonte: Fórum, 2009. p. 72, 76-7.

[714] "Pero, a diferencia de la pobreza, la pauperización por riesgo del Tercer Mundo es contagioso para los ricos. La potencialización de los riesgos hace que la sociedad mundial se convierta en una comunidad de peligros. El efecto bumerang afecta precisamente también a los países ricos, que se han quitado de encima los riesgos, pero importan a buen precio los alimentos. Con las frutas, el cacao, el forraje, las hojas de té, etc., los pesticidas vuelven a su patria industrializada" (BECK, Ulrich. *La sociedad del Riesgo*: hacia una nueva modernidad. Barcelona: Paidós, 1998. p. 50).

[715] STJ, REsp 1237893/SP, Eliana Calmon, j. 24.09.2013; AgRg no AREsp 206.748/SP, Villas Bôas Cueva, j. 21.02.2013.

[716] Conforme entendimento atual, ajuizada ação coletiva pelo Ministério Público e solicitada perícia por este, ou determinada de ofício pelo juiz, cabe ao Poder Público o pagamento antecipado do custo da prova técnica (STJ, REsp 1253844/SC. Campbell, j. 13.03.2013; REsp 123 7893/SP, Eliana Calmon, j. 24.09.2013).

[717] Carla Amado Gomes, a respeito, afirma que "excessiva seria sempre a extensão da medida deste *onus probandi* para além dos limites do razoável, i. e., e salvo maior precisão do legislador, do nível de comprovabilidade científica de ausência de risco através dos dados científicos disponíveis e credíveis – como preconiza o princípio da precaução, na sua versão radical. Com efeito, a exigência da prova da inocuidade da actividade como condição de obtenção de uma autorização ou de isenção de responsabilidade, obriga a uma *diabolica probatio* que afronta os cânones da proporcionalidade, em virtude da compressão intolerável da liberdade de iniciativa económica privada. O empresário/industrial fica sujeito a um ónus de realização impossível, cujo cumprimento inviabilizaria o desenvolvimento de qualquer novo projecto potencialmente lesivo de bens ambientais naturais" (GOMES, Carla Amado. As providências cautelares e o princípio da precaução:

e qualquer empreendimento capaz de causar alguma degradação e perda de benefícios sociais importantes que poderiam dele decorrer.[718]

As situações que demandam atuação imediata para evitar danos ambientais e à saúde pública comportam, necessariamente, ampla margem de atuação do gestor público. Com efeito, a importância de sopesar os custos e benefícios das medidas de precaução no caso concreto, o caráter dinâmico da tecnologia e do conhecimento científico e o reduzido lapso temporal de que se dispõe para obstar o resultado lesivo exigem da Administração Pública o desempenho de competência discricionária, para que formule e execute, com celeridade, as providências mais adequadas à proteção dos direitos fundamentais ameaçados, ou mesmo para permitir a ponderação entre os diversos interesses eventualmente conflitantes.

Entretanto, conforme foi amplamente tratado,[719] no Direito Administrativo contemporâneo não há mais falar em discricionariedade pura, em ato político insindicável ou em zona livre de controle jurisdicional. Toda decisão administrativa está vinculada aos princípios e aos direitos fundamentais e a escolha pública requer sempre uma interpretação tópico-sistemática. Em razão disso, a implementação de medidas de prevenção e precaução ou mesmo a opção pela inação deverão estar acompanhadas de motivação explícita, clara, verdadeira, congruente e suficiente, o que inclui a exposição dos custos e benefícios, diretos e indiretos, da conduta escolhida, com esteio na melhor tecnologia disponível. A ausência ou irregularidade da fundamentação deságua na nulidade do ato ou, em se tratando de inação, poderá configurar omissão ilícita.

Contrastadas em juízo providências preventivas e precautórias executadas pelo Poder Público, ou a sua ausência, a deferência judicial, segundo parâmetros aludidos,[720] depende da aferição, pelo magistrado, dos seguintes fatores:

a) exercício das competências próprias pelo agente público, força persuasiva e confiabilidade da conclusão administrativa. O escrutínio judicial, pois, alcança a motivação da decisão pública. O mais comum,

---

ecos da jurisprudência. In: *Jus Scriptum*: Boletim do Núcleo de Estudantes Luso-brasileiros da Faculdade de Direito da Universidade de Lisboa, Lisboa, ano III, n. 06, p. 31-48, jan./jun. 2007).

[718] WEDY, Gabriel. *O Princípio Constitucional da Precaução*: como instrumento de tutela do meio ambiente e da saúde pública. Belo Horizonte: Fórum, 2009. p. 77.

[719] Vide tópicos 2.3, 2.5.3 e 2.2.1.

[720] Vide tópico 3.2.2.4.

porém, é a completa ausência de qualquer atitude para evitar o dano ao meio ambiente ou à saúde pública, a omissão ilícita e infundada, o que muitas vezes impulsiona os legitimados do art. 5º Lei nº 7.347/85, ou o cidadão na ação popular, a pleitear em juízo medidas preventivas e precautórias para impedir ou mitigar o resultado lesivo.

b) a legalidade e a juridicidade da decisão examinada, a qual não poderá violar a lei, os princípios e direitos fundamentais, notadamente o princípio da sustentabilidade multidimensional e o direito ao futuro.

c) a proporcionalidade da decisão administrativa em seus quatro elementos: verificação do propósito adequado (*proper purpose*) na justificação da limitação a determinado direito constitucional, adequação, necessidade e proporcionalidade em sentido estrito. Desponta aqui a comparação entre os custos e benefícios da ação e da inação, bem assim das medidas que podem ser adotadas.

A urgência na definição da controvérsia é inerente aos processos judiciais em que se questiona a aplicação dos princípios da prevenção e precaução, razão pela qual os magistrados precisam tomar posição em sede de liminar, seja por meio de decisões cautelares ou antecipatórias, seja pelo emprego do poder geral de cautela. Não é uma tarefa fácil, pois "muitas vezes os elementos de que o juiz dispõe são escassos, constituindo-se geralmente de meras provas documentais ou laudos técnicos elaborados unilateralmente".[721] E se a dinamicidade e varia- bilidade das questões fáticas propiciam ampla discricionariedade ao gestor público na adoção de medidas preventivas e precautórias, por igual razão demandam do juiz a determinação das providências mais adequadas para a proteção dos direitos sob risco. A efetividade da tutela jurisdicional não mais se compraz com a tipicidade das medidas executivas ou mandamentais, tampouco se coaduna com um juiz passivo e descomprometido com as consequências de suas decisões. O direito positivo brasileiro confere aos juízes, e isso foi salientado linhas atrás,[722] poderes suficientes para adaptar a prestação jurisdicional ao direito material reclamado, devendo conceder a tutela específica pleiteada ou determinar providências aptas a alcançar resultado prático equivalente. Por conseguinte, a resolução dessas questões exige certa flexibilidade e criatividade judicial em razão da complexidade e da multidimensionalidade dos litígios gerados.

---

[721] FREITAS, Mariana Almeida Passos de; FREITAS, Vladimir Passos de. A complexidade das ações civis públicas envolvendo meio ambiente e populações vulneráveis. In: MILARÉ, Édis (Coord.). *Ação Civil Pública após 30 anos*. São Paulo: Revista dos Tribunais, 2015. p. 856.

[722] Tópico 2.2.2.5.

O princípio da proporcionalidade é de aplicação indispensável nas hipóteses em que é pleiteada a paralisação de atividades ou obras públicas, mormente em sede liminar. A urgência na definição do conflito decorre dos princípios da prevenção e precaução e da impossibilidade, em muitos casos, do retorno ao estado anterior ao início da construção ou da degradação ambiental.[723] Se a implantação física da obra ainda não foi iniciada, a situação, conquanto delicada, ainda não se reveste de maior gravidade. A manifestação do Poder Público, prévia à concessão da liminar, como impõe o art. 2º da Lei nº 8.437/92,[724] é medida altamente recomendável, podendo o juiz, inclusive, oportunizar a oitiva também das pessoas jurídicas de direito privado, normalmente executores diretos do empreendimento, a prestigiar o contraditório e a ampla defesa e viabilizar a colheita de maiores subsídios à decisão. Também pode se mostrar conveniente a realização de inspeção judicial ou tentativa de conciliação, prévia à análise do pleito antecipatório ou cautelar.

Em se tratando de construções, principalmente de grande porte, a urgência da situação e a possibilidade de danos ao meio ambiente e ao Poder Público podem recomendar a suspensão liminar das atividades ou do licenciamento, inclusive por meio do poder geral de cautela, com fulcro no princípio da precaução, até que sejam dirimidas as dúvidas sobre o impacto da obra.[725] Nada obsta, de qualquer forma, que a determinação seja reexaminada após colheita das informações das demais partes (em regra, órgãos públicos ou empreendedores), ou mesmo de entidades e da comunidade afetada. A providência possibilita uma melhor preparação ao pronunciamento judicial e impede eventual paralisação após o início da construção, com inevitáveis prejuízos daí decorrentes. Aliás, para proporcionar maior qualidade ao veredicto

---

[723] BOTELHO, Nadja Machado. Efetividade da tutela jurisdicional e irreversibilidade do dano ambiental. In: MACHADO, Paulo Affonso Leme; MILARÉ, Édis (Org.). *Tutela do Meio Ambiente*. Doutrinas Essenciais: Direito Ambiental. São Paulo: Revista dos Tribunais, 2011. v. 4. p. 802-3.

[724] Art. 2º. No mandado de segurança coletivo e na ação civil pública, a liminar será concedida, quando cabível, após a audiência do representante judicial da pessoa jurídica de direito público, que deverá se pronunciar no prazo de setenta e duas horas.

[725] Como o STJ já teve a oportunidade de se manifestar: "Em matéria de meio ambiente, vigora o princípio da precaução. A ampliação de uma avenida litorânea pode causar grave lesão ao meio ambiente, sendo recomendável a suspensão do procedimento de licenciamento ambiental até que sejam dirimidas as dúvidas acerca do possível impacto da obra" (STJ, Corte Especial, AgRg na SLS 1.524/MA, Rel. Min. Ari Pargendler, j. 02.05.2012, DJe 18.05.2012).

judicial, pode se mostrar salutar a admissão, na condição de *amicus curiae*, da participação de pessoa natural ou jurídica, órgão ou entidade especializada, com representatividade adequada, como consta no art. 138 do Novo Código de Processo Civil.[726]

Ao depois, do juiz se exige redobrada atenção antes de proferir decisão em pedido de liminar para suspensão de atividade ou obra, pois a determinação poderá assumir caráter de irreversibilidade, sobretudo se restar autorizado o início do empreendimento. Tendem a ser irreparáveis e de grande monta os prejuízos ao meio ambiente e ao próprio erário se verificado, ao final do processo ou no julgamento de eventual recurso pelo tribunal, o desacerto do indeferimento de liminar. A própria restauração ao estado anterior poderá ser difícil, quando não impossível.[727] No confronto entre o interesse econômico e socioambiental, este deve prevalecer, já que, como manifestou o STJ: "Eventual lesão econômica pode ser reparada; a lesão ambiental, por sua vez, jamais poderá ser restaurada caso executados os trabalhos de construção civil, ante o impacto que provocam".[728]

Mais aguda será a dificuldade e a complexidade do caso se o empreendimento já estiver em andamento, de ordinário após elevada injeção de recursos públicos e privados, profunda alteração do ecossistema e utilização de recursos naturais. Ao se deparar com essa situação, o juiz, sem se render à teoria do fato consumado,[729] não poderá

---

[726] Art. 138. O juiz ou o relator, considerando a relevância da matéria, a especificidade do tema objeto da demanda ou a repercussão social da controvérsia, poderá, por decisão irrecorrível, de ofício ou a requerimento das partes ou de quem pretenda manifestar-se, solicitar ou admitir a participação de pessoa natural ou jurídica, órgão ou entidade especializada, com representatividade adequada, no prazo de 15 (quinze) dias de sua intimação. §1º A intervenção de que trata o caput não implica alteração de competência nem autoriza a interposição de recursos, ressalvadas a oposição de embargos de declaração e a hipótese do §3º. §2º Caberá ao juiz ou ao relator, na decisão que solicitar ou admitir a intervenção, definir os poderes do *amicus curiae*. §3º O *amicus curiae* pode recorrer da decisão que julgar o incidente de resolução de demandas repetitivas.

[727] MOREIRA, Rafael Martins Costa. Controle judicial da sustentabilidade das obras públicas. *Revista de Doutrina da 4ª Região*, Porto Alegre, n. 56, out. 2013. Edição especial 25 anos da Constituição de 1988 (Grandes temas do Brasil contemporâneo). Disponível em: <http://www.revistadoutrina.trf4.jus.br/artigos/edicao056/Rafael_Moreira.html>. Acesso em: 02 nov. 2015.

[728] STJ, Corte Especial, AgRg na SLS 1.419/DF, Rel. Min. Ari Pargendler, Rel. p/ Ac. Min. João Otávio de Noronha, j. 01.08.2013, DJe 27.09.2013.

[729] A jurisprudência tem afastado a teoria do fato consumado em matéria ambiental e admitido a demolição de edificação já construída em desrespeito às normas ambientais (STF, RE 275.159, Rel. Min. Ellen Gracie, 2ª T., DJ 11.10.2001; RMS 23.593/DF, Rel. Min. Moreira Alves, 1ª T., DJ de 02.02.01; RMS 23.544-AgR, Rel. Min. Celso de Mello, 2ª T., DJ 21.6.2002; STJ, REsp 769753/SC, Rel. Min. Herman Benjamin, 2ª T., j. 08.09.2009, DJe

desconsiderar por completo a situação já consolidada.[730] É aqui que a aplicação do princípio da proporcionalidade assume maior relevância na decisão judicial, a auxiliar na ponderação entre, de um lado, conferir primazia à proteção ambiental ou à sustentabilidade, a despeito de prováveis prejuízos decorrentes da suspensão dos trabalhos, e, de outro, permitir o prosseguimento das atividades e admitir alguma degradação ambiental. Diversos fatores deverão ser levados em conta, como a intensidade do impacto produzido, o montante dos valores investidos, a importância socioeconômica do projeto e o estágio da obra. Outrossim, é possível que a suspensão das atividades provoque graves riscos derivados de edificações inacabadas, fator que aumenta a dificuldade de solução desses casos.[731]

Convém registrar que o sistema processual brasileiro contempla a possibilidade de impedir a realização de atividade ou empreendimento por simples ilicitude, independentemente dos danos que poderão advir da conduta antijurídica. Na lição de Marinoni, a "ação inibitória se volta contra a possibilidade do ilícito, ainda que se trate de repetição ou continuação. Assim, é voltada para o futuro, e não para o passado". Outrossim, "essa ação não requer nem mesmo a probabilidade do *dano*, contentando-se com a simples probabilidade de *ilícito (ato contrário ao direito)*". Considerando que o dano é uma consequência eventual do ato contrário ao direito, o dano e a ilicitude precisam ser destacados "para que os direitos sejam mais adequadamente protegidos". Sendo assim, "o autor *não precisa* alegar e provar o dano" e o "réu está *impedido* de

---

10.06.2011; REsp 1394025/MS, Rel. Min. Eliana Calmon, 2ª T., j. 08.10.2013, DJe 18.10.2013).

[730] A propósito, o STJ entendeu que, em caso de empresa instalada há várias décadas, não se afigura adequado determinar a estagnação das atividades caso não apresente estudo de impacto ambiental (STJ, REsp 766.236/PR, Rel. Min. Francisco Falcão, Rel. p/ Ac. Min. Luiz Fux, 1ª T., j. 11.12.2007, DJe 04.08.2008). Em outro acórdão, embora tenha reconhecido a inexistência de direito adquirido a agredir a natureza, assentou que atrita "com o senso lógico, contudo, pretender a realização de prévio Estudo de Impacto Ambiental (EIA/ RIMA) num empreendimento que está em atividade desde 1971, isto é, há 43 anos", tendo admitido a realização, em substituição, de perícia técnica no intuito de aquilatar os impactos físicos e econômicos decorrentes das atividades desenvolvidas por uma usina hidrelétrica (STJ, REsp 1172553/PR, Rel. Min. Arnaldo Esteves Lima, 1ª T., j. 27.05.2014, DJe 04.06.2014).

[731] Em relação a pedido de paralisação de empreendimentos já iniciados e possível risco decorrente de obras inacabadas, há interessante decisão do TRF da 4ª R. levando em consideração essa circunstância: "(...) Constatada a existência do risco à navegação em razão do deslocamento das pedras lançadas por ocasião do início da construção da extensão dos molhes, cujas obras foram paralisadas em razão do ajuizamento de ação civil pública, é cabível a realização de procedimentos emergenciais, acompanhados de monitoramento e medidas necessárias para mitigar e prevenir eventuais impactos ambientais" (TRF4, AG 2007.04.00.014617-7, 4ª T., Rel. Márcio Antônio Rocha, D.E. 18.08.2008).

discuti-lo. Bem por isso, o juiz, em tal caso, não pode cogitar sobre o dano e, dessa forma, determinar a produção de prova em relação a ele".[732] A tutela inibitória, atualmente prevista expressamente no Novo Código de Processo Civil,[733] encontra fértil aplicação em situações envolvendo a discussão de medidas de prevenção e precaução. Imagine-se uma decisão administrativa que concede autorização para implantação de um loteamento e parcelamento do solo sem licenciamento, em afronta ao que estabelece o anexo 1 da Resolução nº 237/97 do CONAMA.[734] Ou ainda a efetivação da desapropriação para fins de criação ou ampliação de distritos industriais não precedida de prévia aprovação do respectivo projeto, nos termos do §2º do art. 5º do Decreto-Lei nº 3.365/41, o qual deve delimitar a infraestrutura urbanística necessária, contemplando a realização do Estudo Prévio de Impacto Ambiental e o respectivo Relatório de Impacto Ambiental, indispensáveis à criação da unidade industrial.[735] Nestes casos, a anulação judicial da decisão administrativa dispensa prova de eventual resultado lesivo, pois a violação ao direito é o que basta para se determinar a suspensão da atividade ilícita.

Por fim, o controle judicial de sustentabilidade das decisões administrativas desempenhado no tempo adequado poderá não apenas evitar prejuízos irreparáveis ao meio ambiente, à saúde pública ou a outros direitos fundamentais como também é apto a produzir efeitos sistêmicos benéficos no longo prazo e externalidades positivas. É essencial agir rápido para agir com sustentabilidade. Muitas vezes, medidas simples providenciadas no limiar das atividades supostamente insustentáveis e no início do processo judicial podem evitar problemas mais complexos e difíceis de solucionar no futuro. Essa constatação legitima, a título ilustrativo:

a) a determinação liminar para colocação de placas em áreas de preservação permanente, indicando a proibição de construções e

---

[732] MARINONI, Luiz Guilherme. *Técnica Processual e Tutela dos Direitos*. São Paulo: Revista dos Tribunais, 2004. p. 255-6.

[733] Art. 497, parágrafo único: "Para a concessão da tutela específica destinada a inibir a prática, a reiteração ou a continuação de um ilícito, ou a sua remoção, é irrelevante a demonstração da ocorrência de dano ou da existência de culpa ou dolo".

[734] O anexo 1 da Resolução nº 237/97 do CONAMA relaciona, dentre as atividades ou empreendimentos sujeitos a licenciamento ambiental, o "parcelamento do solo". Cabe relembrar que, nos casos previstos neste ou em outros atos normativos (legais ou infralegais), a elaboração do licenciamento é obrigatória. Em outras situações, a exigência dependerá da demonstração da degradação ambiental (vide capítulo 4).

[735] STJ, REsp 1426602/PR, Rel. Min. Humberto Martins, 2ª T., j. 11.02.2014, DJe 21.02.2014.

ocupações no local. A providência desestimula novas intervenções ilegais e lesivas ao meio ambiente e, consequentemente, novas autuações, processos judiciais e prejuízos ambientais e aos particulares;[736]

b) a ordem de publicação da sentença em jornal de circulação local e/ou regional, a fim de permitir a divulgação de eventual violação às normas ambientais e, pelo efeito pedagógico, reduzir novas ações lesivas ao meio ambiente,[737] além de determinação para divulgação em *sites* na internet;

c) a suspensão de determinado empreendimento até que sejam apresentadas informações mais profundas sobre a degradação, ou até que seja elaborado o estudo de impacto ambiental, poderá prevenir a consolidação de danos socioambientais e econômicos e ações de indenização contra o empreendedor e o Poder Público.[738]

---

[736] Nessa linha, o TRF da 4ª R. tem entendido pela legitimidade de ordem judicial liminar de colocação de placas indicando área *non aedificandi*: TRF4, AC 5002166-10.2011.404.7008, 3ª T., Rel. Nicolau Konkel Júnior, juntado aos autos em 26.03.2015; AG 5000311-97.2013.404.0000, Terceira Turma, Relator p/ Acórdão Fernando Quadros da Silva, juntado aos autos em 18.04.2013.

[737] Em ação civil pública destinada a disciplinar o uso das praias em Governador Celso Ramos/SC, o TRF da 4ª R. afirmou que a "publicação da sentença em jornal é necessária para que a população interessada tenha conhecimento deste julgamento, considerando a relevância do bem jurídico tutelado e os efeitos da sentença sobre a vida daquela população" (TRF4, AC 5015471-62.2014.404.7200, 4ª T., Rel. Cândido Alfredo Silva Leal Junior, juntado aos autos em 18.09.2015).

[738] O STJ, com base no princípio da precaução, ao definir que "inexiste dado científico concreto de que a queima da palha e a fuligem da cana-de-açúcar ocasionem danos ambientais ou o surgimento de qualquer tipo de processo cancerígeno", concluiu pela suspensão da atividade de queima da palha de cana-de-açúcar sem realização de licenciamento e estudo de impacto ambiental (STJ, 2ª T., REsp 1285463/SP, Rel. Min. Humberto Martins, j. 28.02.2012, DJe 06.03.2012).

CONCLUSÃO

O controle jurisdicional é indispensável para assegurar a sustentabilidade das decisões administrativas. A nova governança e o novo serviço público exigem dos gestores públicos que incentivem mecanismos participativos e promovam resultados de impacto para a sociedade. Com efeito, escolhas insustentáveis produzem prejuízos sistêmicos ao bem-estar dos cidadãos e menosprezam os direitos das futuras gerações. Dito de outro modo, a Administração Pública cidadã tem de ser, necessariamente, sustentável. Por isso, o controle das escolhas públicas não pode ser apenas formal e legalista; antes, a sindicabilidade, sobretudo judicial, tem de ser substancial e precisa recair sobre a motivação exposta pelos agentes públicos. O Judiciário não representa mais a instituição ordenada a preservar o *status quo*, tampouco são os juízes meros aplicadores de regras isoladas. Mais que isso, o Judiciário ocupa posição crucial na construção do sistema jurídico, na adaptação da legislação à realidade contemporânea e na evolução da sociedade. Enfim, os magistrados, sem se renderem ao decisionismo não universalizável, e vinculados que estão aos princípios e direitos fundamentais, são, simultaneamente, agentes de preservação e de transformação. Além disso, o controle judicial se mostra ainda mais relevante nos casos em que o processo político-partidário não tem incentivos para respeitar os direitos constitucionais, como ocorre quando estão em jogo interesses das futuras gerações.

No tópico 2.1 foram apreciados os pilares da nova governança (*New Public Governance*) e do novo serviço público (*New Public Service*), que sugerem a Administração Pública focada nos interesses da comunidade e da sociedade civil, em mecanismos de participação e deliberação consensual, de modo que a noção de interesse público é construída em conjunto com os cidadãos, mais que meros clientes, consumidores ou eleitores. Enfatizou-se, ademais, uma dimensão inter-organizacional integrada, na perspectiva da pós-Administração Pública gerencial (*post-New Public Management*), que surge para encampar um modelo compreensivo, abrangente do governo como um todo (*"whole-of-government" approach*), da governança digital e da motivação para corrigir os problemas de coerência organizacional e responsividade associados ao paradigma anterior, colocando as necessidades e os interesses dos cidadãos no centro da gestão pública. Outrossim, foram estabelecidas as principais características do renovado Direito Administrativo: ressignificação da discricionariedade administrativa, hoje vinculada aos princípios e direitos fundamentais e condicionada à motivação adequada; necessidade de implementação das prioridades constitucionais impostergáveis; ampliação de instrumentos de participação do cidadão em favor de uma democracia substancial; incremento do Estado regulador e prestador de serviços essenciais; responsabilidade e transparência da gestão fiscal; obrigatoriedade não somente de adotar os meios apropriados, mas também de atingir os resultados das atividades públicas.

O tópico 2.2 trata da teoria da decisão administrativa. Inicialmente, descreve sucintamente a teoria da decisão de modo geral, como o estudo, baseado na racionalidade, que visa a obter os melhores resultados por meio de um processo organizado e metódico. Contudo, vai além e esclarece que o tomador de decisões públicas não pode ser visto como o *homo economicus* e infalível das teorias utilitaristas, mas precisa ser analisado como pessoa que sopesa custos e benefícios e pode ser influenciada por outras circunstâncias, diversas da maximização do seu bem-estar, ou ainda estar sujeita a desvios cognitivos, em um contexto de riscos e incertezas. Os agentes públicos, porém, devem perseguir o interesse público e a promoção dos direitos fundamentais, sobretudo o direito fundamental à sustentabilidade. É dizer, a sustentabilidade tem de ser incorporada ao processo de tomada de decisão. Considerando, demais disso, que as escolhas são feitas ainda nos atos preparatórios ou na fase interna da atividade administrativa, a avaliação da legitimi-dade das decisões públicas tem de incidir na gênese do procedimento. Na sequência, a decisão administrativa é conceituada como a *escolha efetuada por um ou mais indivíduos no desempenho de função administrativa, com a finalidade de satisfazer o interesse público e promover os direitos fundamentais, reconhecidos pelo sistema jurídico e concretizados mediante interpretação tópico-sistemática das regras e princípios constitucionais.*

O item 2.3 é dedicado ao estudo da discricionariedade administrativa. No contemporâneo Direito Administrativo, não mais se admite a discricionariedade absoluta, tampouco a extrema vinculação. O que existe é a predominância de elementos regrados ou de liberdade do administrador, uma vez que a Administração Pública está submetida mais ao sistema jurídico do que exclusivamente às regras legais. A discricionariedade, outrossim, não mais significa uma zona de liberdade insindicável, não se confunde com a noção de poder nem com a vontade subjetiva do administrador. No Direito Administrativo atual a discricionariedade somente é válida como competência para eleger entre alternativas igualmente legítimas. No tópico 2.4 é tratado o dever de motivação, que abarca não apenas questões jurídicas, mas também os elementos fáticos que fundamentaram a decisão. A exigência de motivação deflui, principalmente, das seguintes premissas: a) importância da adesão e participação dos cidadãos na formulação e execução das políticas públicas; b) ao exteriorizar os motivos da decisão o Poder Público confere transparência às suas atitudes; c) a motivação é essencial para viabilizar o controle; d) emerge como garantia de proteção aos direitos fundamentais; e) contribui para evitar o subjetivismo, o patrimonialismo e os desvios patrocinados pelos vieses cognitivos. A motivação obrigatória, como regra, encontra respaldo na Constituição Federal (art. 93, incs. IX e X) e na legislação ordinária (Lei nº 9.784/99, art. 50). Os requisitos da motivação válida são: *explicitude, clareza, veracidade* ou *exatidão, congruência* e *suficiência*. Disso desponta a relevância de serem expostos os custos e benefícios, diretos e indiretos (externalidades), das decisões administrativas, para que o Poder Público demonstre que sua opção é sustentável.

O tópico 2.5 aprofunda o tema da sustentabilidade, que apenas começou a firmar-se como novo valor recentemente, tendo experimentado significativa evolução nas últimas décadas, desde sua previsão nas primeiras declarações internacionais assinadas nos anos 1980, tanto em sua abrangência (pois passou de meramente ambiental para multidimensional) como em sua acepção (desde uma análise de *necessidades materiais* das gerações presentes e futuras, avançando para uma consideração do *padrão de vida* e, com Amartya Sen, das *liberdades e capacidades substantivas das pessoas*). Atualmente *é* possível defender que a sustentabilidade, com enfoque na multidimensionalidade do bem-estar, admite uma abordagem sistêmica, que acolhe os pilares social, econômico, ambiental, *ético* e jurídico. Outrossim, a sustentabilidade ganhou *status* normativo, seja como princípio constitucional, seja mediante previsão legal, cuja obediência *é* inafastável pelos particulares e, principalmente, pelo Estado. Com efeito, os tomadores de decisões públicas precisam se desvencilhar do viés do curto prazo e substituir medidas imediatistas por comportamentos afinados com a sustentabilidade. A fim de se atingir o desenvolvimento socioeconômico consistente e inclusivo, impõe-se ao agente público prestigiar soluções duradouras, de longo prazo e harmônicas com a economicidade, eficiência e eficácia, que superem os períodos dos mandatos eletivos e a busca pelo resultado superficial, propagandístico e demagógico. Disso resulta a imperativa motivação intertemporal das decisões administrativas, as quais têm de incorporar metas de longo prazo e análise dos custos e benefícios (*cost-benefit analysis*), diretos e indiretos, não jungidos, contudo, a aspectos econômicos.

O capítulo 3 ingressa no estudo do controle judicial de sustentabilidade das decisões administrativas. O controle da Administração Pública – composto dos controles interno, externo (exercido pelo Legislativo, com auxílio do Tribunal de Contas), social e judicial – é fundamental para fiscalizar as amplas faculdades de atuação do Executivo (e dos demais poderes, quando exercem função administrativa). O controle judicial, especificamente, é concebido como o *controle heterônomo, independente, imparcial e derradeiro, exercido pelo Poder Judiciário quando formalmente provocado por uma das partes envolvidas em um conflito de interesses do qual participa a Administração Pública. E por que confiar a um* órgão *independente e alheio a interesses políticos e partidários o controle definitivo das decisões administrativas?* A resposta a esse questionamento conduz à enumeração dos principais fundamentos do controle jurisdicional da Administração Pública, assim resumidos: a) controle recíproco, de ordem a impedir a formação de instâncias hegemônicas de poder; b) proteção aos direitos fundamentais e às instituições democráticas, resguardando-os das disputas partidárias e de interesses eleitoreiros, e tutela dos direitos das minorias. Avulta aqui a importância da tutela judicial dos direitos das futuras gerações e da natureza como valor intrínseco, os quais nem sempre encontram eco no discurso político-partidário; c) preservação do núcleo do sistema constitucional; d) vigilância externa dos desvios cognitivos; e) aproximação da decisão administrativa ao *direito fundamental* à *boa administração pública*, movendo os demais poderes da inércia e superando bloqueios políticos e institucionais, bem assim contribuindo para a evolução do Estado e da sociedade.

CONCLUSÃO | 209

A extensão do controle judicial, suas possibilidades e limites, apreciados no tópico 3.2.2, evolui desde um controle preso às regras e limitado aos "atos vinculados", para contemplar uma sindicabilidade mais ampla dos atos praticados na competência discricionária. O dogma da discricionariedade absoluta foi mitigado paulatinamente, a iniciar pelo controle de certos elementos do ato administrativo e pela adoção da teoria do desvio de poder ou de finalidade, alcançando os motivos determinantes e os conceitos jurídicos indeterminados. Na atualidade, toda e qualquer decisão administrativa está exposta ao controle judicial, superado inclusive o próprio conceito de discricionariedade técnica. O exame de legalidade foi estendido para a aferição da juridicidade, o que amplia o parâmetro de controle para o sistema jurídico, composto de regras e princípios, notadamente o princípio da sustentabilidade. O princípio da proporcionalidade, referido no item 3.2.2.2, ostenta tanto um caráter processual (*procedural due process*) como substantivo (*substantive due process*). Aquele relacionado à igualdade perante a lei, ao reclamar garantias processuais; este, atinente ao exame da própria legitimidade dos meios e dos fins utilizados pelos demais poderes. Menciona-se a existência de quatro elementos da proporcionalidade. Os três mais conhecidos – adequação, necessidade e proporcionalidade em sentido estrito – e um quarto, traduzido como a identificação do "propósito adequado" (*proper purpose*) a justificar a limitação a um direito constitucional. A proporcionalidade, além disso, reveste-se de duas facetas: a proibição de excesso e a vedação de insuficiência. A sustentabilidade das decisões públicas, enfim, pode ser estimada por meio da proporcionalidade das ações e omissões da Administração Pública. Os magistrados, do mesmo modo, precisam incorporar a análise da finalidade das normas interpretadas (*purpose-oriented approach* ou *purposive interpretation*) e aquilatar as consequências de suas decisões, conforme foi aventado no tópico 3.2.2.3. Isso, no entanto, não legitima soluções *ad hoc*, não universalizáveis ou assistemáticas.

O controle da motivação, objeto de estudo no item 3.2.2.4, afigura-se indispensável ao escrutínio jurisdicional da sustentabilidade. É a exposição das razões de fato e de direito que ancorou a decisão administrativa que terá o julgador condições de avaliar a deferência a ser conferida ao administrador. Em nosso regime da jurisdição una, os juízes têm de revisar todos os aspectos fáticos e jurídicos que compõem a escolha pública, embora possam levar em conta as funções especializadas e a *expertise* das demais instituições. A deferência judicial no sistema brasileiro, porém, não deve ser acrítica, não deflui automaticamente de previsão legal, tampouco é impositiva para determinadas situações, como preconiza o *Chevron test* norte-americano. Mais, a Justiça pode reexaminar não apenas aspectos *procedimentais*, mas também a dimensão *substancial* da decisão pública, ou seja, a sustentabilidade da conduta estatal está sempre exposta ao escrutínio jurisdicional. Consoante proposta delineada, a deferência, na prática, poderá ser um dado contingente e depender da credibilidade que determinados órgãos públicos, no desempenho de suas atividades, gozam perante o Judiciário. Em razão disso, informações sobre a *confiabilidade* da decisão administrativa têm de ingressar nos autos para nortear o grau de reserva que o juiz poderá conferir ao ente estatal, como: a) a exposição do histórico de idoneidade das decisões administrativas acumuladas; b) o nível de imparcialidade e autonomia do setor público cuja decisão é objeto de impugnação; c) a possibilidade de participação dos cidadãos no processo de tomada de decisão; d) o respeito ao devido processo administrativo, ao contraditório e à ampla defesa; e) o grau de especialização dos servidores e da instituição em questão; f) a qualidade das provas e dos laudos técnicos produzidos administrativamente; g) a transparência do processo administrativo. Os juízes também devem realizar uma análise de custo-benefício entre a intervenção e a deferência, de acordo com os parâmetros indicados pelo princípio da proporcionalidade. Isso, por certo, não elimina meios alternativos para a solução dos conflitos, em saudável convivência com o controle judicial. Dessa forma, quando do desempenho da função de controle de sustentabilidade das decisões administrativas, Judiciário e Administração podem atuar em convergência e harmonia, apesar, evidentemente, dessa sintonia nem sempre se verificar na prática. Por fim, no tópico 3.2.2.5 são expostos os principais instrumentos processuais para se garantir a efetividade das decisões judiciais no campo da sustentabilidade e, assim, propiciar que o direito fundamental à tutela judicial não fique limitado à mera condição de promessa constitucional, distante das peculiaridades do direito material a ser protegido.

Ao final, esta obra atém-se a três situações que normalmente geram discussões sobre a sustentabilidade das decisões administrativas. Primeiro, no capítulo 4, após fazer uma exposição a respeito da sustentabilidade das licitações e contratações públicas, prevista em diversos dispositivos legais, conclui-se que o olhar do controlador deve voltar-se prioritariamente para a fase interna da atividade administrativa, mais sujeita a desvios e corrupção, para resguardar a sustentabilidade desde o início do processo decisório. Assim, o *Judiciário*

CONCLUSÃO | 211

dispõe de competência para avaliar a sustentabilidade multidimensional das licitações e contratações administrativas, assim como poderá aferir a viabilidade socioeconômica e ambiental dos empreendimentos públicos. A regulação, como se percebe da leitura do capítulo 5, emerge como nova tendência do Direito Administrativo contemporâneo, em que o Estado intensifica seu papel de agente regulador, mais do que prestador direto dos serviços públicos, resguardados aqueles essenciais. A regulação evolui para admitir justificativas não econômicas, de modo que a sustentabilidade passa a ser vinculante. O Poder Judiciário, assim, desempenha a atividade de controle de medidas regulatórias para resguardar a legalidade, a juridicidade, a consistência e a sustentabilidade, bem assim para corrigir eventuais capturas de mercado ou de governo. Todavia, a *expertise* e especialização das agências podem propiciar decisões administrativas com força persuasória o bastante para receber a deferência judicial. O capítulo 6 atenta para as medidas de prevenção e precaução que foram ou deveriam ter sido adotadas pela Administração para preservar a sustentabilidade no tempo certo. Após discorrer sobre os princípios da prevenção e da precaução, dessume-se que o Poder Público tem a obrigação de agir tempestivamente para interromper a relação de causalidade apta a produzir o resultado lesivo ao meio ambiente e à saúde pública. É melhor a precaução do que a indenização. Claro, muitas vezes a decisão administrativa poderá receber deferência judicial, consoante critérios antes alinhavados. Todavia, o Judiciário também se encontra vinculado à eficácia direta dos direitos fundamentais, mormente do direito ao futuro, de modo que, dependendo da urgência do caso, os magistrados precisam tomar posição em sede de liminar. Além disso, o controle judicial de sustentabilidade das decisões administrativas desempenhado no tempo adequado poderá não apenas evitar prejuízos irreparáveis ao meio ambiente, à saúde pública ou a outros direitos fundamentais, como também é hábil a produzir efeitos sistêmicos benéficos no longo prazo e externalidades positivas.

Portanto, é viável construir um controle jurisdicional de sustentabilidade das decisões administrativas que concilie as funções próprias das demais instituições públicas, sua *expertise* e as vantagens da criação de agências especializadas com o respeito aos direitos das presentes e futuras gerações. A sindicabilidade judicial, é importante frisar, apenas elastece o controle da legalidade, assim entendida em sua dimensão contemporânea, ao incluir a exigência de sustentabilidade, o que não representa invasão do mérito administrativo. No fundo, o controle de sustentabilidade é espécie do controle de juridicidade. Assim, legalidade e sustentabilidade andam juntas no renovado Direito Administrativo, de modo que o juiz, verificada a violação de um ou outro, tem o poder-dever de proferir decisão restauradora da juridicidade do direito das presentes e futuras gerações e do valor intrínseco do meio ambiente.

REFERÊNCIAS

ABERNATHY IV, Thomas E. et al. *Smith, Currie & Hancock's Federal Government construction contracts*: a practical guide for the industry professional. 2. ed. New Jersey: John Wiley & Sons, 2010.

ACEMOGLU, Daron; ROBINSON, James A. *Why Nations Fail*: the origins of power, prosperity, and poverty. New York: Crown Business, 2012.

AGOSTINI, Andréia Mendonça; FREITAS, Vladimir Passos de. A especialização da jurisdição ambiental como garantia de efetividade do direito fundamental ao meio ambiente ecologicamente equilibrado. *Revista da AJURIS*. Porto Alegre, v. 39, n. 128, p. 297-320, dez. 2012.

ALBUQUERQUE, Kélvia; GAETANI, Francisco. Análise de impacto regulatório e melhoria regulatória. In: RAMALHO, Pedro Ivo Sebba. *Regulação e Agências Reguladoras*: governança e análise de impacto regulatório. Brasília: Anvisa, 2009. p. 195. Disponível em: <http://www.biblioteca.presidencia.gov.br/publicacoes-oficiais-1/catalogo/orgao-essenciais/casa-civil/programa-de-fortalecimento-da-capacidade-institucional-para-gestao-em-regulacao-pro-reg/regulacao-e-agencias-reguladoras-governanca-e-analise-de-impacto-regulatorio/view>. Acesso em: 06 dez. 2015.

ALEXY, Robert. *Teoría de los Derechos Fundamentales*. Trad.: Ernesto Garzón Valdés. Madrid: Centro de Estudios Constitucionales, 1993.

ALMEIDA, Alexandre Nascimento de et al. Determinantes da qualidade dos Estudos de Impacto Ambiental. *Revista Eletrônica em Gestão, Educação e Tecnologia Ambiental*, Santa Maria, v. 19, n. 2, p. 442-50, maio/ago. 2015.

ALVES, Fernando et al. O futuro do governo: novo paradigma na gestão pública. *PwC*. Brasil. p. 9, jun. 2014. Disponível em: <http://www.pwc.com.br/pt_BR/br/publicacoes/setores-atividade/assets/servico-governo-setor-publico/futuro_do_governo_13.pdf>. Acesso em: 05 abr. 2015.

ANDREWS, Neil. *O Moderno Processo Civil*: formas judiciais e alternativas de resolução de conflitos na Inglaterra. Trad. do autor. Rev. Teresa Arruda Alvim Wambier. 2. ed. São Paulo: Revista dos Tribunais, 2012.

ARAGÃO, Alexandre Santos de. Agências Reguladoras e a Evolução do Direito Administrativo Econômico. 3. ed. Rio de Janeiro: Forense, 2013.

ASSIS, Araken de. O contempt of court no direito brasileiro. *Academia Brasileira de Direito Processual Civil*. Disponível em: <http://www.abdpc.org.br/abdpc/artigos/araken%20de%20assis%284%29%20-%20formatado.pdf>. Acesso em: 18 jan. 2016.

AYALA, Patryck de Araújo; MAZZUOLI, Valerio de Oliveira. Cooperação internacional para a preservação do meio ambiente: o direito brasileiro e a Convenção de Aahrus. *Revista de Direito Ambiental*, v. 62, p. 223-63, abr./jun. 2011.

BACELLAR FILHO, Romeu Felipe. Responsabilidade Civil da Administração Pública – Aspectos Relevantes. A Constituição Federal de 1988. A questão da omissão. Uma visão a partir da doutrina e da jurisprudência brasileiras. In: *Responsabilidade Civil do Estado.* Org. Juarez Freitas. São Paulo: Malheiros, 2006, p. 293-336.

BAHRENS III, William W. et al. *The Limits to Growth.* New York: Universe Books, 1972. Disponível em: <http://collections.dartmouth.edu/published-derivatives/meadows/pdf/meadows_ltg-001.pdf>. Acesso em: 04 nov. 2015.

BAMZAI, Aditya. The Origins of Judicial Deference to Executive Interpretation. *Independent.* August 22, 2015. Disponível em: <https://www.academia.edu/15107267/The_Origins_of_Judicial_Deference_to_Executive_Interpretation>. Acesso em: 05 jan. 2016.

BANDEIRA DE MELLO, Celso Antônio. *Curso de Direito Administrativo.* 29. ed. São Paulo: Malheiros, 2013.

_____. *Discricionariedade e Controle Judicial.* 2. ed. São Paulo: Malheiros, 2010.

BANDEIRA DE MELLO, Oswaldo Aranha. *Princípios Gerais de Direito Administrativo.* V. 1. 2. ed. Belo Horizonte: Forense, 1979.

BARAK, Aharon. *Proportionality.* Trad. Doron Kalir. New York: Cambridge University Press, 2012.

BARCESSAT, Lena. Papel do Estado Brasileiro na Ordem Econômica e na defesa do meio ambiente: necessidade de opção por contratações públicas sustentáveis. In: SANTOS, Murillo Giordan; VILLAC, Teresa (Coords.). *Licitações e Contratações Públicas Sustentáveis.* 2. ed. Belo Horizonte: Fórum, 2015, p. 69-81.

BARROSO, Luis Roberto. *Interpretação e Aplicação da Constituição*: fundamentos de uma dogmática constitucional transformadora. 5. ed. São Paulo: Saraiva, 2003.

BECK, Ulrich. *La Sociedad del Riesgo*: hacia una nueva modernidad. Barcelona: Paidós, 1998.

BERTOGNA, Veridiana. Princípios constitucionais ambientais aplicáveis às licitações sustentáveis. In: SANTOS, Murillo Giordan; VILLAC, Teresa (Coords.). *Licitações e Contratações Públicas Sustentáveis.* 2. ed. Belo Horizonte: Fórum, 2015, p. 83-101.

BIM, Eduardo Fortunato. Considerações sobre a juridicidade e os limites da licitação sustentável. In: SANTOS, Murillo Giordan; VILLAC, Teresa (Coords.). *Licitações e Contratações Públicas Sustentáveis.* 2. ed. Belo Horizonte: Fórum, 2015, p. 183-227.

BLIACHERIS, Marcos Weiss. Licitações sustentáveis: política pública. In: SANTOS, Murillo Giordan; VILLAC, Teresa (Coords.). *Licitações e Contratações Públicas Sustentáveis.* 2. ed. Belo Horizonte: Fórum, 2015, p. 141-155.

BONAVIDES, Paulo. *Curso de Direito Constitucional.* 14. ed. São Paulo: Malheiros, 2004.

BOSSELMANN, Klaus. *Princípio da Sustentabilidade*: transformando direito e governança. Trad. Phillip Gil França. São Paulo: Revista dos Tribunais, 2015.

BOTELHO, Nadja Machado. Efetividade da tutela jurisdicional e irreversibilidade do dano ambiental. In: MACHADO, Paulo Affonso Leme; MILARÉ, Édis (Org.). *Tutela do Meio Ambiente.* Doutrinas Essenciais: Direito Ambiental. São Paulo: Revista dos Tribunais, 2011. v. 4. p. 787-814.

BRASIL. Advocacia-Geral da União. *Guia Nacional de Licitações Sustentáveis.* Abr. 2016. Disponível em: <www.agu.gov.br/page/download/index/id/33743204>. Acesso em: 01 maio 2016.

REFERÊNCIAS | 215

_____. *Guia Prático de Licitações Sustentáveis* – 3ª Edição. 25 mar. 2013. Disponível em: <http://www.agu.gov.br/page/content/detail/id_conteudo/138067>. Acesso em: 25 out. 2015.

_____. Justiça Federal (4ª Região). *TRF4 recebe Selo A3P de Sustentabilidade na Administração Pública*. 23 set. 2015. Disponível em: <http://www2.trf4.jus.br/trf4/controlador. php?acao=noticia_visualizar&id_noticia=11325>. Acesso em: 25 out. 2015

_____. Ministério do Meio Ambiente. *A Carta da Terra*. Disponível em: <http://www. mma.gov.br/estruturas/agenda21/_arquivos/carta_terra.pdf>. Acesso em: 05 nov. 2015.

_____. Ministério do Meio Ambiente. *Convenção sobre Diversidade Biológica – CDB*. Brasília, 2000. Disponível em: <http://www.mma.gov.br/estruturas/sbf_chm_rbbio/_arquivos/ cdbport_72.pdf>. Acesso em: 05 nov. 2015.

_____. Ministério do Meio Ambiente. *Plano de Implementação da Cúpula Mundial sobre Desenvolvimento Sustentável*. Disponível em: <http://www.mma.gov.br/port/sdi/ea/ documentos/convs/plano_joanesburgo.pdf>. Acesso em. 01 fev. 2016.

_____. Ministério Público da União, 4ª Câmara de Coordenação e Revisão. *Deficiências em Estudos de Impacto Ambiental*: síntese de uma experiência. Escola Superior do Ministério Público da União, 2004. Disponível em: <http://escola.mpu.mp.br/linha-editorial/outras-publicacoes/impacto_ambiental3.pdf>. Acesso em: 18 jan. 2016.

_____. Senado Federal. *PROPOSTA DE EMENDA À CONSTITUIÇÃO nº 65, de 2012.* Disponível em: <http://legis.senado.leg.br/mateweb/arquivos/mate-pdf/120446.pdf>. Acesso em: 27 dez. 2016

_____. *Tribunal de Contas da União*. Disponível em: <http://portal.tcu.gov.br/lumis/portal/ file/fileDownload.jsp?fileId=8A8182A250C885960150CD7694B146CC&inline=1>. Acesso em: 09 jan. 2016.

_____. Tribunal de Contas da União. *Macroavaliação Governamental*: Programa de Aceleração do Crescimento – PAC. Disponível em: <http://portal2.tcu.gov.br/portal/ page/portal/TCU/comunidades/macroavaliacao_governamental/area_de_atuacao/PAC>. Acesso em: 05 jul. 2014.

_____. Tribunal de Contas da União. *Relatório e Parecer Prévio sobre as Contas do Governo da República, Exercício de 2011*. Rel. Min. José Múcio. Disponível em: <http://portal.tcu.gov. br/tcu/paginas/contas_governo/contas_2011/fichas/CG%202011%20Relat%C3%B3rio%20 Sess%C3%A3o.pdf>. Acesso em: 30 mar. 2016.

_____. Tribunal de Contas do Distrito Federal. *Relatório Analítico e Parecer Prévio sobre as Contas do Governo do Distrito Federal, Exercício de 2013*. Rel. Cons. Manoel Paulo de Andrade Neto, p. 203-205. Disponível em: <http://www.tc.df.gov.br/ice5/contas/2013/ contas2013.pdf>. Acesso em: 30 mar. 2016.

BRAUNISCH, Veronika et al. Underpinning the precautionary principle with evidence: A spatial concept for guiding wind power development in endangered species' habitats. *Journal for Nature Conservation*, 24, p. 31-40, jan. 2015.

BREYER, Stephen. *Making our Democracy Work*. New York: Vintage, 2010.

_____ et al. *Administrative law and regulatory policy*: problems, text, and cases. 7. ed. New York: Wolters Kluwer Law & Business, 2011.

CAHALI, Yussef Said. *Responsabilidade Civil do Estado*. 5. ed. São Paulo: Revista dos Tribunais, 2014.

CAMPELO, Valmir; CAVALCANTE, Rafael Jardim. *Obras Públicas*: comentários à jurisprudência do TCU. 3. ed. Belo Horizonte: Fórum, 2014.

CANARIS, Claus-Wilhelm. *Direitos fundamentais e direito privado*. trad. SARLET, Ingo Wolfgang; PINTO, Paulo Mota. Coimbra: Almedina, 2012.

CAPPELLETTI, Mauro. *Acesso à Justiça*. Colab. GARTH, Bryant. Trad. NORTHFLEET, Ellen Gracie. Porto Alegre: Fabris, 1988.

CAPPELLI, Silvia. O estudo de impacto ambiental na realidade brasileira. *Revista do Ministério Público do Estado do Rio Grande do Sul*, Porto Alegre, n. 27, p. 54, 1992.

_____; MARCHESAN, Ana Maria Moreira; STEIGLEDER, Annelise Monteiro. *Direito Ambiental*. 7. ed. Porto Alegre: Verbo Jurídico, 2013.

CARVALHO, Cristiano. *Teoria da Decisão Tributária*. São Paulo: Saraiva, 2013.

CARVALHO FILHO, José dos Santos. *Manual de Direito Administrativo*. 27. ed. São Paulo: Atlas, 2014.

CASSAGNE, Juan Carlos. *Derecho Administrativo I*. 6. ed. Buenos Aires: Abeledo-Perrot, 1998.

_____. El Principio de Legalidad y el Control Judicial de la Discrecionalidad Administrativa. Buenos Aires: Marcial Pons Argentina, 2009.

CHEMERINSKY, Erwin. *The Case Against the Supreme Court*. New York: Viking, 2014.

CHRISTENSEN, T.; LAEGREID, P. Complexity and Hybrid Public Administration – Theoretical and Empirical Challenges. *Public Organization Review*, v. 11, n. 4, p. 407-423, 2011.

CINTRA, Fernando Pimentel; MENEZES, Paulo Lucena de. "Privatização". *Revista Tributária e de Finanças Públicas*. v. 14, p. 238-63, jan./mar. 1996.

COMISSÃO EUROPEIA. *Comprar Ecológico!* Manual de contratos públicos ecológicos, Luxemburgo: Serviço das Publicações Oficiais das Comunidades Europeias, 2005. Disponível em: <http://ec.europa.eu/environment/archives/gpp/buying_green_handbook_pt.pdf>. Acesso em: 02 nov. 2015.

COSTA, Carlos Eduardo Lustosa da. As licitações sustentáveis na ótica do controle externo. *Interesse Público – IP*, Belo Horizonte, v. 14, n. 71, p. 243-8, jan./fev. 2012.

COUTO E SILVA, Almiro do. O princípio da segurança (proteção à confiança) no direito público brasileiro e o direito da administração pública de anular seus próprios atos administrativos: o prazo decadencial do art. 54 da lei do processo administrativo da União (Lei n. 9784/99). *Revista Eletrônica de Direito do Estado*, n. 2, abr./maio/jun. 2005, Salvador. Disponível em: <http://www.direitodoestado.com/revista/rede-2-abril-2005-almiro%20do%20couto%20e%20silva.pdf>. Acesso em: 15 jan. 2016.

CUNHA, Leonardo Carneiro da. *A fazenda pública em juízo*. 13. ed. Rio de Janeiro: Forense, 2016.

DALLARI, Dalmo de Abreu. *Elementos de Teoria Geral do Estado*. 32. ed. São Paulo: Saraiva, 2013.

DAVID, René. *Os Grandes Sistemas do Direito Contemporâneo*. Trad. Hermínio A. Carvalho. 4. ed. São Paulo: Martins Fontes, 2002.

DENHARDT, Robert B.; DENHARDT, Janet Vinzant. The New Public Service: Serving Rather than Steering. *Public Administration Review*, v. 60, n. 6, p. 553, 2000.

DI PIETRO, Maria Sylvia Zanella. *Direito Administrativo*. 27. ed. São Paulo: Atlas, 2013.

DWORKIN, Ronald. *Taking Rights Seriously*. Cambridge: Harvard University Press, 1977.

ELLIOTT, Mark. *Beatson, Matthews, and Elliott's Administrative Law*: text and materials. 4. ed. New York: Oxford University Press, 2011, p. 252-254.

FAGUNDES, Miguel Seabra. *O Controle dos Atos Administrativos pelo Poder Judiciário*. At. Gustavo Binembojm. 7. ed. Rio de Janeiro: Forense, 2006.

FEARNSIDE, Philip Martin. Balbina: lições trágicas na Amazônia. *Ciência Hoje*, 11(64), p. 34-40, 1990.

FENSTERSEIFER, Tiago; SARLET, Ingo Wolfgang. *Direito Constitucional Ambiental*: Constituição, Direitos Fundamentais e Proteção do Ambiente. 2. ed. São Paulo: Revista dos Tribunais, 2012.

_____. Fontes do Direito Ambiental: uma leitura contemporânea à luz do marco constitucional de 1988 e da "teoria do diálogo das fonts". *Revista de Direito Ambiental*, v. 78, p. 215-43, abr./jun. 2015.

_____. *Princípios do Direito Ambiental*. São Paulo: Saraiva, 2014.

FERREIRA, Vera Rita de Mello. *Psicologia Econômica*: estudo do comportamento econômico e da tomada de decisão. Rio de Janeiro: Elsevier, 2008.

FIORILLO, Celso Antônio Pacheco. *Curso de Direito Ambiental Brasileiro*. 14. ed. São Paulo: Saraiva, 2013.

FORSYTH, Christopher; WADE, Sir William. *Administrative Law*. 10. ed. New York: Oxford University Press, 2009.

FREITAS, Juarez. *A Interpretação Sistemática do Direito*. 5. ed. São Paulo: Malheiros, 2010.

_____. *Direito Fundamental à Boa Administração Pública*. 3. ed. São Paulo: Malheiros, 2014.

_____. Hermenêutica Jurídica e a Ciência do Cérebro: como lidar com os automatismos mentais. *Revista da Ajuris*, ano XL, n. 130, jun. 2013.

_____. O Controle dos Atos Administrativos e os Princípios Fundamentais. 5. ed. São Paulo: Malheiros, 2013.

_____. Sustentabilidade e projetos e infraestrutura: para um quadro atraente de investidores. *Crise Econômica e Soluções Jurídicas*, n. 3, nov. 2015.

_____. *Sustentabilidade*: direito ao futuro. 3. ed. Belo Horizonte: Fórum, 2016.

_____; MOREIRA, Rafael Martins Costa. Decisões administrativas: conceito e controle judicial da motivação suficiente. *Interesse Público – IP*, Belo Horizonte, ano 17, n. 91, p. 15-26, maio/jun. 2015.

FREITAS, Mariana Almeida Passos de; FREITAS, Vladimir Passos de. A complexidade das ações civis públicas envolvendo meio ambiente e populações vulneráveis. In: MILARÉ, Édis (Coord.). *Ação Civil Pública após 30 anos*. São Paulo: Revista dos Tribunais, 2015, p. 851-864.

_____. *Direito Administrativo e Meio Ambiente*. 5. ed. Curitiba: Juruá, 2014.

FREITAS, Ney José de. *Ato Administrativo*: presunção de validade e a questão do ônus da prova. Belo Horizonte: Fórum, 2007.

FREITAS, Vladimir Passos de. *A Constituição Federal e a efetividade de suas normas*. 3. ed. São Paulo: Revista dos Tribunais, 2005.

_____. O papel das agências reguladoras frente à proteção do meio ambiente. *Revista de Direito Ambiental*, v. 76/2014, p. 213-35, out./dez. 2014.

_____. Responsabilidade social do juiz e do Judiciário. *Revista CEJ*, Brasília, ano XIV, n. 51, p. 6-13, out./dez. 2010.

GADAMER, Hans-Georg. *Verdade e Método I*: traços fundamentais de uma hermenêutica filosófica. Trad. Flávio Paulo Meurer. Rev. Enio Paulo Giachini. 13. ed. Petrópolis: Vozes, 2013.

GARCÍA DE ENTERRÍA, Eduardo; FERNÁNDEZ, Tomás-Ramón. *Curso de Direito Administrativo*. Trad. Arnaldo Setti. São Paulo: Revista dos Tribunais, 1990.

GIANNETTI, Eduardo. *O Valor do Amanhã*. São Paulo: Schwarcz, 2012.

GÓES, Gisele. *Princípio da Proporcionalidade no Processo Civil*: o poder de criatividade do juiz e o acesso à justiça. São Paulo: Saraiva, 2004.

GOMES, Carla Amado. As providências cautelares e o princípio da precaução: ecos da jurisprudência. *Jus Scriptum*: Boletim do Núcleo de Estudantes Luso-brasileiros da Faculdade de Direito da Universidade de Lisboa, Lisboa, ano III, n. 06, p. 31-48, jan./jun. 2007.

_____. Dar o duvidoso pelo (in)certo? Jornada Luso-Brasileira de Direito do Ambiente, 1, 2002, Lisboa, *Anais*.

GRINOVER, Ada Pellegrini. O controle jurisdicional de políticas públicas. In: GRINOVER, Ada Pellegrini, WATANABE, Kazuo (Orgs.). *O Controle Jurisdicional de Políticas Públicas*. Rio de Janeiro: Forense, 2011. p. 125-150.

HOFMANN, Rose Mirian. *Gargalos do Licenciamento Ambiental Federal no Brasil*. Brasil, Câmara dos Deputados, jul. 2015. Disponível em: <http://www2.camara.leg.br/documentos-e-pesquisa/publicacoes/estnottec/areas-da-conle/tema14/2015_1868_licenciamentoambiental_rose-hofmann>. Acesso em: 10 jan. 2016.

HSU, Angel et al. *2016 Environmental Performance Index*. New Haven, CT: Yale University. Disponível em: <http://epi.yale.edu/chapter/key-findings>. Acesso em: 29 jan. 2016.

JORDÃO, Eduardo. *Controle judicial de uma administração pública complexa*: a experiência estrangeira da adaptação da intensidade do controle. São Paulo: Malheiros, 2016.

JUSTEN FILHO, Marçal. *Curso de Direito Administrativo*. 10. ed. São Paulo: Revista dos Tribunais, 2014.

KAHNEMAN, Daniel. *Rápido e Devagar*: duas formas de pensar. Trad. Cássio de Arantes Leite. Rio de Janeiro: Objetiva, 2012.

KISS, Alexandre, DINAH, Shelton. *Guide do International Environmental Law*. Leiden/Boston: Martinus Hijhoff Publishers, 2007.

KOPPEL, Jonathan G.S. Administration without Borders. Public Administration Review. *Special Issue on the Future of Public Administration in 2020*, v. 70, S1, S46-S55, dez. 2010.

REFERÊNCIAS | 219

KRUGMAN, Paul; WELLS, Robin. *Economics*. 3. ed. New York: Worth Publishers, 2013.

LEITE, José Rubens Morato. Sociedade de Risco e Estado. In: CANOTILHO, José Joaquim Gomes; LEITE, José Rubens Morato (Org.). *Direito Constitucional Ambiental Brasileiro*. 4. ed. São Paulo: Saraiva, 2011. p. 151-226

LIMA, Ruy Cirne. *Princípios de Direito Administrativo*. 7. ed. Rev. Paulo Alberto Pasqualini. São Paulo: Malheiros, 2007.

LORENZETTI, Ricardo Luis. *Teoria da Decisão Judicial*: fundamentos de direito. Trad. Bruno Miragem. 2. ed. São Paulo: Revista dos Tribunais, 2011.

MACHADO SEGUNDO, Hugo de Brito. *Processo Tributário*. 7. ed. São Paulo: Atlas, 2014.

MAJONE, Giandomenico. As transformações do Estado regulador. *Revista de Direito Administrativo*, Belo Horizonte, ano 2013, n. 262, jan./abr. 2013.

MARCHESAN, Ana Maria Moreira; STEIGLEDER, Annelise. Fundamentos Jurídicos para a inversão do ônus da prova nas ações civis públicas por danos ambientais. *Revista da Ajuris*, Porto Alegre, n. 90, 2003.

MARINONI, Luiz Guilherme. *Técnica Processual e Tutela dos Direitos*. São Paulo: Revista dos Tribunais, 2004.

_____; MITIDIERO, Daniel. In: MARINONI, Luiz Guilherme; MITIDIERO, Daniel; SARLET, Ingo Wolfgang. *Curso de Direito Constitucional*. 2. ed. São Paulo: Revista dos Tribunais, 2012. p.615-681.

MAZZUOLI, Valério de Oliveira. *Curso de Direito Internacional Público*. 6. ed. São Paulo: Revista dos Tribunais, 2011.

MCCRUDDEN, Christopher. *Regulation and Deregulation*: Policy and practice in the utilities and financial services industries. New York: Oxford University Press, 1999.

MEIRELLES, Hely Lopes. *Direito Administrativo Brasileiro*. 36. ed. São Paulo: Malheiros, 2010.

MELLO, Marcos Bernardes de. *Teoria do Fato Jurídico*: plano da existência. 7. ed. São Paulo: Saraiva, 1995.

MILARÉ, Édis. *Direito do Ambiente*: gestão ambiental em foco. 7. ed. São Paulo: Revista dos Tribunais, 2011.

MOLENAAR, Keith R.; SOBIN, Nathaniel; ANTILLÓN, Eric I. A synthesis of best-value procurement practices for sustainable design-build projects in the public sector. *Journal of Green Public*, nov. 2010. Disponível em: <https://www.researchgate. net/publication/274775066_A_Synthesis_of_Best-Value_Procurement_Practices_for_ Sustainable_Design-Build_Projects_in_the_Public_Sector>. Acesso em: 18 jan. 2016.

MONTESQUIEU, Charles-Louis de Secondat. *O Espírito das Leis*. Trad. Pedro Vieira Mota. 4. ed. São Paulo: Saraiva, 1996.

MOREIRA, Egon Bockmann. Os limites à competência normativa das agências reguladoras. In: ARAGÃO, Alexandre Santos de (Coord.). *O Poder Normativo das Agências reguladoras*. Rio de Janeiro: Forense, 2011. p. 131-166.

MOREIRA, Rafael Martins Costa. A especialização da prestação jurisdicional. *Revista de Doutrina da 4ª Região*, Porto Alegre, n. 60, jun. 2014. Disponível em: <http://revistadoutrina. trf4.jus.br/artigos/edicao060/Rafael_Moreira.html>. Acesso em: 22 abr. 2015.

_____. O princípio da adstrição na jurisdição civil ambiental. *Revista de Direito Ambiental*, São Paulo, v. 77, p. 169-95, jan./mar. 2015.

_____. Controle judicial da sustentabilidade das obras públicas. *Revista de Doutrina da 4ª Região*, Porto Alegre, n. 56, out. 2013. Edição especial 25 anos da Constituição de 1988 (Grandes temas do Brasil contemporâneo). Disponível em: <http://www.revistadoutrina.trf4.jus.br/artigos/edicao056/Rafael_Moreira.html>. Acesso em: 02 nov. 2015.

MOREIRA NETO, Diogo de Figueiredo. *Direito Regulatório*: a alternativa participativa e flexível para a administração pública de relações setoriais complexas no estado democrático. Rio de Janeiro: Renovar, 2003.

_____. *Mutações do Direito Administrativo*. 3. ed. Rio de Janeiro: Renovar, 2007.

OCDE. Relatório sobre a Reforma Regulatória. *BRASIL*: Fortalecendo a governança para o crescimento, Brasília, 2008. Disponível em: <http://portal2.tcu.gov.br/portal/pls/portal/docs/2064390.PDF>. Acesso em: 06 dez. 2015.

OECD. *Guidance on sustainability impact assessment*, 2010. Disponível em: <http://www.oecd.org/greengrowth/46530443.pdf>. Acesso em: 10 out. 2016.

OLIVEIRA, Régis Fernandes de. *Ato Administrativo*. 6. ed. São Paulo: Revista dos Tribunais, 2014.

ONU – Organização das Nações Unidas. *Convenção sobre Mudança do Clima*, 1992. Disponível em: <http://www.onu.org.br/rio20/img/2012/01/convencao_clima.pdf>. Acesso em: 14 nov. 2015.

PACHECO, Clarissa Dertonio de Sousa. *O Controle Jurisdicional do Silêncio Administrativo*. São Paulo: USP, 2008. Dissertação apresentada à Faculdade de Direito da Universidade de São Paulo – USP – para obtenção do título de Mestre em Direito Administrativo.

PEREIRA JÚNIOR, Jessé Torres. *Controle Judicial da Administração Pública*: da legalidade estrita à lógica do razoável. 2. ed. Belo Horizonte: Fórum, 2006.

_____. Desenvolvimento sustentável: a nova cláusula geral das contratações públicas brasileiras. *Interesse Público – IP*, Belo Horizonte, ano 13, n. 67, p. 65-96, maio/jun. 2011.

_____; DOTTI, Marinês Restelatto. *Políticas Públicas nas Licitações e Contratações Administrativas*. Belo Horizonte: Fórum, 2009.

PIRES, Luis Manuel Fonseca. *Controle Judicial da Discricionariedade Administrativa*: dos conceitos jurídicos indeterminados às políticas públicas. Rio de Janeiro: Elsevier, 2009.

PNUD – Programa das Nações Unidas para o Desenvolvimento. Transformando Nosso Mundo: A Agenda 2030 para o Desenvolvimento Sustentável, 2015. Disponível em: <http://www.pnud.org.br/Docs/TransformandoNossoMundo.pdf>. Acesso em: 31 jan. 2016.

PNUMA – Programa das Nações Unidas para o Meio Ambiente. *Instituto Brasil PNUMA: Comitê Brasileiro do Programa das Nações Unidas para o Meio Ambiente*. Disponível em: <http://www.brasilpnuma.org.br/pnuma/>. Acesso em: 04 nov. 2015.

POSNER, Richard. A. Theories of economic regulation. *The Bell Journal of Economics and Management Science*, v. 5, p. 338, 1974.

RAWLS, John. *A Theory of Justice*. Cambridge: Harvard University Press, 1999.

_____. *Justiça como Equidade*: uma reformulação. Org. Erin Kelly. Trad. Cláudia Berliner. São Paulo: Martins Fontes, 2003.

REALE, Miguel. *Filosofia do Direito*. 20. ed. São Paulo: Saraiva, 2002.

RIVERO, Jean. *Direito Administrativo*. Coimbra: Almedina, 1981.

ROSANVALLON, Pierre. *El buen gobierno*. Trad. Horacio Pons. Buenos Aires: Manantial, 2015.

SALOMÃO FILHO, Calixto. *Regulação da Atividade Econômica*: princípios e fundamentos jurídicos. 2. ed. São Paulo: Malheiros, 2008.

SANDEL, Michael J. *Justiça*: o que é fazer a coisa certa. Trad. Heloísa Matias e Maria Alice Máximo. 10. ed. Rio de Janeiro: Civilização Brasileira, 2013.

SANDS, Philippe. *Principles of International Environmental Law*. 2. ed. Cambridge University Press, 2003.

SARLET, Ingo Wolfgang. *A Eficácia dos Direitos Fundamentais*: uma teoria geral dos direitos fundamentais na perspectiva constitucional. 12. ed. Porto Alegre: Livraria do Advogado, 2015.

_____. Dignidade da Pessoa Humana e Direitos Fundamentais na Constituição Federal de 1988. 9. ed. Porto Alegre: Livraria do Advogado, 2011.

SARTORI, Giovanni. *A Teoria da Democracia Revisitada*. v. 1. O debate contemporâneo. Trad. Dinah de Abreu Azevedo. São Paulo: Ática, 1994.

SCHAFFER, Jonathan. Causation by Disconnection. *Philosophy of Science*, v. 67, n. 2, p. 285-300, jun. 2000.

SCHEPPELE, Kim Lane. The new judicial deference. *Boston University Law Review*, Boston, v. 92, issue 1, p. 89-170, jan. 2012. Disponível em: <https://www.bu.edu/law/central/jd/organizations/journals/bulr/documents/SCHEPPELE.pdf>. Acesso em: 11 out. 2015.

SCHIER, Adriana da Costa Ricardo. *A participação popular na Administração Pública*: o direito de reclamação. Rio de Janeiro: Renovar, 2002.

SCHMIDT-ASSMANN, Eberhard. *La Teoría General del Derecho Administrativo como Sistema*: objetivo y fundamentos de la construcción sistemática. Madrid: Marcial Pons, 2003.

SEN, Amartya. *A Ideia de Justiça*. Trad. Denise Bottmann e Ricardo Doninelli Mendes. São Paulo: Companhia das Letras, 2012.

_____. Capitalism beyond the crisis. *The New York Review of Books*, v. 56, n. 5, 2009.

SILVA, Fernando Quadros da. *Controle Judicial das Agências Reguladoras*: Aspectos doutrinários e jurisprudenciais. Porto Alegre: Verbo Jurídico, 2014.

_____. Agências Reguladoras: um modelo em constante aperfeiçoamento. In: FREITAS, Vladimir Passos de; SILVA, Fernando Quadros da (Coords.). *Agências Reguladoras no Direito Brasileiro*: teoria e prática. São Paulo: Revista dos Tribunais, 2014. p. 17-53.

SILVA, José Afonso da. *Curso de Direito Constitucional Positivo*. 37. ed. São Paulo: Malheiros, 2014.

SIRVINSKAS, Luis Paulo. *Manual de Direito Ambiental*. 8. ed. São Paulo: Saraiva, 2010.

STACK, Kevin M. Interpreting Regulations. *Michigan Law Review*, v. 111, issue 3, p. 355-422, 2012.

STEIN, Lord. Deference: A Tangled Story. *Public Law*, 346, p. 346-59, 2005.

STIGLER, George. The theory of economic regulation. *The Bell Journal of Economics and Management Science*, v. 2, p. 3-21, 1971.

STIGLITZ, Joseph E.; SEM, Amartya; FITOUSSI, Jean-Paul. Report by the Commission on the Measurement of Economic Performance and Social Progress. Comission on the Measurement of Economic Performance and Social Progress, Paris, Sept. 14th 2009. Disponível em: <http://www.insee.fr/fr/publications-et-services/dossiers_web/stiglitz/doc-commission/RAPPORT_anglais.pdf>. Acesso em: 17 set. 2015.

STIGLITZ, Joseph. *La Economía del Sector Público*. Trad. Maria Esther Rabasco e Luis Toharia 3. ed. Barcelona: Antoni Bosch, 2000.

SUNSTEIN, Cass R. Para além do princípio da precaução. *Revista de Direito Administrativo*, Belo Horizonte, ano 2012, n. 259, jan./abr. 2012.

_____. The Most Knowledgeable Branch. *University of Pennsylvania Law Review*, 14 jul. 2015.

_____. Chevron Step Zero. *Virginia Law Review*, v. 92, n. 2, p. 187-249, apr. 2006.

_____. Humanizing Cost-benefit analysis. Remarks prepared for American University's Washington College of Law. *Administrative Law Review Conference*. Washington, Feb. 17th, 2010, p. 23. Disponível em: <https://www.whitehouse.gov/sites/default/files/omb/assets/inforeg/cost_benefit_analysis_02172010.pdf>. Acesso em: 18 set. 2015.

_____. On the costs and benefits of aggressive judicial review of agency action. 1989 *DUKE L.J.*, p. 522-9, 1989. Disponível em: <http://scholarship.law.duke.edu/cgi/viewcontent.cgi?article=3076&context=dlj>. Acesso em: 30 maio 2015.

_____. *Simpler*: the future of government. New York: Simon & Schuster.

_____. *The Cost-benefit State*: the future of regulatory protection. Illinois: ABA Section of Administrative Law and Regulatory Practice, 2002.

_____. The Paralyzing Principle. 25 *Regulation* 32, University of Chicago, 2003.

_____; THALER, Richard H. *Nudge*: improving decisions about health, wealth, and happiness. New York: Yale University Press, 2008.

SUPREME COURT OF THE UNITED STATES. *King et al. v. Burwell, Secretary of Health and Human Services, et al.* 576 U.S. (2015). Disponível em: <http://www.supremecourt.gov/opinions/14pdf/14-114_qol1.pdf>. Acesso em: 17 out. 2015.

_____. *Marbury v. Madison*, 5 US (1803). Disponível em: <http://landmarkcases.org/en/landmark/cases/marbury_v_madison>. Acesso em: 01 fev. 2016.

_____. *Skidmore v. Swift & Co.* 323 U.S. 134 (1944). Disponível em: <https://supreme.justia.com/cases/federal/us/323/134/case.html>. Acesso em: 01 fev. 2016.

_____. *United States v. Mead Corporation*, 533 U.S. 218 (2001). Disponível em: <https://supreme.justia.com/cases/federal/us/533/218/case.pdf>. Acesso em: 01 fev. 2016.

SWITZERLAND. Federal Office for the Environment (FOEN). *Marrakech Task Force on Sustainable Public Procurement (MTF on SPP)*, 2008. Disponível em: <http://www.unep.fr/scp/marrakech/taskforces/pdf/Procurement2.pdf>. Acesso em: 11 jan. 2016.

TARUFFO, Michele. *La Prueba de los Hechos*. 2. ed. Madrid: Trotta, 2005.

REFERÊNCIAS | 223

UNEP – United Nations Environment Programme. *Sustainable Public Procurement*: a global review. Final Report. Dec. 2013. Disponível em: <http://www.unep.org/resourceefficiency/Portals/24147/SPP_Full_Report_Dec2013_v2%20NEW%20(2).pdf>. Acesso em: 01 nov. 2015.

UNIÃO EUROPEIA. *Convenção de Aarhus Sobre Acesso à informação, participação do público e acesso à justiça no domínio do ambiente*, 1998. Disponível em: <http://eur-lex.europa.eu/legal-content/PT/TXT/?uri=URISERV%3Al28056>. Acesso em: 14 nov. 2015.

UNITED NATIONS. FCCC – Framework Convention Climate Change. *Conference of the Paris. Paris*, 30 nov. 2015 a 11 dez. 2015. Disponível em: <http://unfccc.int/resource/docs/2015/cop21/eng/l09r01.pdf>. Acesso em: 28 dez. 2015.

_____. UN Climate Change Conference. Marrakech COP22. *Marrakech Action Proclamation for our climate and sustainable development*, nov. 2016. Disponível em: <http://cop22.ma/wp-content/uploads/2016/11/marrakech_action_proclamation.pdf>. Acesso em: 02 jan. 2017.

_____. *United Nations Conference of Sustainable Development*: the future we want. Rio de Janeiro, 2012. Disponível em: <http://www.uncsd2012.org/thefuturewewant.html>. Acesso em: 25 abr. 2015.

UNITED NATIONS DEVELOPMENT PROGRAMME. *From Old Public Administration to the New Public* Service: Implications for Public Sector Reform in Developing Countries, Mark Robinson, 2015. Disponível em: <http://www.undp.org/content/dam/undp/library/capacity-development/English/Singapore%20Centre/PS-Reform_Paper.pdf>. Acesso em: 12 jan. 2016.

UNITED STATES. *Administrative Procedure Act*, 1946. Disponível em: <http://www.justice.gov/sites/default/files/jmd/legacy/2014/05/01/act-pl79-404.pdf>. Acesso em: 01 fev. 2016.

_____. The White House. *Executive Order – federal leadership in environmental, energy, and economic performance*. 05 out. 2009. Disponível em: <https://www.whitehouse.gov/assets/documents/2009fedleader_eo_rel.pdf>. Acesso em: 11 jan. 2016.

_____. The White House. *Executive Order – Planning for Federal Sustainability in the Next Decade*. 19 mar. 2015. Disponível em: <https://www.whitehouse.gov/the-press-office/2015/03/19/executive-order-planning-federal-sustainability-next-decade>. Acesso em: 11 jan. 2016.

_____. The White House. *Executive Order – Using Behavioral Science Insights to Better Serve the American People*. 15 set. 2015. Disponível em: <https://www.whitehouse.gov/the-press-office/2015/09/15/executive-order-using-behavioral-science-insights-better-serve-american>. Acesso em: 17 jan. 2016.

VAZ, Paulo Afonso Brum. Primeiros comentários à Lei nº 13.140/2015 (marco regulatório da mediação/conciliação): imbricação com o NCPC e enfoque para os processos da Justiça Federal. *Revista de Doutrina da 4ª Região*, Porto Alegre, n. 68, out. 2015. Disponível em: <http://www.revistadoutrina.trf4.jus.br/artigos/edicao068/Paulo_BrumVaz.html>. Acesso em: 16 jan. 2016.

VEIGA, José Eli da. *Sustentabilidade:* a legitimação de um novo valor. 2. ed. São Paulo: SENAC, 2010.

VOIGT, Christina. *Sustainable Development as a Principle of International law*: resolving conflicts between climate measures and WTO law. Leiden: Martinus Nijhoff Publishers, 2009.

WALD, Arnoldo. O direito das privatizações. *Revista dos Tribunais*, v. 763/1999, p. 47-55, maio 1999.

WALKER, Christopher J. Inside regulatory interpretation: a research note. *Michigan Law Review First Impressions*, v. 114, p. 61-72, 2015.

WEDY, Gabriel. *O Princípio Constitucional da Precaução*: como instrumento de tutela do meio ambiente e da saúde pública. Belo Horizonte: Fórum, 2009.

WEISS, Edith Brown. O Direito da Biodiversidade no interesse das gerações presentes e futuras. *Revista CEJ*, v. 3, n. 8, maio/ago. 1999. Disponível em: <http://www.jf.jus.br/ojs2/index.php/revcej/article/view/194/356>. Acesso em: 05 nov. 2015.

WORLD HEALTH ORGANIZATION. *Ambient Air Pollution: a global assessment of exposure and burden of disease*. Geneva, 2016. Disponível em: <http://apps.who.int/iris/bitstre am/10665/250141/1/9789241511353-eng.pdf>. Acesso em: 27 dez. 2016.

ZAVASKI, Teori Albino. *Comentários ao Código de Processo Civil*: do processo de execução. v. 8. 2. ed. São Paulo: Revista dos Tribunais, 2003.